Der Strafprozeß im Spiegel ausländischer Verfahrensordnungen:
Frankreich, Österreich, Schweiz, UdSSR, USA

Der Strafprozeß im Spiegel ausländischer Verfahrensordnungen

Frankreich, Österreich, Schweiz, UdSSR, USA

---

herausgegeben von

Heike Jung

mit Beiträgen von

Martin Fincke, Heike Jung, Robert Hauser,
Reinhard Moos, Joachim Herrmann, André Vitu

W DE G

1990

Walter de Gruyter · Berlin · New York

Prof. Dr. *Heike Jung*, Universität des Saarlandes
Prof. Dr. *André Vitu*, Universität Nancy
Prof. Dr. *Reinhard Moos*, Universität Linz
Prof. Dr. *Robert Hauser*, Universität Zürich
Prof. Dr. *Martin Fincke*, Universität Passau
Prof. Dr. *Joachim Herrmann*, Universität Augsburg

Gedruckt mit finanzieller Unterstützung
der Universität des Saarlandes
und der Vereinigung der Freunde
der Universität des Saarlandes e.V.

CIP-Titelaufnahme der Deutschen Bibliothek

Der **Strafprozess im Spiegel ausländischer Verfahrensordnungen:** Frankreich, Österreich, Schweiz, UdSSR, USA / hrsg. von Heike Jung. Mit Beitr. von Martin Fincke ... – Berlin; New York: de Gruyter, 1990
ISBN 3-11-012262-6
NE: Jung, Heike [Hrsg.]; Fincke, Martin [Mitverf.]

Satz: Volker Spiess, Berlin 30. – Druck: W. Hildebrand, Berlin 65
Bindearbeiten: Verlagsbuchbinderei Dieter Mikolai, Berlin 10

Inhalt

Abkürzungsverzeichnis

a.A.	anderer Ansicht
Abs.	Absatz
a.E.	am Ende
allg.	allgemein
a.M.	anderer Meinung
Am. Bar Found. Res. J.	American Bar Foundation Research Journal
Anm.	Anmerkung
AnwBl.	Anwaltsblatt
Art.	Artikel
Aufl.	Auflage
ausl.	ausländisch
Bd.	Band
Beil.	Beilage
bes.	besonders
BG	Bundesgesetz
BGE	Entscheidungen des schweizerischen Bundesgerichts
BGBl.	Bundesgesetzblatt
BStP	Bundesstrafprozeß
BV	Bundesverfassung
B-VG	(österreichisches) Bundes-Verfassungsgesetz
Cass.crim.	Cour de cassation, Chambre criminelle
Chron.	Chronique
Cr.L.	Criminal Law
D.	Dalloz
ders.	derselbe
dies.	dieselbe
Diss.	Dissertation
Doctr	Doctrine
DRiZ	Deutsche Richterzeitung
dStPO, dtStPO	deutsche Strafprozeßordnung
ebd.	ebenda
EGVG	Einführungsgesetz zu den Verwaltungsverfahrensgesetzen
EuGRZ	Europäische Grundrechte-Zeitschrift
EvBl	Evidenzblatt der Rechtsmittelentscheidungen in der ÖJZ
f	für, folgende Seite
ff.	nächstfolgende Seiten
Fn.	Fußnote
GA	Goltdammer's Archiv für Strafrecht
Harv.L.Rev.	Harvard Law Review
hrsg.	herausgegeben

Hrsg.	Herausgeber
i.d.F.	in der Fassung
intern.	international
JBl.	Juristische Blätter
J.C.P.	Jurisclasseur Périodique
JGG	Jugendgerichtsgesetz
JMVBl	(österreichisches) Verordnungsblatt des Justizministeriums
JuS	Juristische Schulung
JZ	Juristenzeitung
KB	Kriminalsoziologische Bibliographie
KK	Karlsruher Kommentar
Komm.	Kommentar
leg.cit.	zitiertes Gesetz
lit.	Buchstabe
L.Rev.	Law Review
MRK	Menschenrechtskonvention
MschrKrim	Monatsschrift für Kriminologie und Strafrechtsreform
m.w.N.	mit weiteren Nachweisen
NJW	Neue Juristische Wochenschrift
Nr.	Nummer
NStZ	Neue Zeitschrift für Strafrecht
o.	oben
öffentl.	öffentlich
öJGG	österreichisches Jugendgerichtsgesetz
ÖJZ	Österreichische Juristen-Zeitung
österr.	österreichisch
öStPO	österreichische Strafprozeßordnung
OG	Gesetz über die Organisation der Bundesrechtspflege, Oberstes Gericht
OGH	Oberster Gerichtshof
OLG	Oberlandesgericht
Pos.	Position
rd.	rund
Rdn., Rdnr.	Randnummer
Rev.Int. Dr. Pén.	Revue Internationale de Droit Pénal
Rev.	Revue
Rev.sc.crim.	Revue de science criminelle et de droit pénal comparé
RSFSR	Russische Sozialistische Föderative Sowjetrepublik
RZ	österreichische Richterzeitung
S.	Seite, Sirey
SchJZ	Schweizerische Juristenzeitung
SchwZStr	Schweizerische Zeitschrift für Strafrecht
S.Ct.	Supreme Court Reporter
s.o.	siehe oben
SSSR	UdSSR
SSt	Entscheidungen des Obersten Gerichtshofs in Strafsachen
Sten.Prot.	Stenographische Protokolle
StG	Strafgesetz
StPO	Strafprozeßordnung
StV	Strafverteidiger

u.	und
u.a.	und andere
v.	versus
Verf.	Verfassung
vgl.	vergleiche
vol.	volume
VVS	Nachrichten des Obersten Sowjets (= Gesetzblatt)
z.B.	zum Beispiel
Ziff.	Ziffer
ZStW	Zeitschrift für die gesamte Strafrechtswissenschaft
ZVR	Zeitschrift für Verkehrsrecht

Heike Jung

Einführung

Die Beschäftigung mit dem ausländischen Recht und der Rechtsvergleichung stellt mehr denn je eine Domäne der Spezialisten dar. Trotz anderslautender Deklamationen gilt das Recht nach wie vor – und zwar nicht nur bei uns – als nationales Reservat. Diese Feststellung trifft vor allem auf das Strafrecht zu, da der Privatrechtler strukturbedingt ungleich häufiger dazu Veranlassung hat, über die Grenze zu blicken. Die Entwicklung der Europäischen Gemeinschaft und des Europäischen Gemeinschaftsrechts hat zwar Hoffnung aufkeimen lassen, daß die rechtsvergleichende Perspektive in der Rechtswissenschaft wieder mehr Beachtung findet. Bisweilen hat es allerdings den Anschein, als ob hier nur ein neuer Kreis von Spezialisten heranwachsen würde und von einer wechselseitigen Befruchtung nur bedingt die Rede sein könne.

Solche eher kritischen, provokativ klingenden Töne werden Widerspruch hervorrufen. Bezogen auf das Strafrecht wird man entgegenhalten, daß wir in der Bundesrepublik Deutschland vor allem in Gestalt des Max-Planck-Instituts für ausländisches und internationales Strafrecht seit langem über eine Forschungseinrichtung verfügen, um die wir mancherorts beneidet werden und von deren Ausstrahlung Strafrechtspflege und Strafrechtswissenschaft in der Bundesrepublik Deutschland insgesamt erfaßt werden und Nutzen ziehen. Man wird darauf verweisen, daß in den letzten Jahrzehnten eine Fülle beachtlicher strafrechtsvergleichender Einzeluntersuchungen vorgelegt worden ist und daß die Rechtsvergleichung durchaus über amtliche Resonanz verfügt, wofür auch die zahlreichen ministeriellen und parlamentarischen Forschungsaufträge sprechen.[1] Und man wird schließlich feststellen, daß das Interesse an der Strafrechtsvergleichung bei uns nicht weniger ausgeprägt ist als etwa in anderen Rechtssystemen. All dies mag sicher richtig sein. Nur kommt man nicht daran vorbei, daß die Strafrechtsvergleichung bisweilen eher „aufgesetzt" wirkt, nicht zum juristischen Allgemeingut zählt, als „Forschungsnische" gilt und im juristischen Studium nur eine marginale Rolle spielt, vor allem die Relativität nationaler Regelungsmuster dem Juristen nur selten ins Be-

[1] Vgl. aus neuerer Zeit etwa Eser/Meyer (Hrsg.), Öffentliche Vorverurteilung und faires Strafverfahren, Beiträge und Materialien aus dem Max-Planck-Institut für ausländisches und internationales Strafrecht, 1986.

wußtsein gerückt wird.[2] Auch die Existenz rechtsvergleichend orientierter Wahlfachgruppen im Rahmen der Juristenausbildung hat an diesem Zustand nur wenig geändert, da dort die Privatrechtsvergleichung ganz eindeutig im Vordergrund steht.

Dies war nicht immer so. Im 19. Jahrhundert hatte die Rechtsvergleichung gerade auf dem Gebiet des Strafverfahrensrechts eine Blütezeit. Sie hat sich nicht unbedingt in einer Fülle rechtsvergleichend angelegter Einzeldarstellungen, sondern eher darin niedergeschlagen, daß die auslandsrechtlich-rechtsvergleichende Information zum Standardrepertoire juristischer Argumentation, gewissermaßen zum alltäglichen Argumentationsstil, zählte. Man denke in diesem Zusammenhang nur an die Arbeiten von C.J.A. Mittermaier.[3] Freilich darf man nicht übersehen, daß der Aggregatzustand unseres Rechts damals ein anderer war, ein nationales Rechtssystem erst im Entstehen begriffen war und sich in einer solchen Phase die Auseinandersetzung mit dem ausländischen Recht zumal vor dem Hintergrund der allgemeinen politischen und ideengeschichtlichen Zusammenhänge geradezu aufdrängte.

Jescheck hat in seinem Beitrag „Rechtsvergleichung als Grundlage der Strafprozeßreform"[4] den Anteil der Rechtsvergleichung an der Entwicklung des deutschen Strafverfahrensrechts gewürdigt. Er verweist zu Recht darauf, daß die Herausbildung des reformierten Strafprozesses in Deutschland sehr stark vom französischen Verfahrensrecht gespeist worden ist, während die Auseinandersetzung mit dem anglo-amerikanischen Rechtskreis keinen derart konkreten Niederschlag gefunden hat. Noch immer wird die Strafprozeßrechtsvergleichung von der antithetischen Gegenüberstellung des accusatorial oder adversarial model einerseits und des inquisitorial model andererseits beherrscht.[5] In dem reformierten Inquisitionsprozeß und dem Parteienprozeß anglo-amerikanischer Prägung kommen zugleich unterschiedliche staatstheoretische Modelle zur Geltung.[6] Ein Vergleich zwischen der Konzeption des Rechtsstaates und derjenigen

---

[2] Ausnahmen im Schrifttum wie z.B. *Jeschecks* Lehrbuch des Strafrechts, Allg. Teil, 4. Aufl. 1988, bestätigen nur die Regel.

[3] Z.B. Die Mündlichkeit, das Anklageprinzip, die Öffentlichkeit und das Geschworenengericht in ihrer Durchführung in den verschiedenen Gesetzgebungen dargestellt und nach den Forderungen des Rechts und der Zweckmäßigkeit mit Rücksicht auf die Erfahrungen der verschiedenen Länder geprüft, 1845, sowie Die Lehre vom Beweise im deutschen Strafprozesse nach der Fortbildung durch Gerichtsgebrauch und deutsche Gesetzbücher in Vergleichung mit den Ansichten des englischen und französischen Strafverfahrens, 1834.

[4] ZStW 1974, 761 ff. = Lüttger (Hrsg.), Probleme der Strafprozeßreform, 1975, S. 7 ff.

[5] Zu dieser Gegenüberstellung nur *Herrmann*, Various Models of Criminal Proceedings, South African Journal of Criminal Law and Criminology 1978, 3.

[6] Vgl. zu derartigen Zusammenhängen auch *Damaška*, Faces of Justice and State Authority, 1986.

des due process of law sowie der rule of law[7] läßt gleichfalls die Verschiedenartigkeit des konzeptionellen Ausgangspunktes erahnen. Auch Art und Form der Beteiligung von Laien an der Strafrechtspflege mögen in diesem Sinne als Indikator für das grundsätzliche Vorstellungsbild vom Strafprozeß gelten.[8]

Diese Hinweise machen zugleich deutlich, daß ein Vergleich der Verfahrensordnungen nicht pointilistisch angelegt und ein bestimmtes Detail nicht um seiner selbst willen herausgegriffen werden darf: „Es ist ein schwer zu tadelnder Fehler vorzüglich neuerer Gesetzgeber, welche verleitet durch den Reiz der Neuheit und durch das Streben nach Originalität und von dem Wunsche beseelt, allen Partheien zu gefallen, gerne aus allen möglichen Legislationen einzelne Theile herausnehmen, nicht beachtend, daß diese Theile in der Gesetzgebung, welcher sie angehören, in einem organischen Zusammenhang mit andern Einrichtungen stehen, von denen sie nicht losgerissen werden dürfen, wenn nicht ein Gebäude ohne Harmonie entstehen soll“[9], heißt es schon bei Mittermaier. So gehört es denn heute zu den Grundregeln der Rechtsvergleichung, daß ein Erkenntnisgewinn nur bei einem breit angelegten, die Rechtswirklichkeit einschließlich des sozio-kulturellen Hintergrunds einbeziehenden Systemvergleichs zu erwarten ist.[10]

Besser noch wäre es, von einem Strukturvergleich zu sprechen. Es zeigt sich nämlich, daß unterschiedliche Regelungstechniken durchweg der Lösung desselben Problems gelten, so daß alle Rechtsvergleichung ihren Ausgang von einer möglichst systemneutralen Umschreibung der Strukturfrage nehmen sollte. Gerade auf dem Gebiet des Strafverfahrensrechts kann man dabei auf zwei Orientierungshilfen zurückgreifen, die zusammengenommen in der Regel eine zuverlässige Standortbestimmung ermöglichen, die freilich ihrerseits auf verschiedenen Ebenen angesiedelt sind. Einmal schlägt die Vorstellung, wonach Verfahrensrecht und Verfahrensgarantien der staatlichen Gewalt Grenzen setzen, die gedankliche Brücke zum Schutz der Menschenrechte. Der Menschenrechtsschutz erweist sich zunehmend als Katalysator für die Rechtsangleichung auf dem Gebiet des Strafverfahrensrechts;[11] insofern sollte auch der Beitrag des Europäischen Gerichtshofs für Menschenrechte und der Kommission

---

[7] Aufschlußreich hierzu *MacCormick*, Der Rechtsstaat und die rule of law, JZ 1984, 65, der sich freilich in diesem Beitrag bemüht, die verwandten Züge hervorzukehren.

[8] Dazu nur *Jung*, La participation des citoyens à l'administration de la justice pénale en droit comparé, Revue de science criminelle et de droit pénal comparé 1986, 799.

[9] *Mittermaier*, Die Lehre vom Beweise (Fn. 3), S. 42.

[10] Dazu am Beispiel der Strafvollzugsvergleichung *Müller-Dietz*, Probleme der Strafvollzugsvergleichung, in: Festschrift für Blau, 1985, S. 515.

[11] Vgl. zu diesem Zusammenhang *Jescheck*, Die Bedeutung der Rechtsvergleichung für die Strafrechtsreform, in: Festschrift für Bockelmann, 1979, S. 133, 137.

für die Herausbildung gemeinsamer europäischer strafprozessualer Standards nicht zu gering veranschlagt werden.[12] Unter dem Blickwinkel solcher international konsentierter Garantien verblassen vielfach divergierende nationalstaatliche Regelungsansätze zugunsten einer mehr wirkungsorientierten Betrachtungsweise. Hier setzen Kriminologie und Verfahrenssoziologie ein, deren Blickwinkel und internationale Ausrichtung die Technizität der Einzelregelung überwinden und die sich daher zunehmend zu einer Plattform komparatistischer Verständigung entwickelt haben.[13] Nichts belegt die wechselseitigen Zusammenhänge deutlicher als die weltweite „Wiederentdeckung" des Opfers der Straftat[14] und die allenthalben anzutreffende Suche nach Alternativen zur Strafjustiz.[15] Dabei hat es sich als ein für die verfahrensbezogene Strafrechtsvergleichung besonders glücklicher Umstand erwiesen, daß die Kriminologie, z.T. stimuliert durch die Theorie des labeling approach, sich verstärkt der sog. Institutionenforschung zugewandt hat.[16] Die verfahrenssoziologische Realitätskontrolle der rechtssystematischen Vorgaben läßt sich am Beispiel des Gegensatzpaares „Legalitätsprinzip – Opportunitätsprinzip" veranschaulichen. Der internationale Vergleich zeigt uns nämlich, daß die Strafverfolgungsbehörden bestimmte Bagatellisierungs- oder Konzentrationsstrategien verfolgen, gleichgültig, ob das Legalitätsprinzip oder das Opportunitätsprinzip regiert.[17] Diese Erkenntnis relativiert zugleich den Gegensatz zwischen Legalitätsprinzip und Opportunitätsprinzip und läßt als die eigentlichen Kategorien, an denen sich das Verhalten der Strafverfolgungsbehörden orientiert, Berechenbarkeit, Gleichheit, Flexibilität und Effizienz erscheinen.

Jedenfalls kann man die Rolle der Rechtsvergleichung heutzutage angesichts der systemübergreifenden supranationalen Entwicklungen nicht mehr auf die Formel „Lösungsvorrat für den nationalen Gesetzgeber" beschränken. Um so drängender erscheint es, sich mit ausländischen Verfahrensmodellen vertraut zu machen. Trotz oder gerade wegen der steigen-

---

12 Vgl. auch die einschlägigen Referate von *Kühl, Fuchs, H.-J. Schroth, Riz* und *Trechsel* auf der Innsbrucker Tagung der Gesellschaft für Rechtsvergleichung 1987, in: ZStW 1988, 406 ff., 601 ff.

13 Ausführlich zur komparativen Methode in der Kriminologie *Kaiser*, Kriminologie, Ein Lehrbuch, 2. Aufl. 1988, S. 154 ff.

14 Vgl. für die Bundesrepublik Deutschland – unter Einbeziehung der Rechtsvergleichung – die Untersuchung von *Weigend*, Deliktsopfer und Strafverfahren, 1989.

15 Dazu nur Jung (Hrsg.), Alternativen zur Strafjustiz und die Garantie individueller Rechte der Betroffenen – Participatory Models and Individual Rights, 1989.

16 Einen Überblick über die Forschungsgegenstände vermittelt *Heinz*, Strafrechtliche Rechtstatsachenforschung und empirische Kriminologie, in: Heinz (Hrsg.), Rechtstatsachenforschung heute, 1986, S. 39 ff.

17 Näher *Jung*, Legalitätsprinzip oder Opportunitätsprinzip im Strafverfahren?, in: Prütting (Hrsg.), Recht und Gesetz im Dialog III. Saarbrücker Vorträge, 1986, S. 55, 59.

den Zahl anspruchsvoller auslandsrechtlicher und rechtsvergleichender Einzeluntersuchungen und institutionenbezogener Systemvergleiche bleibt Raum für eine Einführung in ausländische Verfahrensordnungen. Denn die Mehrzahl der neueren rechtsvergleichenden Untersuchungen auf dem Gebiet des Strafverfahrensrechts hat durchweg mehr oder weniger spezielle Fragestellungen im Visier. Zwar kann sich durch die Analyse von Teilproblemen – etwa der Hauptverhandlung[18], der Stellung der Anklagebehörde[19] oder die Wiederaufnahme des Verfahrens[20] – schon ein gewisser Gesamteindruck von anderen Verfahrensordnungen eröffnen. Sie kann einführende Darstellungen jedoch nicht ersetzen. Diese sind aber nach wie vor Mangelware.[21] Hier setzt der vorliegende Sammelband an. Er will damit eine Informationslücke schließen, auf strukturelle Gemeinsamkeiten aufmerksam machen, aber auch die strukturellen Besonderheiten herausarbeiten, die den Geist des jeweiligen Verfahrens ausmachen. Insofern stehen nicht so sehr die möglicherweise kurzlebigen Details im Vordergrund als vielmehr jene Linien, die die Jahre überdauert haben.

Die „Entrée" in die fremde Verfahrensordnung kann also nur eine zusammenfassende Darstellung vermitteln. Adressat ist nicht primär der Rechtsvergleicher, also der „Insider", sondern jeder Jurist, der, sei es als Student, sei es als in der Praxis tätiger Jurist, über den „Tellerrand" des eigenen Strafverfahrensrechts hinausblicken möchte. Ein solcher Blick in die Ferne dient nicht der Befriedigung rein esoterischer Neugierde, sondern aus der Betrachtung anderer Regelungsmodelle erwächst auch ein besseres Verständnis der eigenen Verfahrensordnung.[22] Insofern liefern Darstellungen eines ausländischen Regelungsmodells immer zugleich ein Stück rechtstheoretischen Anschauungsunterrichts. Mehr noch: Sie öffnen den Blick für eine Betrachtung der staats- und gesellschaftstheoretischen Bezüge des Strafverfahrens, die bei einer immanenten Auseinandersetzung mit der eigenen Verfahrensordnung allzu leicht verloren zu gehen drohen.

Der Sammelband ist nicht auf Vollständigkeit angelegt, sondern erfaßt nur fünf Länder. Diese Beschränkung hängt nur vordergründig damit zusammen, daß der Sammelband – bis auf einen Beitrag – aus einer Vortragsreihe an der Universität des Saarlandes hervorgegangen ist. Sie be-

---

[18] Dazu *Herrmann*, Die Reform der deutschen Hauptverhandlung nach dem Vorbild des anglo-amerikanischen Strafverfahrens, 1971.

[19] Vgl. Jescheck/Leibinger (Hrsg.), Funktion und Tätigkeit der Anklagebehörde im ausländischen Recht, 1980.

[20] Vgl. Jescheck/Meyer (Hrsg.), Die Wiederaufnahme des Strafverfahrens im deutschen und ausländischen Recht, 1973.

[21] Zum amerikanischen Prozeß neuerdings *Schmid*, Das amerikanische Strafverfahren, 1986.

[22] Vgl. zu diesem Erkenntnisziel der Rechtsvergleichung nur *Kübler*, Rechtsvergleichung als Grundlagendisziplin der Rechtswissenschaft, JZ 1977, 113, 115, und *Großfeld*, Macht und Ohnmacht der Rechtsvergleichung, 1984, S. 31.

ruht im Kern auf der Annahme, daß die Beschäftigung mit diesen Verfahrensrechten für den Leser besonderen Erkenntnisgewinn verspricht.

Eine Betrachtung des *französischen* Rechts darf in einem solchen Rahmen nicht fehlen, weil unser Verfahren in wesentlichen Strukturelementen daran anknüpft. Der *amerikanische* Strafprozeß hinwiederum wird – zu Recht oder zu Unrecht – immer wieder als „Gegenmodell" gehandelt, ein Modell zudem, dessen starke Ausstrahlungskraft von Kriminalroman und -film verstärkt wird. Man wird also auch das eine oder andere Vorurteil zurechtrücken müssen. Nur wenige dürften über genauere Vorstellungen vom Ablauf des Strafverfahrens in der Sowjetunion verfügen. Der *sowjetische* Strafprozeß figuriert hier als Beispielsfall für den Strafprozeß im sozialistischen Rechtskreis, ohne daß freilich der Eindruck erweckt werden soll, daß dessen Strafverfahrensrechte sich alle über einen Leisten schlagen ließen. Die Betrachtung des *österreichischen* Strafverfahrens ist nicht zuletzt deswegen reizvoll, weil die Entwicklung dort trotz vieler Berührungspunkte z.T. in eine andere Richtung gegangen ist. Die *Schweiz* schließlich mit ihren 26 kantonalen Strafprozeßordnungen fordert zu einer Art rechtsvergleichendem „Drahtseilakt" heraus, wobei sich zeigen wird, ob man wirklich von einer „Rechtseinheit ohne Einheit des Rechts"[23] sprechen kann.

Sicher bleibt bei dieser Auswahl, auch wenn man sich vom der Rechtsvergleichung immanenten Zug zum Exemplarischen leiten läßt, eine beeindruckende Fehlliste. Dennoch dürfte der Sammelband in dieser Form ein einigermaßen ausgewogenes Mischungsverhältnis zwischen Repräsentativität, Modellcharakter und Informationsgehalt darstellen.

[23] So der Titel des Beitrags von *Schultz*, in: Festschrift für K. Peters, 1974, S. 429, sowie mit Bezug auf das Gegensatzpaar Legalitätsprinzip und Opportunitätsprinzip *Schnurrenberger*, Das Legalitätsprinzip und seine Problematik, Legalitätskrise aus Schweizer Sicht, in: Moos/Steininger (Hrsg.), Probleme der Strafprozeßreform, Rechtsvergleichendes Seminar über das Vorverfahren und die Hauptverhandlung, 1981, S. 170, 172.

André Vitu

Die Grundzüge des französischen Strafverfahrens

Der Begriff des „Strafverfahrens“ wird in Frankreich gewöhnlich weit gefaßt. Er schließt nicht nur die verschiedenen Abschnitte des Strafprozesses von der Einleitung bis zum Abschluß des Strafverfahrens ein, er umfaßt auch die Strafgerichtsverfassung. Diese weite Auslegung des Begriffes findet sich nicht nur in den wissenschaftlichen Abhandlungen zum Strafrecht, sie wird uns auch von der Gesetzgebung selbst abverlangt: die beiden Gesetzeswerke, der Code d'instruction criminelle von 1808 und der ihn ersetzende Code de procédure pénale von 1958, haben sowohl die Strafgerichtsverfassung als auch den Verfahrensablauf normiert. Daher werden im folgenden nicht nur die Grundzüge des französischen Strafverfahrens, sondern auch die Grundzüge der Strafgerichtsverfassung dargestellt werden.

Jede juristische Einrichtung ist von der Geschichte geprägt: man kann ihr heutiges Funktionieren nur verstehen, wenn man auch die Einflüsse berücksichtigt, die ihre Enstehung und Entwicklung mitbestimmt haben. Für das französische Strafverfahren gilt nichts anderes, und es erscheint daher notwendig, bereits zu Beginn der vorliegenden Einführung den geschichtlichen Rahmen aufzuzeigen, der für das Verständnis der folgenden Erläuterungen notwendig sein wird.

Mit dem Beginn des 13. Jahrhunderts hat sich in allen Ländern Westeuropas mit Ausnahme von England der Inquisitionsprozeß entwickelt.[1] In Frankreich standen dabei der Einfluß des kanonischen Rechts und dem Wiederaufleben der Beschäftigung mit dem römischen Recht gemeinsam Pate. Nach einer Entwicklung, die sich über 300 Jahre erstreckte, wurden die Grundzüge des Inquisitionsprozesses durch eine Ordonnance von 1498 festgelegt und durch die Ordonnance von 1539, die unter der Herrschaft Franz I. erging, vervollständigt. Zur gleichen Zeit trat in Deutschland im Jahre 1532 unter Kaiser Karl V. die berühmte Consti-

---

* Übersetzt aus dem Französischen von Notarassessor Horst Buchholz und Richter Holger Stuchlik, denen Verfasser und Herausgeber hierfür danken.

[1] Die Entwicklung der französischen Strafprozeßordnung wird in dem zwar alten, aber klassischen Werk von *Esmein*, Histoire de la procédure criminelle en France, 1882, dargestellt; vgl. aus neuerer Zeit *Laingui/Lebrige*, Histoire du droit pénal, Band II, La procédure criminelle, 1979.

tutio Criminalis Carolina in Kraft, eine historische Parallele, die der Hervorhebung verdient. Der inquisitorische Charakter des französischen Verfahrens wurde zuletzt unter der Herrschaft Ludwigs XIV. durch die Ordonnance von 1670 noch verstärkt.

Aufgrund der Mißbräuche und der Justizirrtümer, die dieses System mit sich brachte, zog es im 17. und besonders im 18. Jahrhundert heftige Kritik auf sich, und zwar nicht nur aus der Feder von Schriftstellern und Philosophen (Beccaria, Voltaire, Montesquieu), sondern auch aus den Reihen der Richter (so zum Beispiel durch den „avocat général" Servan in einer noch heute berühmten Rede). Diese Angriffe mündeten in den Jahren 1781 und 1788 zunächst in die Abschaffung der Folter. Vor allem aber: Mit dem Ausbruch der Revolution im Jahre 1789 beschloß der Gesetzgeber, das Inquisitionsverfahren aufzugeben und das akkusatorische Verfahren – entsprechend dem von den französischen Revolutionären viel bewunderten englischen Modell – einzuführen (Gesetz vom 16./29. September 1791). So ist das französische Strafverfahren vor zwei Jahrhunderten ohne Übergangsphase von einem Extrem zum anderen übergegangen.

Eine derart radikale Neuerung konnte nicht von Dauer sein, da sie den unruhigen Zeiten, dem sprunghaften Anstieg der Kriminalität und der durch die Kriege, in die man im In- und Ausland verwickelt war, verursachten Unruhen nicht gerecht wurde. Auch entsprach das akkusatorische Verfahren der Mentalität des Volkes nicht, die durch sechs Jahrhunderte Inquisitionsverfahren geprägt worden war. Unter dem Einfluß Napoléons I. wurde das neue Verfahren zugunsten eines gemischten Systems aufgegeben, das bis heute seine Gültigkeit bewahrt und sich im Laufe des 19. Jahrhunderts in allen Ländern Kontinentaleuropas bis hin zum zaristischen Rußland verbreitet hat.

Dieses gemischte System vereint sowohl die Charakteristika des inquisitorischen als auch die des akkusatorischen Verfahrens in einem Verhältnis, das von Land zu Land variieren kann. Dieses System hat der Code d'instruction criminelle von 1808 verankert. Nach 150 Jahren Geltungsdauer wurde dieses Gesetz den Anforderungen der Zeit nicht mehr gerecht. Nachdem zuvor schon mehrere Entwürfe vorgelegt und Anläufe unternommen worden waren,[2] wurde es im Jahre 1958 durch den Code de procédure pénale ersetzt, der durch eine Kommission unter dem Vorsitz des Generalstaatsanwaltes (procureur général) bei der Cour de cassation Antonin Besson erarbeitet worden war. Wie sein Vorgänger behandelt dieses neue Gesetz die Gerichtsorganisation und den Ablauf des Strafverfahrens.

---

[2] Ohne Erfolg wurden in den Jahren 1879, 1938 und 1949 Reformen versucht; das Projekt aus dem Jahre 1949 war das Werk einer Kommission unter dem Vorsitz von Professor H. Donnedieu de Vabres.

Seit seinem Inkrafttreten wurde der Code de procédure pénale mehrfach geändert. Man kann nicht weniger als 25 Änderungsgesetze zählen, von denen einige sowohl wegen der Anzahl der geänderten Artikel als auch aufgrund der inhaltlichen Neuerungen von großer Bedeutung sind. So verdanken wir der 1981 gewählten sozialistischen Regierung allein sieben Gesetze, die zwischen 1981 und 1985 erlassen wurden und denen vor allem darum zu tun war, die Verfahrensgarantien des Angeklagten sowie die rechtliche Stellung des Opfers im Strafverfahren zu stärken. Weitere Gesetze sind 1986, 1987 und 1989 ergangen.

Trotz der seit dem zweiten Weltkrieg erfolgten Reformen blieben die Grundzüge des französischen Strafverfahrens unverändert: Es handelt sich weiterhin um einen gemischten Verfahrenstyp. Es erscheint höchst unwahrscheinlich, daß das französische Recht eines Tages zu dem einen oder dem anderen früheren System, d.h. dem reinen Inquisitionsprozeß oder dem reinen Akkusationsprozeß, zurückkehren wird.

Indes ist die Frage, ob man sich künftig an dem Verfahrenstyp orientieren sollte, der von den Anhängern der Theorien der „défense sociale" vorgeschlagen wird, noch nicht endgültig beantwortet. Bei diesem Modell eines Strafprozesses wird das Verfahren in zwei Teile aufgespalten: Der erste Abschnitt dient der Klärung der Schuldfrage, der zweite hat zum Ziel – nach einer entsprechenden Erforschung der Persönlichkeit des Täters –, die geeigneten Maßnahmen auszuwählen. Die Hinwendung zu diesem Verfahrenstypus hätte vielfältige Auswirkungen auf das Strafverfahren. So würden nicht nur die Struktur der Träger des Verfahrens geändert werden, sondern auch die Vorbereitung des Strafprozesses und der ganze Ablauf der mündlichen Verhandlung wären davon betroffen.[3]

Bis heute hat das französische Recht diese futuristischen Ideen nur im Rahmen des Jugendstrafrechts aufgegriffen. So hat die Ordonnance vom 2. Februar 1945, auf die im folgenden noch näher einzugehen sein wird, in gewissem Maße die Aufspaltung des Jugendstrafverfahrens in zwei Abschnitte erlaubt. Für das Erwachsenenstrafrecht hat das Verfahren einer Zweiteilung der Verhandlung im Sinne der „défense sociale" nur in Modelle Eingang gefunden, über die Juristen und Kriminologen auf Kongressen oder im Rahmen ihrer Abhandlungen diskutieren.

Wir werden uns im folgenden deshalb an das geltende Recht halten, d.h. das gegenwärtig in Kraft befindliche gemischte System darstellen. Es wird daher auf drei Punkte einzugehen sein: die Strafgerichtsverfassung, die Phase der Vorbereitung des Verfahrens und schließlich der Ablauf der Verhandlung. Die Darstellung dieser drei Punkte wird notwendigerweise summarisch ausfallen, und dem Leser werden nur die Grundzüge vermit-

---

[3] Zu diesem Verfahrenstypus siehe *Ancel,* La césure du procès pénal, in: Mélanges Hugueney, 1964, S. 205 f.; *Vitu,* Rapport au Xe Congrès International de Droit pénal (Rom 1969), Revue internationale de droit pénal 1969, S. 485 ff.

telt, d.h. er soll einen Eindruck von der Struktur des französischen Strafprozeßrechts gewinnen können.[4]

I. Die Strafgerichtsverfassung

Um die Funktionsweise der französischen Strafgerichtsverfassung zu erläutern, ist ein doppelter Ansatz notwendig. Zunächst müssen die Strafgerichte dargestellt werden, die das Herzstück der Strafgerichtsverfassung bilden. In einem zweiten Abschnitt wird darzulegen sein, welcher Beteiligter sich die Strafgerichtsbarkeit bei der Verfolgung von Straftaten bedient.

1. Die Strafgerichte

Frankreich unterscheidet – wie die meisten anderen Rechtsordnungen – zwischen allgemeinen und besonderen Strafgerichten. Obgleich letztere seit 1981 viel von ihrer Bedeutung verloren haben, ist es gleichwohl angebracht, auf sie einzugehen und die Rolle, die sie heute noch spielen, zu würdigen.

a) Die allgemeinen Strafgerichte

Für das Verständnis der französischen Strafgerichtsverfassung ist es unerläßlich, sich den engen Zusammenhang zu vergegenwärtigen, der zwischen dem Aufbau der Strafgerichtsbarkeit und der Qualifikation der in Frage stehenden Straftaten besteht. Beginnen wir also damit, die Klassifizierung der Delikte in Frankreich darzustellen.

1. Artikel 1 des immer noch gültigen Code pénal von 1810 sieht eine Dreiteilung der Delikte in Verbrechen (crimes), Vergehen (délits correctionnels) und Übertretungen (contraventions) vor. Letztere werden auch häufig „contraventions de police" genannt, da sie Übertretungen minderschwerer Art darstellen und häufig auf der Verletzung von Polizeiverordnungen (règlements de police) beruhen, d.h. von Rechtsvorschriften, die durch Verwaltungsbehörden erlassen werden und in der Regel die öffentliche Ordnung und das Alltagshandeln des Bürgers betreffen.

Die drei Kategorien von Straftaten unterscheiden sich in dem Strafmaß, welches der Gesetzgeber an ihre Übertretung geknüpft hat:

– Verbrechen sind mit lebenslanger oder zeitiger Haftstrafe von fünf bis zu 20 Jahren bedroht (bis 1960 wurde der Begriff der Zwangsarbeit

---

[4] Es existieren nur wenige Werke über die französische Strafprozeßordnung. Vgl. aus neuerer Zeit *Stéfani/Levasseur/Bouloc,* Procédure Pénale, 13. Aufl. 1987; *Merle/Vitu,* Traité de droit criminel, Band II, Procédure pénale, 4. Aufl. 1989; *J. Pradel,* Procédure pénale, 4. Aufl. 1987.

verwandt). Bis zu ihrer Abschaffung durch das Gesetz vom 9. Oktober 1981 gehörte auch die Todesstrafe hierher. Sie wurde aber selten verhängt und noch seltener vollstreckt.

– Vergehen sind mit zeitiger Haftstrafe von zwei Monaten bis zu fünf Jahren und einer Geldstrafe mit einem Höchstmaß von mehr als 10.000 FF bedroht. Innerhalb dieses allgemeinen Rahmens gibt das Gesetz für die einzelnen Straftaten spezielle Strafrahmen vor, innerhalb deren sich die Strafe im Einzelfall bewegen kann. So kann zum Beispiel die Begehung eines Diebstahls mit einer Haftstrafe von drei Monaten bis zu drei Jahren und einer Geldstrafe zwischen 1.000 und 20.000 FF geahndet werden (Art. 381 Code pénal).
Für einzelne Vergehen hat der Gesetzgeber einen Strafrahmen festgelegt, der 5 Jahre überschreiten kann (z.B. bei den Brandstiftungs- und Sprengstoffdelikten sowie beim Handel mit Betäubungsmitteln). Die Überschreitung des Strafrahmens ändert indessen nichts an der Qualifikation dieser Straftaten als Vergehen; sie unterfallen mithin den für diese Kategorie geltenden Regeln.

– Bei Übertretungen reicht der Strafrahmen von einem Tag bis zu zwei Monaten Haft sowie Geldstrafe von 30 bis zu 10.000 FF, wobei der Rahmen in dieser Form auf ein Gesetz vom 7. August 1985 zurückgeht. Auch hier präjudiziert das Gesetz innerhalb dieses allgemeinen Strafrahmens die Vorgaben für die einzelnen Delikte.

Man braucht also nur das Gesetz, um eine Straftat in eine der drei Kategorien einordnen zu können.

2. Unabhängig von den vielfältigen materiellrechtlichen Folgen hat die Einteilung der Straftaten in diese drei Kategorien vielfältige verfahrensrechtliche Konsequenzen. Auf einige wird später noch einzugehen sein; hier geht es zunächst nur um die Verknüpfung zwischen der Einteilung der Straftaten und der Zuständigkeit der Strafgerichte.[5]

In Frankreich sind die Schwurgerichte für die Verbrechen (cours d'assises, Art. 214 in Verbindung mit Art. 231 Code de procédure pénale), die tribunaux correctionnels für die Vergehen (Art. 381 Code de procédure pénale) und die tribunaux de police für die Übertretungen (Art. 521 Code de procédure pénale) zuständig. Zum besseren Verständnis der Stellung dieser drei Gerichte innerhalb der Gliederung der französischen Gerichtsbarkeit und um deren innere Struktur besser zu erfassen, müssen wir uns vor allem das dem französischen Recht zugrundliegende Prinzip der Einheit von Zivil- und Strafgerichtsbarkeit vergegenwärtigen.

Nach diesem Prinzip, das auch andere Länder kennen, befinden dieselben Gerichte abwechselnd sowohl über Zivil- als auch über Strafsachen.

---

[5] Zur Beschreibung der Zivil- und Strafgerichtsbarkeit siehe *Perrot*, Institutions judiciaires, 1983; *Vincent/Montagnier/Varinard*, La justice et ses institutions, 1982; *Roland* und *Boyer*, Institutions judiciaires, 1979; *Pouille*, Le pouvoir judiciaire et les tribunaux, 1985.

Zum besseren Verständnis möchte ich mich einigen Einzelheiten zuwenden:

Auf der untersten Stufe der gerichtlichen Hierarchie steht das tribunal d'instance in Gestalt eines Einzelrichters. Dieses Gericht befindet über „kleine" Zivilprozesse und als tribunal de police über die Übertretungen. In Frankreich gibt es 469 tribunaux d'instance und demzufolge gleichviele tribunaux de police.[6]

Ein wenig höher rangiert das tribunal de grande instance, das aus drei Richtern besteht (in Einzelfällen auch aus einem Richter) und für die bedeutenden zivilrechtlichen Streitigkeiten zuständig ist. Unter der Bezeichnung tribunal correctionnel befindet es über die Vergehen. In größeren Städten setzen sich die tribunaux de grande instance aus mehreren Spruchkörpern zusammen. Sie unterteilen sich dann in Kammern, die immer mit drei Richtern besetzt sind und von denen einige die Strafsachen und die anderen die Zivilsachen bearbeiten. Es gibt in Frankreich 175 tribunaux de grande instance, d.h. mindestens eines, oft auch zwei je Departement. Bei jedem tribunal de grande instance übt einer der Richter die Funktionen eines Untersuchungsrichters (juge d'instruction) aus, bei bedeutenden Gerichtssprengeln fungieren mehrere Untersuchungsrichter. Auf die zentrale Rolle, die diesem Richter bei der Vorbereitung des Strafprozesses zukommt, werden wir im zweiten Teil der Untersuchung zurückkommen.[7]

---

[6] Alle Zahlenangaben über französische Gerichte beziehen sich auf Frankreich ohne seine Überseegebiete.

[7] Das Gesetz vom 10. Dezember 1985, das am 1. März 1988 in Kraft treten sollte, hätte bedeutsame Veränderungen hinsichtlich der Träger der Voruntersuchung und damit für die ganze Struktur der Voruntersuchung gebracht. Im französischen Strafprozeßrecht übt der Untersuchungsrichter eine doppelte Funktion aus: Er führt zunächst die Untersuchung, d.h. er ist mit der Beweiserhebung betraut. Zugleich verfügt er aber auch über richterliche Kompetenzen. Er entscheidet z.B. über die Zulässigkeit der öffentlichen oder privaten Anklage, die Verhängung oder die Aufhebung von Untersuchungshaft sowie über den Abschluß der Ermittlungen. Das oben genannte Gesetz hat diese Funktionen getrennt. Es hat die richterlichen Aufgaben einer „chambre d'instruction" zugewiesen, das bei jedem „tribunal de grande instance" eingerichtet werden sollte. Allerdings war vorgesehen, daß diesem Kollegium zwei Untersuchungsrichter angehören, die als solche weiter mit den Beweiserhebungen betraut sein sollten. Man hatte damit eine Regelung wieder aufgegriffen, die der Code d'instruction criminelle von 1808 kannte, die aber 1856 wieder – weil unzweckmäßig – abgeschafft worden war. In der Tat besteht die Gefahr, daß ein solches Kollegium nur die Entscheidungen seiner Einzelmitglieder „abgesegnet" hätte und damit die Kontrollfunktion in der Praxis gering geblieben wäre. Durch das Gesetz vom 30. Dezember 1987 ist die Regelung, bevor sie in Kraft treten konnte, wieder aufgehoben worden. Dieses Gesetz überantwortete – weniger spektakulär als sein Vorgänger – lediglich die Entscheidung über die Verhängung von Untersuchungshaft – und nur über die Verhängung, nicht also die Entscheidung über deren Aufhebung – einem neu geschaffenen Kollegium, einer „chambre de mise en détention". Dieser chambre sollte allerdings kein Untersuchungsrichter angehören dür-

Noch höher sind die 30 cours d'appel angesiedelt. Sie entscheiden über Berufungen gegen Urteile der tribunaux d'instance und der tribunaux de grande instance in Zivilsachen. Gleiches gilt für die Berufungen gegen Entscheidungen der tribunaux de police und der tribunaux correctionnels. Jede cour d'appel verfügt über eine oder mehrere Kammern (chambre des appels correctionnels), die für die Berufungen in Strafsachen zuständig sind. Eine weitere Kammer (chambre d'accusation) beschäftigt sich mit der Berufung gegen die Entscheidungen (ordonnances) des Untersuchungsrichters.

An der Spitze der Hierarchie der Gerichte steht die aus sechs Kammern bestehende Cour de cassation. Ihr Strafsenat, die Chambre criminelle, entscheidet über die Revisionen (pourvois en cassation) in Strafsachen.

Eine besondere Erscheinung im Rahmen dieses Gerichtsaufbaus stellen die Schwurgerichte (cours d'assises) dar, von denen es in jedem Departement eines (also insgesamt 96) gibt. Sie bestehen aus Berufsrichtern und einfachen Bürgern, sogenannten Geschworenen (jurés), die gemeinsam über Verbrechen zu Gericht sitzen. Da diese Fälle nicht sehr zahlreich sind (ungefähr 1.200 Sachen pro Jahr), finden die Sessionen des Schwurgerichts nur alle vier Monate statt.

Die Institution des Schwurgerichts weicht mithin von dem Prinzip der Einheit der Zivilgerichtsbarkeit und der Strafgerichtsbarkeit ab. Es verfügt nicht über Richter, die ihm auf Dauer zugewiesen sind, sondern wird durch Richter anderer Gerichte gebildet: der Präsident des Schwurgerichts ist Richter an der cour d'appel (conseiller de cour d'appel), die beiden anderen Richter sind Richter am tribunal de grande instance des Gerichtshofes. Alle drei werden für eine Sitzungsperiode durch den premier président der cour d'appel ernannt.

Neben den Berufsrichtern besteht das Schwurgericht aus neun Geschworenen, die französische Bürger, mindestens dreiundzwanzig Jahre alt und auf den Wahllisten des Departements eingetragen sein müssen. Sie werden durch ein Losverfahren ausgewählt, auf das hier im einzelnen nicht eingegangen werden kann (vgl. Art. 255 ff. des Code de procédure pénale).

Die Jury wurde in Frankreich während der Revolution von 1789 nach dem Vorbild der englischen Jury eingeführt. Jedoch spielt die französische Jury, wie wir im folgenden noch sehen werden, nicht dieselbe Rolle

---

fen. Der Gesetzgeber hatte damit der besonderen Tragweite gerade dieser Entscheidung für den Beschuldigten Rechnung tragen wollen. Im übrigen beließ es der Gesetzgeber aber bei der Doppelfunktion des Untersuchungsrichters. Beide Gesetze sind vom Schrifttum heftig kritisiert worden; vgl. *Pradel*, Recueil Dalloz 1988, Chron. S. 149 ff.; *Chambon*, Semaine Juridique 1988, Doctr. I.3335. In Erwartung einer weitergehenden Reform der gerichtlichen Voruntersuchung hat der Gesetzgeber inzwischen auch die letztere Regelung durch Gesetz vom 6. Juli 1989 wieder aufgehoben.

wie in Großbritannien, da sie gemeinsam mit den drei Berufsrichtern über die Schuldfrage und das Strafmaß entscheidet. Nachdem man sich in Frankreich zunächst im Zuge der Revolution für das britische System entschieden hatte, ist man anschließend zu einem Schöffengerichtssystem (système de l'assessorat) übergegangen.[8] Seit ihrer Einführung war die Einrichtung der Jury nie unumstritten. Trotz dieser Kritik wurde jedoch nie ernsthaft erwogen, sie abzuschaffen. Wir betrachten sie, zu Recht oder zu Unrecht, als Ausdruck der Demokratie und als Garantie gegen die Allmacht des Staates.

Just aus der Existenz einer Jury folgert, daß Entscheidungen der Schwurgerichte im Gegensatz zu Entscheidungen über Vergehen und Übertretungen nicht mit der Berufung angreifbar sind. Einziges Rechtsmittel ist die Revision. Vor wenigen Jahren hat sich die Frage gestellt, ob nicht eine Berufungsinstanz in Schwurgerichtssachen (cour d'assises d'appel) geschaffen werden sollte. Der seinerzeit amtierende Justizminister Badinter, ein ehemaliger Anwalt, unterstützte dieses Vorhaben. Die geplante Neuerung steht aber im Widerspruch zu der Konzeption des Schwurgerichts: Wie soll man ein größeres Maß an Kompetenz bei einer cour d'assises d'appel garantieren? Wie sollen die Geschworenen dieser höheren Stufe ausgewählt werden? Soll von ihnen ein höheres intellektuelles Niveau gefordert werden, das sich etwa in einem Bildungsabschluß niederschlagen müßte? Alle diese Fragen erscheinen sehr heikel. Darüber hinaus ist es fast sicher, daß alle Angeklagten in die Berufung gehen würden, ebenso wie sie derzeit gegen ihre Verurteilung Revision einlegen, so daß diese Berufungsmöglichkeit nur zu einer Verzögerung des Strafverfahrens führen würde, ohne eine zusätzliche Gewähr für die Richtigkeit der Entscheidung zu bieten.

b) Die besonderen Strafgerichte

1. Seit der Übernahme der Regierung durch die Sozialisten im Jahre 1981 hat die Anzahl und die Bedeutung der besonderen Strafgerichte in starkem Maße abgenommen. Der Justizminister hat die Abschaffung zweier Sonderstrafgerichtsbarkeiten durch das Parlament erreicht, nämlich derjenigen der Cour de Sûreté de l'Etat (Gerichtshof für Staatssicherheit) und der Wehrstrafgerichte (tribunaux militaires).

Die nach dem Algerienkrieg im Jahre 1963 geschaffene Cour de Sûreté de l'Etat war zuständig für die Delikte gegen die Staatssicherheit sowie für die Straftaten des allgemeinen Strafrechts, wenn diese mit einer „entreprise de subversion de l'Etat" zusammenhingen. Sie wurde durch das

[8] *Patin*, Le problème de l'organisation des cours d'assises, Mélanges Donnedieu de Vabres, 1960, S. 221 ff.; *Vouin*, La question du jury, Rev. sc. crim. 1955, S. 503 ff.; *ders.*, La cour d'assises française de 1808 à 1958, Mélanges Hugueney, 1964, S. 225 ff.

Gesetz vom 4. August 1981 abgeschafft.[9] Die Zuständigkeit zur Verhandlung terroristischer Straftaten ist durch das Gesetz vom 9. Juni 1986 den allgemeinen Strafgerichten überantwortet worden, freilich mit der Maßgabe, daß das Schwurgericht mit sieben Richtern besetzt ist und ohne Geschworene tagt. Man wollte mit diesem Schritt denkbaren Druck und denkbare Drohungen auf Laienrichter vermeiden, wovon es in der Vergangenheit im Zusammenhang mit Gerichtsverfahren im Gefolge des Algerienkrieges einzelne Beispiele gegeben hatte.

Durch Gesetz vom 21. Juli 1982 hat der Gesetzgeber gleichfalls für Friedenszeiten die Wehrstrafgerichte abgeschafft; davon ausgenommen sind die Wehrstrafgerichte für die im Ausland stationierten Truppen, so zum Beispiel dasjenige in Landau, das für die in Deutschland befindlichen französischen Einheiten zuständig ist. Selbstverständlich würde in Kriegszeiten die ursprüngliche Zuständigkeit der Wehrstrafgerichtsbarkeit automatisch in vollem Umfang wieder aufleben. In Friedenszeiten befinden nunmehr die allgemeinen Strafgerichte über Wehrstraftaten. Da diese aber häufig mit weiblichen Richtern besetzt sind, ist es schon vorgekommen, daß Verstöße gegen militärische Vorschriften vor einem tribunal correctionnel, das sich in der Mehrzahl aus Frauen zusammensetzte, verhandelt worden sind, obgleich diese keine Kenntnisse von den militärischen Gepflogenheiten haben.

2. Unter den besonderen Strafgerichten, die in Frankreich fortbestehen, ist zunächst die Haute Cour de Justice zu nennen, welche für die durch Minister in Ausübung ihres Amtes begangenen Verbrechen und Vergehen sowie für einen vom Präsidenten der Republik begangenen Hoch- und Landesverrat zuständig ist. Eine nähere Beschäftigung mit diesem Gericht erscheint nicht notwendig, da es bislang nur im Jahr 1945 in den Verfahren gegen Marschall Pétain und gegen den Président du Conseil Laval tätig geworden ist.

Sehr viel interessanter sind die Jugendstrafgerichte (juridictions pour mineurs délinquants). Sie sind zuständig für Verfahren gegen Straftäter, die das achtzehnte Lebensjahr noch nicht vollendet haben.[10] Der französische Gesetzgeber ist ebenso wie derjenige fast aller anderen Länder der Auffassung, daß das Verfahren vor den ordentlichen Strafgerichten Kindern und jugendlichen Straftätern nicht gerecht wird. Die Gründe, die hierfür sprechen, sind so offensichtlich und allgemein bekannt, daß wir uns eine nähere Erörterung ersparen können. Andererseits hat das französische Recht jedoch nicht das insbesondere in den skandinavischen Ländern gebräuchliche System übernehmen wollen, nach dem die jugendli-

---

[9] *Levasseur,* La cour de Sûreté de l'Etat (Gesetz vom 15. Januar 1963), Gazette du Palais, 1963, 1. Doctrine, S. 26 ff.; *Vitu,* Une nouvelle juridiction d'exception, la Cour de Sûreté de l'Etat, Rev. sc. crim., 1964, S. 1 ff.

[10] Umfassend zu dem Problem der Gerichtsbarkeiten für jugendliche Straftäter *Merle/Vitu* (Fn. 4) Nr. 1331 ff.

chen Straftäter nicht der Zuständigkeit der Justiz, sondern derjenigen spezieller Jugendbehörden unterliegen. Der französische Gesetzgeber ist der Meinung, daß nur die Strafgerichtsbarkeit in der Lage ist, Straftaten jugendlicher Täter angemessen zu würdigen und die entsprechenden Zwangs- und Erziehungsmaßnahmen zu verhängen. Der Schutz der allgemeinen Freiheitsrechte und das Prinzip des kontradiktorischen Verfahrens erscheinen für Jugendliche genauso wichtig wie für Erwachsene.

Zwei Gerichtstypen wurden 1945 für jugendliche Straftäter geschaffen: das Jugendgericht (tribunal pour enfants) und das Jugendschwurgericht (cour d'assises des mineurs).

Die Jugendgerichte, von denen es im französischen Mutterland ungefähr 110 gibt, setzen sich aus einem Jugendrichter (juge des enfants), d.h. einem Richter des tribunal de grande instance, dem die Jugendgerichtssachen speziell – durchaus im Sinne einer eigenen Prägung seiner Richterlaufbahn – zugewiesen sind, sowie aus zwei Schöffen (assesseurs) zusammen. Bei ihnen handelt es sich um Bürger mit einem Mindestalter von dreißig Jahren, die sich besonders für die psychologischen und sozialen Probleme der Jugendlichen interessieren. Sie werden für vier Jahre – mit der Möglichkeit der Verlängerung ihrer Amtszeit – durch den Justizminister ernannt. Das Jugendgericht ist zuständig für die durch Jugendliche begangenen Vergehen und bestimmte Übertretungen sowie für Verbrechen, die von Jugendlichen begangen worden sind, die das sechzehnte Lebensjahr noch nicht vollendet haben.

Der Aufbau des Jugendschwurgerichtes entspricht im wesentlichen demjenigen des Schwurgerichts, der zuvor erläutert worden ist. Es besteht ebenfalls aus einer Jury von neun Mitgliedern und einem Präsidenten, einem conseiller de cour d'appel. Der einzige Unterschied besteht darin, daß die beiden anderen Berufsrichter Jugendrichter sein müssen. Sie können im Rahmen der Beratung des Gerichts darauf hinwirken, daß der Erziehungsgedanke den Vorrang vor dem reinen Strafgedanken erhält. Das Jugendschwurgericht ist nur für jugendliche Straftäter im Alter von 16 bis 18 Jahren und ihre volljährigen Mittäter und Gehilfen zuständig. Diese Möglichkeit der Verbindung der Verfahren gegen Volljährige und Minderjährige zur gemeinsamen Verhandlung ist denn auch der Grund dafür, weshalb der Gesetzgeber den Aufbau dieses spezialisierten Schwurgerichts demjenigen eines allgemeinen Schwurgerichtes angeglichen hat.[11]

Soviel zur französischen Strafgerichtsverfassung – die Darstellung bliebe jedoch unvollständig, wenn man es unterließe, sich auch mit den Beteiligten des Strafprozesses zu beschäftigen, sei ihre Beteiligung nun eine unmittelbare oder eine mittelbare.

---

[11] *Lazerges-Rothe,* La cour d'assises des mineurs et son fonctionnement, 1973.

2. Die Beteiligten des Strafprozesses

Das französische Strafprozeßrecht kennt zwei Arten von Beteiligten, denen eine bedeutende Stellung im Strafverfahren zukommt. Zum einen handelt es sich um die Staatsanwaltschaft (ministère public oder parquet), zum anderen um die Opfer der Straftaten. Im übrigen spielen auf seiten der Verletzten und neuerdings sogar auf seiten des Straftäters öffentlich-rechtliche und privatrechtliche Einrichtungen eine nicht zu vernachlässigende Rolle.

a) Die Staatsanwaltschaft

Der Staatsanwaltschaft kommt eine herausragende Stellung im Rahmen der französischen Strafgerichtsverfassung zu. Nachdem sie im 14. Jahrhundert entstanden war, um die fiskalischen Interessen des Königs und der Adligen vor den Zivil- und Strafgerichten zu wahren, ist ihre Rolle im Laufe der Zeit ständig gewachsen. Auch wurde die Einrichtung der Staatsanwaltschaft von vielen ausländischen Gesetzgebern übernommen.[12]

Die Aufgaben der Staatsanwaltschaft auf dem Gebiet des Strafverfahrensrechts liegen in der Entgegennahme von Strafanzeigen, in der Initiierung und Leitung der Ermittlungstätigkeit der Gerichtspolizei (police judiciaire), in dem Einleiten und Betreiben der öffentlichen Klage (action publique, auch poursuites genannt) vor dem erkennenden Gericht und dem Untersuchungsrichter sowie schließlich in der Durchführung der Strafvollstreckung.

1. Die Staatsanwaltschaft ist bei allen Zivil- und Strafgerichten vertreten. Bei dem tribunal de grande instance, sei es in dessen Funktion als Zivilgericht oder als tribunal correctionnel, besteht sie aus dem leitenden Staatsanwalt (procureur de la République) und seinen Vertretern. Diese treten sowohl vor dem tribunal d'instance in Zivilprozessen von geringer Bedeutung auf als auch dann, wenn dieses Gericht bei Vergehen als tribunal de police tätig wird. Bei der cour d'appel ist die Generalstaatsanwaltschaft (parquet général) angesiedelt, die sich aus dem Generalstaatsanwalt (procureur général) sowie seinen „avocats généraux" und „substituts généraux" zusammensetzt. Die Cour de cassation hat ihre eigene Staatsanwaltschaft mit einem Generalstaatsanwalt und seinen „avocats généraux". Dagegen besitzt das Schwurgericht keine eigene Staatsanwaltschaft. Vielmehr tritt im Rahmen seiner vierteljährlichen Sitzungen ent-

---

[12] *Rolland*, Le ministère public en droit français, J.C.P. 1956.I.1271; *ders.*, Le ministère public, aspect non seulement de repression, mais de prévention, J.C.P. 1957.I.1342; *Rassat*, Le ministère public entre son passé et son avenir, 1967. Zu dem deutschen Recht *Jung*, Le rôle du ministère public en procédure pénale allemande, Rev. sc. crim. 1983, S. 223 ff.

weder ein Staatsanwalt von der Ebene der cour d'appel, wenn sie an deren Sitz tagt, ansonsten ein Staatsanwalt von der Ebene des tribunal de grande instance auf.

Die Mitglieder der Staatsanwaltschaft sind „magistrats" (Oberbezeichnung für Staatsanwälte und Richter). Sie werden durch dasselbe Auswahlverfahren wie die Richter (juge du siège) der Zivil- und Strafgerichtsbarkeit rekrutiert und besuchen zusammen mit diesen die Ecole nationale de la magistrature in Bordeaux. Während ihrer gesamten Laufbahn können Richter zu Staatsanwälten ernannt werden und umgekehrt. Auf diese Art und Weise erhalten die beiden Zweige des „magistrat" (juges du siège und die Mitglieder der Staatsanwaltschaft) eine identische Ausbildung und sind so von derselben Achtung für das Prinzip der Legalität und von derselben Sorge um das öffentliche Wohl getragen.

2. Im Unterschied zu den in der Ausübung ihres Amtes vollkommen unabhängigen Richtern sind die Mitglieder der Staatsanwaltschaft weisungsgebunden. Ihr gemeinsamer oberster Dienstherr ist der Justizminister, der seine Weisungsbefugnis gegenüber den Generalstaatsanwälten bei den cours d'appel ausübt; diese können wiederum den procureurs de la république Anweisungen erteilen, denen diese Befugnis hinwiederum gegenüber ihren Vertretern zusteht.

Jeder Vertreter der Staatsanwaltschaft hat die Weisungen seines Vorgesetzten zu befolgen. Im Falle einer Weigerung würde er sich Disziplinarmaßnahmen – Verweis (rappel à l'ordre), Versetzung (déplacement), Zurückstufung (rétrogadation), Entfernung aus dem Dienst (révocation) – aussetzen, da jedes Mitglied der Staatsanwaltschaft absetzbar ist. Die Disziplinargewalt des Justizministers ist gegenüber der Staatsanwaltschaft fast unbeschränkt.

Jedoch sieht Art. 33 Code de procédure pénale vor, daß der Staatsanwalt bei seinem Auftreten in der mündlichen Verhandlung wieder zu einem unabhängigen „magistrat" wird. Ein klassisches Sprichwort faßt diese janusköpfige Situation der Staatsanwaltschaft folgendermaßen zusammen: „La plume est serve, la parole est libre" (das geschriebene Wort ist gebunden, das gesprochene ist frei). Daher müssen sich die Vertreter der Staatsanwaltschaft bei der Erarbeitung von Schriftstücken an die Weisungen ihrer Vorgesetzten halten („la plume est serve"); in der mündlichen Verhandlung sind die Staatsanwälte jedoch nur noch ihrem Gewissen verpflichtet und können mündlich eine entgegengesetzte Meinung zu der Position vertreten, die sie schriftlich einnehmen mußten („la parole est libre").

Wenn die Staatsanwälte auch gegenüber ihren Vorgesetzten weisungsgebunden sind, so sind sie dennoch unabhängig von den Gerichten, bei denen sie ihre Tätigkeit ausüben. Die Richter können daher in ihren Entscheidungen den schriftlichen oder mündlichen Vortrag eines Staatsanwalts nicht beanstanden, weder die Entgegennahme von Anträgen (réquisitions) verweigern noch ihn verpflichten, eine bestimmte Tat oder eine bestimmte Person zu verfolgen: die Trennung der Funktionen, hier Verfolgung (poursuite) – da gerichtliche Voruntersuchung (instruction) und richterliches Erkenntnisverfahren (jugement), verbieten dies. Die Staatsanwaltschaft ist andererseits auch unabhängig von den Rechtsuchenden. So ist der Staatsanwalt beispielsweise nicht durch eine Strafanzeige, die bei ihm eingeht, gebunden (Opportunitätsprinzip, auf das später noch näher einzugehen sein wird), noch hat die Rücknahme derselben Auswirkungen auf seine Tätigkeit.

3. Der Staatsanwaltschaft steht als unmittelbares Hilfsorgan die Gerichtspolizei (gendarmerie nationale und police nationale) zur Verfügung.

Die gendarmerie nationale ist eine militärische Einheit, historisch gesehen sogar die älteste, da sie seit ihrer Einrichtung im 15. Jahrhundert ununterbrochen besteht. Sie hat militärische, verwaltungs- und strafverfahrensrechtliche Befugnisse. Ihre justiziellen Befugnisse übt sie vornehmlich in kleineren Städten und Dörfern aus, wo sie – unter der Leitung der Staatsanwaltschaft – die Ermittlung führt.

In größeren Städten wird die police nationale tätig, eine Einrichtung, die dem Innenministerium unterstellt ist. Ihr obliegt die Aufrechterhaltung der öffentlichen Ordnung, die Ermittlung von Gesetzesverstößen und die Führung strafrechtlicher Ermittlungsverfahren. Einige Abteilungen der police nationale sind auf die Ermittlung bestimmter Straftaten – z.B. organisiertes Verbrechen, den Handel mit Betäubungsmitteln und das Zuhälterwesen – spezialisiert. In Paris trägt die police nationale die Bezeichnung „préfecture de police“.

Die Staatsanwaltschaft leitet und koordiniert die Tätigkeiten der gendarmerie und der police nationale; auch übt sie die Disziplinargewalt aus. Diese Aufsicht durch die Justiz kann gleichwohl nicht verhindern, daß zwischen den gendarmes und den policiers Konflikte und Neid entstehen können. Im Kontext ihrer Funktionen im Rahmen des strafrechtlichen Ermittlungsverfahrens firmieren gendarmerie nationale und police nationale als „Gerichtspolizei“ (police judiciaire).

b) Die Opfer der Straftaten

Das französische Strafverfahrensrecht mißt den Verletzten eine herausragende Stellung zu. Wie im folgenden zu erläutern sein wird, kann der Betroffene Ersatz des durch die Straftat verursachten Schadens verlangen und sich in dieser Hinsicht wahlweise an das zuständige Zivilgericht (tribunal d'instance, wenn der Streitwert 30.000 FF nicht übersteigt, oder tribunal de grande instance bei einem höheren Streitwert) oder an das zuständige Strafgericht wenden. In letzterem Fall kann sich das Opfer entweder einer von der Staatsanwaltschaft bereits eingeleiteten Strafverfolgung anschließen oder aber das Heft selbst in die Hand nehmen und gleichzeitig sowohl die action publique (Strafklage) als auch die action civile (Zivilklage – das Verfahren zur Erlangung von Schadensersatz) einleiten.

Diese Vorzugsstellung wurde dem Betroffenen früher schon durch den Code d'instruction criminelle und wird ihm nunmehr auch durch den Code de procédure pénale zugestanden. Die Beteiligung des Opfers einer Straftat am Strafprozeß ist in Frankreich häufig zu beobachten. Aber nicht nur natürliche, sondern auch juristische Personen (handelsrechtliche und zivilrechtliche Gesellschaften, gewerbliche Organisationen, Verbände) haben von diesem strafrechtlichen Weg, den das Gesetz eröffnet hat, profitiert.

Freilich kann das Opfer einer Straftat diesen Weg nur beschreiten und den Schadensersatz vor dem Strafgericht geltend machen, wenn die in Art. 2 Code de procédure pénale genannten, strengen Voraussetzungen erfüllt sind. So muß der Verletzte beweisen können, daß er „persönlich einen Schaden erlitten hat, der durch die Straftat unmittelbar verursacht worden ist" („personnellement souffert du dommage directement causé par l'infraction"). In diesem Satz sind vor allem zwei Worte, nämlich „persönlich" und „unmittelbar" bedeutsam.

Es ist nicht möglich, hier im einzelnen auf die komplexe Rechtsprechung einzugehen, die zur Auslegung dieser beiden Begriffe ergangen ist. Es genügt zu wissen, daß der Strafsenat der Cour de cassation bemüht ist, den Geltungsbereich der genannten Vorschrift durch eine restriktive Auslegung einzuschränken, und das Recht des Opfers, im Strafgerichtsverfahren tätig zu werden, als Ausnahmeregelung ansieht. Von dieser Auffassung ausgehend konnte dem Bestreben vieler Verletzter, einen mehr oder minder unmittelbaren Verlust im Wege des Strafverfahrens geltend zu machen, Einhalt geboten werden. Die Cour de cassation hat sie daran erinnert, daß sie sich in der Tür geirrt haben und sie darauf verwiesen, sich an die Zivilgerichte statt an die Strafgerichte zu wenden.

c) Die öffentlichen und privaten Organisationen

Gewährt man dem Opfer einer Straftat das Recht, den Straftäter vor den Strafgerichten auf Schadensersatz in Anspruch zu nehmen, sieht man sich der weiteren Frage ausgesetzt, ob private oder öffentliche Organisationen, die dem Opfer ihrerseits Schadensersatz geleistet haben, befugt sein sollen, den Angeklagten im Strafverfahren in Regreß nehmen zu können. Beantwortet man diese Frage positiv, muß man gewärtigen, daß sich das Erscheinungsbild des Strafprozesses zwangsläufig in grundlegender Weise ändert: so wird die mündliche Verhandlung mehr und mehr zivilrechtliche Schadensersatzfragen zum Gegenstand haben, die nichts mit der Straftat als solcher zu tun haben, anstatt der Würdigung der Beweise, der Schuld und der Persönlichkeit des Angeklagten sowie der Festsetzung der angemessenen Strafe zu dienen.

Indem es dem Verletzten eine derart wichtige Stellung im Strafprozeß einräumt, hat sich das französische Recht durch die eigene systemimmanente Logik bedauerlicherweise selbst eingeengt. Gezwungenermaßen mußte es zahlreichen Organisationen eine Beteiligung am Strafverfahren zu Regreßzwecken ermöglichen. Sie treten insbesondere in Fällen der fahrlässigen Tötung (homicide par imprudence) und der fahrlässigen Körperverletzung (coups et blessures commises par imprudence) in Erscheinung. Man kommt daher nicht daran vorbei, diese verschiedenen Organisationen wenigstens kurz vorzustellen.

An erster Stelle sind die Sozialversicherungsträger (caisses de Sécurité sociale) zu nennen, die häufig in Verfahren wegen fahrlässiger Tötung oder wegen fahrlässiger Körperverletzung auftreten. Gleichzeitig mit ihrer Schaffung durch die Ordonnance vom 19. Oktober 1945 und das Gesetz vom 30. Oktober 1946 ist den Sozialversicherungsträgern das Recht verliehen worden, aufgrund einer „subrogation légale" (ein Rechtsinstitut, dem im deutschen Recht die cessio legis entspricht) den Straftäter in Regreß zu nehmen. Sie können daher Ersatz für die Leistungen, Entschädigungszahlungen und Renten verlangen, die sie ihren Versicherten aufgrund der Straftat gewährt haben. Die Cour de cassation hat hieraus für diese Organisationen die Befugnis hergeleitet, neben den Verletzten vor den Strafgerichten aufzutreten, wenn letztere ihrerseits als Zivilpartei (partie civile) in dem Verfahren auftreten. Sie können daher in der mündlichen Verhandlung bei der Erörterung des Verschuldens des Täters und ihres Versicherten mitwirken, die Höhe der geltend gemachten Regreßforderung belegen sowie Rechtsmittel (appel – Berufung; pourvoi en cassation – Revision) einlegen. Es ist diesen Organisationen jedoch verwehrt, eigenständig tätig zu werden und das Strafverfahren selbst einzuleiten.[13]

Eine vergleichbare Lösung sehen das Gesetz vom 31. Dezember 1951 und die Ordonnance vom 23. September 1958 vor, durch die der Garantiefonds für Verkehrsunfallschäden (Fonds de garantie automobile) geschaffen worden ist. Dieser Fonds tritt bei Verkehrsunfallschäden ein, wenn der Verantwortliche unbekannt bzw. ganz oder teilweise mittellos

[13] Cass. crim. 12. März 1957, S. 1957.1.222; 13. März 1958, S. 1959.293 mit Anm. von *Meurisse;* 6. Januar 1961, J.C.P. 1962.II.12442, mit Anm. von *Meurisse.* Den „établissements publics" (rechtsfähige Anstalten des öffentlichen Rechts) und den „services nationalisés" (Staatsunternehmen, wie z.B. Société nationale des chemins de fer, Electricité et Gaz de France ...) wird eine vergleichbare Stellung eingeräumt. Hinsichtlich ihrer Bediensteten kommt ihnen dieselbe Aufgabe zu, welche die Sozialversicherung (caisses de Sécurité sociale) für die gewöhnlichen Lohnempfänger wahrnimmt. Seinerseits wurden dem Staat sowie den Körperschaften des öffentlichen Rechts (collectivités publiques) durch eine ordonnance vom 7. Januar 1959 das Recht eingeräumt, gegen die Angeklagten vorzugehen und von ihnen den Ersatz der geleisteten Ruhegehälter, Schadensersatz oder sonstigen Renten zu verlangen, welche sie an einen Beamten oder seinen Erben als Folge eines durch den Angeklagten verursachten Unfalls gezahlt haben.

ist. Dieser Fonds hat ebenfalls das Recht, sich an dem Strafverfahren zu beteiligen, unter Umständen sogar erstmalig in der Berufungsinstanz. Für ihn gilt jedoch die gleiche Einschränkung wie für die Sozialversicherungsträger, d.h. er ist nicht befugt, allein als Zivilpartei aufzutreten oder das Verfahren in Gang zu setzen, sondern er kann nur zusammen mit dem Verletzten in das Verfahren eingreifen.[14] Der französische Gesetzgeber hat mit dem Gesetz vom 8. Juli 1983 hinsichtlich der privaten Versicherungsunternehmen denselben Weg beschritten wie in den beiden vorgenannten Beispielen. Auch hier handelt es sich meistens um Fälle fahrlässiger Tötung bzw. Körperverletzung. Sowohl der Versicherer des Täters als auch – soweit vorhanden – derjenige des Verletzten können wie die Sozialversicherungsträger im Strafprozeß auftreten und gleichfalls Rechtsmittel einlegen; wie oben ist es dem Versicherer des Opfers aber auch hier untersagt, selbständig aufzutreten bzw. das Strafverfahren einzuleiten.[15]

II. Die Vorbereitung des Strafprozesses

Was ist unter dem Begriff der Vorbereitung des Strafprozesses (préparation du procès pénal) zu verstehen? Es handelt sich hierbei um die Phase des Strafverfahrens, die mit der Entdeckung der Tat beginnt und mit dem Beginn der mündlichen Verhandlung endet. In diesem Verfahrensabschnitt werden Beweise gesammelt, Täter und Beteiligte sowie der Grad ihrer Beteiligung ermittelt und schließlich die Entscheidung über die Anklage getroffen und bejahendenfalls die Feststellung, vor welchem Strafgericht diese zu erheben ist.[16]

Zur sachgerechten Darstellung dieses Verfahrensabschnittes wird zunächst zu erläutern sein, welche Grundsätze dem französischen Recht der Beweisermittlung und -würdigung zugrundeliegen, da die Vorbereitung des Strafprozesses hauptsächlich diesen beiden Fragen gewidmet ist. Sodann werden die verschiedenen Abschnitte dieser Vorbereitungsphase dargestellt, namentlich die der polizeilichen Ermittlungen, der Einleitung des Ermittlungsverfahrens sowie der gerichtlichen Voruntersuchung (instruction préparatoire).

---

[14] *Baron*, Le fonds de garantie automobile, Rev. trimestrielle de droit civil 1974, S. 249 ff.

[15] *Pradel*, Un nouveau stade dans la protection des victimes d'infractions (commentaire de la loi du 8 juillet 1983), D. 1983. Chron. S. 241 f.; *d'Hauteville*, L'intervention des assureurs au procès pénal en application de la loi du 8 juillet 1982, Semaine Juridique 1984.I.3139.

[16] *Pradel*, La phase préparatoire du procès pénal en droit comparé, Rev. sc. crim. 1983, 623 ff. (rapport général présenté au Séminaire international de l'Institut supérieur international de science criminelle de Syracuse, 25. Sept. bis 1. Okt. 1982).

1. Die Grundsätze der Beweisermittlung und -würdigung

Die gesetzlichen bzw. von der Rechtsprechung entwickelten Regeln der Beweisermittlung und -würdigung beruhen auf folgenden vier allgemeinen Prinzipien:
- der Untersuchungsgrundsatz (principe de la vérité matérielle),
- das Akkusationsprinzip (rôle fondamental de l'accusation),
- das Prinzip des Freibeweises (principe de la liberté de la preuve) und schließlich
- der Grundsatz der freien Beweiswürdigung (principe de l'intime conviction).

Diese Grundsätze gelten im übrigen auch in den meisten anderen Rechtsordnungen.

a) Der Untersuchungsgrundsatz

In diesem Prinzip liegt der grundlegende Unterschied zwischen Straf- und Zivilprozeß verankert. So entscheidet der Zivilrichter ausschließlich auf der Grundlage der von den Parteien vorgetragenen Tatsachen und beigebrachten Beweise. Von Ausnahmen abgesehen, ist es ihm untersagt, von sich aus über die ihm dargebrachten Beweise hinaus nach weiteren zu forschen. Der Zivilrichter hat insofern eine passive Funktion und muß sich mit der formellen Wahrheit begnügen, der Wahrheit also, wie sich ihm aufgrund des von den Parteien vorgebrachten Tatsachenstoffes darstellt.

Der Strafrichter nimmt hingegen keine derart neutrale Haltung ein. Er ist vielmehr verpflichtet, den tatsächlichen Sachverhalt soweit wie möglich zu erforschen und das Geschehen, so wie es sich wirklich abgespielt hat, aufzudecken. Er darf sich folglich nicht mit den Beweisen begnügen, die von der Staatsanwaltschaft, dem Verletzten oder dem Angeklagten selbst erbracht werden. Der Strafrichter spielt daher im Strafprozeß eine aktive Rolle, die ihn dazu verpflichtet, die materielle Wahrheit zu erforschen und sich nicht mit der formellen Wahrheit zu begnügen, die vielleicht eine konstruierte Wahrheit oder Teilwahrheit sein mag.

Aus dem Untersuchungsgrundsatz ergeben sich mannigfaltige Konsequenzen. So erklärt sich hieraus insbesondere, weshalb der Gerichtspolizei und dem Untersuchungsrichter bei der Vorbereitung des Strafprozesses sehr weitgehende Befugnisse eingeräumt worden sind. Weiterhin folgt aus diesem Grundsatz die Möglichkeit des Strafrichters, nach neuen Beweisen zu forschen, wenn sich aus den Strafakten ergibt, daß die vorliegenden Beweise für ein Urteil nicht ausreichen.

b) Der Anklagegrundsatz

Dieser zweite Grundsatz ist nicht klar im Code de procédure pénale normiert. In der Gerichtspraxis wird er gleichwohl als sehr wichtig angesehen, er hat auch bedeutsame Konsequenzen zur Folge. Der Anklagegrundsatz besagt, daß die strafrechtlich relevanten Beweise von den das Verfahren einleitenden Personen erbracht werden müssen, d.h. entweder durch die Staatsanwaltschaft oder durch den Verletzten, wenn dieser als Privatkläger das Strafverfahren in Gang setzt. Gemeinhin wird dieses Prinzip mit der lateinischen Wendung „actori incumbit probatio" umschrieben.

Wenn die Anklage keine ausreichenden Beweise vorzubringen vermag, aus denen der Richter die Überzeugung von der Schuld des Angeklagten schöpfen kann, muß letzterer freigesprochen werden. Ein bestehender Zweifel an der Schuld entspricht dem positiven Beweis der Unschuld, da der Angeklagte durch die Unschuldsvermutung geschützt wird, wie es schon das lateinische Sprichwort „in dubio pro reo" besagt.[17] Diese Unschuldsvermutung war dem Strafverfahrensrecht, das vor der französischen Revolution galt, unbekannt. In der „Déclaration des Droits de l'Homme" von 1789 taucht sie dann auf, ebenso in der „Déclaration Universelle des Droits de l'Homme" von 1948, gleichermaßen in der Europäischen Konvention zum Schutze der Menschenrechte und Grundfreiheiten (MRK) von 1950 sowie schließlich im Internationalen Pakt über die Bürgerrechte und Grundfreiheiten von 1966, internationale Abkommen, die alle drei von Frankreich ratifiziert worden sind.

Es genügt im übrigen festzustellen, daß die Unschuldsvermutung nicht nur im Hauptverfahren, sondern auch schon in der Vorbereitungsphase des Prozesses gilt.

c) Das Prinzip des Freibeweises

In einer gewissen Abweichung zum Zivilprozeß sind im Strafprozeß alle Beweismittel zugelassen. Dies betrifft sowohl die Tatbestandsmäßigkeit der Tat als auch die Schuldfrage (Art. 427 Code de procédure pénale). Anders als im deutschen Strafprozeß gibt es keinen geschlossenen Katalog der Beweismittel. Dies schließt nicht aus, daß man sich im Schrifttum regelmäßig auf die Darstellung bestimmter Beweismittel beschränkt.

Der Grundsatz des Freibeweises kennt dennoch zwei Ausnahmen. So mißt das Gesetz bestimmten Protokollen (procès-verbaux) eine besondere Beweiskraft zu: in Wirtschafts-, Zoll-, Forst- und Fischereiangelegenhei-

---

[17] *Patarin,* Le particularisme de la théorie des preuves en droit pénal, in: Quelques aspects de l'autonomie du droit pénal, Etudes de droit criminel, unter der Leitung von Stéfani, 1956, S. 7 f.; *Essaid,* La présomption d'innocence, 1971.

ten können die in diesen Sachen aufgenommenen Protokolle nicht durch Zeugenaussagen oder andere Schriftstücke widerlegt werden. Es besteht nur die Möglichkeit, die Beweiskraft des Protokolls dadurch zu entkräften, daß der Nachweis der Fälschung geführt wird. Das in dieser Hinsicht erforderliche, sehr komplizierte Verfahren wird „procédure d'inscription de faux" genannt.

Weiterhin verbieten bestimmte allgemeine Grundsätze die Suche nach der Wahrheit um jeden Preis.[18] Folter, Gottesurteil und Zweikampf sind selbstverständlich ausgeschlossen. Die Cour de cassation hat aber gleichfalls wiederholt betont, daß die Suche nach Beweismitteln ausnahmslos in korrekter Weise zu erfolgen hat (selon des procédés corrects) und nicht der Wertordnung zuwiderlaufen darf, die unserer heutigen Zivilisation zugrundeliegt. Daher sind Mißhandlungen bei der polizeilichen Vernehmung eines Beschuldigten ebenso verboten wie beispielsweise der Einsatz von List durch einen Untersuchungsrichter, der seine Stellung dem Beschuldigten gegenüber verschweigt, um ihn in Sicherheit zu wiegen.[19] Schließlich sind sich Lehre und Rechtsprechung darüber einig, daß ein Geständnis nicht unter Zuhilfenahme der Narkoanalyse oder in ähnlicher Weise erlangt werden darf.[20]

Demgegenüber haben französische Gerichte das Abhören und den Gebrauch von Tonbandaufnahmen von Telefongesprächen im Rahmen der polizeilichen Ermittlung oder während der gerichtlichen Voruntersuchung gebilligt. Die Überwachung des Fernmeldeverkehrs darf aber nur mit Zustimmung des Untersuchungsrichters erfolgen; weiterhin sollen die hierdurch erlangten Beweise im Strafprozeß durch die Beteiligten frei erörtert werden dürfen.

d) Der Grundsatz der freien Beweiswürdigung

Lag dem alten französischen Strafprozeßrecht noch das System der gesetzlichen Beweismittel (preuves légales) zugrunde, so hat sich mit der

---

[18] *Bouzat*, La loyauté dans la recherche des preuves, Mélanges Hugueney, 1964, S. 155 ff.

[19] Cour de cassation (Chambres réunies), 31. Januar 1888, S. 1889.1.241 (affaire du scandale des décorations): Um seinen Bedenken gegen den Beschuldigten Wilson, dem Schwiegersohn des Präsidenten der Republik J. Grévy, Nachdruck zu verleihen, telefonierte der Untersuchungsrichter mit einem Komplizen; er erweckte dabei den Eindruck, daß dieser mit Wilson selbst spräche. Die „Cour de cassation", die hier als „Conseil supérieur de la magistrature" tätig wurde, verhängte damals eine Disziplinarstrafe gegen den Richter.

[20] Die französischen Gerichte haben jedoch die Zulässigkeit der Narkoanalyse zum Zwecke psychiatrischer Untersuchungen bejaht. Der medizinische Experte kann zulässigerweise alle medizinischen Verfahren, welche in seinem Beruf üblich sind, verwenden (Tribunal correctionnel Seine, 23. Februar 1949, S. 1950.2.149: Es ging um die Verwendung der Narkoanalyse, um herauszufinden, ob der Beschuldigte, welcher aufgrund einer Kopfverletzung nicht mehr sprechen konnte, nicht in Wahrheit simulierte).

französischen Revolution seit 1789 das entgegengesetzte Prinzip der freien Beweiswürdigung durchgesetzt. Hiernach ist der Strafrichter frei in der Würdigung des Beweiswertes der ihm vorgelegten Beweise. Das Gesetz begnügt sich mit der Regelung der Ermittlung, Feststellung und Erbringung der Beweise, enthält aber keine Bestimmungen über deren Beweiskraft. So stehen sich einerseits die gesetzliche Einschränkung bei der Suche und der Einbringung der Beweise und andererseits die Freiheit der Bewertung der Beweise gegenüber.

Dieser Grundsatz ist in verschiedenen, die Hauptverhandlung betreffenden Artikeln des Code de procédure pénale niedergelegt (Art. 353, 427, 536). In Frankreich ist man jedoch der Ansicht, daß der Grundsatz der freien Beweiswürdigung auch für das Verfahren vor dem Untersuchungsrichter und sogar in gewissem Umfang für die Staatsanwaltschaft gilt, wenn letztere bei Abschluß des Ermittlungsverfahrens vor der Frage steht, ob eine Anklage oder aber eine Einstellung des Verfahrens zu erfolgen hat.

Der Strafsenat der Cour de cassation hat in zahlreichen Entscheidungen gleichwohl eine grundlegende Forderung postuliert: Die Beweise, auf welche die Richter ihre Entscheidung stützen wollen, müssen allen Verfahrensbeteiligten bekannt gewesen und es muß ihnen die Möglichkeit zur freien Stellungnahme eröffnet worden sein. Diese Maxime wird eher in der Hauptverhandlung als in der Vorbereitung des Strafprozesses eingehalten, da letztere grundsätzlich einen inquisitorischen Charakter hat.

2. Die polizeilichen Ermittlungen

Unter der Aufsicht und der Leitung durch die Staatsanwaltschaft kann die Gerichtspolizei, die sich – wie bereits erwähnt – aus der gendarmerie und der police nationale zusammensetzt, nach Entdeckung einer Straftat zwei Arten von Ermittlungsverfahren (enquête) in Gang setzen: die „enquête de flagrance" und die „enquête préliminaire". Diese Arten von Ermittlungsverfahren finden bei der Verfolgung von Verbrechen und Vergehen Verwendung, sehr viel seltener, wenn Übertretungen in Frage stehen. Bei letzterem reicht die Erstellung eines gewöhnlichen Protokolls aus, mit dem die Übertretung festgestellt wird, worauf in den meisten Fällen sogleich ohne weitere Beweisermittlung zum Urteilsverfahren übergegangen werden kann.

a) Die „enquête de flagrance"

Mit dem Begriff „enquête de flagrance" bezeichnet man das Ermittlungsverfahren, das aufgrund einer „infraction flagrante" eingeleitet wird. Mit dem Begriff der „infraction flagrante" sind die Fälle angesprochen, bei denen ein Straftäter auf frischer Tat ertappt worden ist. Art. 53 Code de procédure pénale liefert insoweit die Abgrenzungskriterien. „Infractions flagrantes“ im Sinne dieser Norm sind einmal solche Straftaten, die gerade soeben begangen werden (so z.B. im Falle eines Einbrechers, der von der Polizei beim Diebstahl in einem Haus gestellt wird), aber auch diejenigen, die vor sehr kurzer Zeit begangen worden sind (höchstens einige Stunden). Schließlich liegt eine „infraction flagrante“ auch dann vor, wenn der Täter in zeitlicher Nähe zur Tat (nach herrschender Meinung höchstens 48 Stunden) öffentlich als Täter entlarvt wird oder man bei ihm Spuren oder Hinweise entdeckt, die darauf schließen lassen, daß er an dem Verbrechen oder Vergehen beteiligt war. Der Code de procédure pénale geht sogar so weit, ein Delikt, das in diesem Sinne nicht als ein flagrantes Delikt bezeichnet werden kann, dann einer „infraction flagrante“ gleichzustellen, wenn die Tat im Inneren eines Hauses begangen worden ist und der Inhaber des Hausrechts (Eigentümer, Mieter oder eine andere Person) die Polizei benachrichtigt und sie darum bittet, die Ermittlungen bei ihm aufzunehmen.[21]

Aufgrund der Aktualität des Handlungsgeschehens und um es den Beamten der police oder der gendarmerie zu ermöglichen, mit größtmöglicher Schnelligkeit und Wirksamkeit zu handeln, erlaubt das Gesetz während der Ermittlungstätigkeit den Einsatz von Zwangsmitteln. Zeugen können durch Vorladung verpflichtet werden, sich zur Vernehmung bei der Gerichtspolizei einzufinden; Wohnungsdurchsuchungen können ohne die Einwilligung der Wohnungsinhaber stattfinden; der Verdächtige kann bis zu 24 Stunden festgehalten werden (garde à vue), mit Zustimmung des Staatsanwaltes kann diese Zeitspanne um weitere 24 Stunden verlängert werden. Der Staatsanwalt kann weiterhin eine ärztliche Untersuchung des festgenommenen Verdächtigen anordnen, wobei diese Untersuchung auf Verlangen des Festgehaltenen stattfinden muß, wenn die vorläufige Festnahme länger als 24 Stunden dauert.

b) Die „enquête préliminaire“

Wenn wir es nicht mit einer „infraction flagrante“ zu tun haben, heißt das von der Gerichtspolizei durchgeführte Ermittlungsverfahren „enquête préliminaire“.[22] Dieses Ermittlungsverfahren ermöglicht die Suche nach Beweismitteln im gleichen Umfange wie die „enquête de flagrance“. Bei der „enquête préliminaire“ ist der Einsatz von Zwangsmitteln jedoch grundsätzlich nicht mehr zulässig. Daher setzen Zeugenvernehmungen, Durchsuchungen und Sicherstellungen immer die ausdrückliche oder still-

---

21 *Mayer*, Plaidoyer pour une redéfinition du flagrant délit, D. 1980. Chron. S. 99 ff.; *Pradel*, La recherche d'identité et la poursuite des flagrants délits depuis la loi du 10 juin 1983, D. 1983. Chron., S. 75 ff.

22 *Denis*, L'enquête préliminaire, étude théorique et pratique, 1974; *Lambert*, Précis de police judiciaire, 1959, S. 136 ff.

schweigende Zustimmung der betroffenen Personen voraus. Lediglich die vorläufige Festnahme des Verdächtigen ist auch hier als einziges Zwangsmittel ausnahmsweise zulässig.

Die beiden soeben beschriebenen Arten von Ermittlungsverfahren werden von der Gerichtspolizei durchgeführt. Eingeleitet werden sie entweder auf Anordnung des Staatsanwaltes, wenn dieser zuerst Kenntnis von der Straftat erlangt, oder von Amts wegen durch die police oder die gendarmerie selbst, so z.B. bei einem Strafantrag des Verletzten, der Strafanzeige eines Dritten oder im Falle eigener Wahrnehmungen. Die Staatsanwaltschaft muß aber immer über den Stand und den Ablauf der Ermittlungen unterrichtet werden, damit sie den ausführenden Polizeiorganen die erforderlichen Anweisungen geben bzw. die Ermittlungen in kompetentere Hände legen kann.

Aufgrund des Ergebnisses dieser Ermittlungen entscheidet dann die Staatsanwaltschaft, ob die Strafverfolgung (mise en mouvement des poursuites) eingeleitet wird.

3. Die Einleitung der Strafverfolgung

Das französische Strafprozeßrecht weist die Eigenheit auf, daß die Strafverfolgung sowohl durch die Staatsanwaltschaft als auch durch das Opfer der Straftat selbst eingeleitet werden kann.

a) Die Rolle der Staatsanwaltschaft

Wenn die Ermittlungen im Rahmen einer „enquête de flagrance" oder einer „enquête préliminaire" zu ersten Beweisergebnissen geführt haben bzw. wenn der Staatsanwaltschaft unmittelbar ein Strafantrag oder eine Strafanzeige zugeht, so überprüft sie die vorliegenden Fakten und entscheidet sodann über den weiteren Verlauf des Verfahrens.

Hier tritt nun einer der bekanntesten und wesentlichsten Unterschiede zwischen dem deutschen und dem französischen Recht zutage.[23] Ist in Deutschland die Staatsanwaltschaft – von einigen Ausnahmen abgesehen – aufgrund des Legalitätsprinzips verpflichtet, gegen begangene Straftaten einzuschreiten, so gilt im Gegensatz hierzu in Frankreich das Opportunitätsprinzip (Art. 40 Code de procédure pénale). Dieses Prinzip besagt, daß die Staatsanwaltschaft im Rahmen ihrer Weisungsabhängigkeit in der Entscheidung frei ist, ob sie die ihr bekanntgewordenen Straftaten verfolgen will oder nicht. Genauer: Der Staatsanwalt kann daher entweder die „action publique" einleiten und den Untersuchungsrichter zu einer weitergehenden Beweisermittlung im Rahmen einer gerichtlichen

---

[23] *Jung* (Fn. 12); *Schneider,* Les principes de légalité et d'opportunité dans la mise en mouvement des poursuites; étude de droit comparé (droit allemand et français), Diss. Nancy 1971.

Voruntersuchung veranlassen oder unmittelbar Anklage beim zuständigen Gericht (tribunal correctionnel oder tribunal de police) erheben, wenn die während des polizeilichen Ermittlungsverfahrens gesammelten Beweise schon ausreichen. Der Staatsanwalt kann aber auch das Verfahren sofort einstellen, ohne die Sache dem Untersuchungsrichter oder einem Strafgericht vorzulegen.

Das Opportunitätsprinzip findet seine Rechtfertigung in der Erwägung, daß es allein der Staatsanwaltschaft überlassen sein soll, frei und nur dem Gemeinwohlgedanken verpflichtet zu entscheiden, ob eine Strafverfolgung im öffentlichen Interesse ist oder nicht. Folglich ist der Staatsanwalt auch nicht an die Strafanzeige (plainte) gebunden, die das Opfer bei der police oder der gendarmerie nationale erstattet hat, so daß er unabhängig davon das Verfahren einstellen kann. Umgekehrt ist er aber auch dann befugt, die Strafverfolgung einzuleiten, wenn der Verletzte seine Strafanzeige zurücknimmt.

Die Gründe, die zu einer Verfahrenseinstellung führen können, sind vielfältig: der angezeigte Sachverhalt mag keinen Straftatbestand erfüllen, die Straftat kann verjährt sein oder es kann eine Amnestie erlassen worden sein. Weiterhin kann das begangene Delikt aber auch von so geringer Bedeutung sein, daß die kostenintensive Strafverfolgung ungerechtfertigt wäre oder es handelt sich um einen Ersttäter, der dem Opfer durch ein Vergehen keinen sonderlich erheblichen Schaden zugefügt hat. Schließlich kann es sich auch um einen Fall handeln, bei dem aufgrund sozialer oder politischer Umstände eine Strafverfolgung der öffentlichen Ordnung mehr schaden als nutzen würde. Man muß sich gleichwohl bewußt sein, daß das Opportunitätsprinzip neben diesen Vorteilen auch zu Mißbräuchen führen kann (wenn z.B. um gewisse Angelegenheiten der Mantel des Schweigens gehüllt wird, weil wichtige Politiker betroffen sind). Es sollen nun aber auch die Schranken aufgezeigt werden, die dem Opportunitätsprinzip gesetzt sind:

– Zum einen gilt das Opportunitätsprinzip nur für die Einleitung der Strafverfolgung, nicht aber für die Durchführung der „action publique“. Mit anderen Worten: Wenn sich die Staatsanwaltschaft einmal dazu entschlossen hat, das Strafverfahren einzuleiten, so kann sie es nicht mehr einstellen, auch vermag sie die Sache nicht mehr dem Untersuchungsrichter oder dem Strafgericht zu entziehen, da dies die richterliche Unabhängigkeit beeinträchtigen würde.
– Zum anderen muß die Staatsanwaltschaft in bestimmten Fällen abwarten, ob der Verletzte einen Strafantrag stellt, bevor sie tätig werden kann (so z.B. in Beleidigungs- oder Verleumdungsfällen). Bisweilen bedarf es eines Strafantrages einer Verwaltungsbehörde (beispielsweise bei Steuerstraftaten), der Stellungnahme bestimmter Verbände und ausnahmsweise einer vorherigen Genehmigung (dies ist der Fall bei der strafrechtlichen Verfolgung von Parlamentariern, die eine Genehmigung des entsprechenden Gesetzgebungsorgans voraussetzt).

– Schließlich kann der Verletzte die Untätigkeit der Staatsanwaltschaft dadurch überwinden, daß er selbst die Initiative ergreift und die „action publique“ zusammen mit einer Klage auf Schadensersatz einleitet (action civile). Hierauf wird im folgenden noch näher einzugehen sein.

b) Die Rolle des Verletzten

Der Verletzte spielt, wenn er es will, bei der Vorbereitung des Strafprozesses eine sehr wichtige Rolle. Es steht nämlich in seiner Macht, sich dem Verfahren anzuschließen, das von der Staatsanwaltschaft beim Untersuchungsrichter eingeleitet worden ist. Zu diesem Zweck schaltet sich der Verletzte als Zivilpartei (partie civile) in das Untersuchungsverfahren ein. Dies erfolgt durch die förmliche Mitteilung an den Untersuchungsrichter, daß er Ersatz für den durch die Straftat verursachten Schaden verlangt.

Das französische Recht gewährt dem Opfer sogar noch weitergehendere Befugnisse. So kann es selbst das Heft in die Hand nehmen und vor dem Untersuchungsrichter als Zivilpartei auftreten, ohne ein Tätigwerden der Staatsanwaltschaft abwarten zu müssen. Nach der seit Anfang des 20. Jahrhunderts ergangenen Rechtsprechung der Chambre criminelle der Cour de cassation[24] und der Bestimmung des Art. 86 des Code de procédure pénale, der diese Rechtsprechung lediglich gesetzlich verankert hat, leitet der Verletzte durch das Auftreten als partie civile sowohl die „action publique“ (Strafklage) als auch die „action civile“ (Zivilklage) ein. Auf diese Weise kann sich das Opfer über die schlichte Untätigkeit der Staatsanwaltschaft oder aber deren Weigerung einzuschreiten, hinwegsetzen. Der Untersuchungsrichter ist in diesem Falle verpflichtet, sogar gegen den Willen der Staatsanwaltschaft ein Untersuchungsverfahren einzuleiten. Der Verletzte wird auch hier zu einem wirklichen Beteiligten des Untersuchungsverfahrens. Wie in den Fällen eines Verfahrensbeitritts hat dies folgende Konsequenzen:

– Der Verletzte kann im Laufe des Untersuchungsverfahrens eigene Beweise beibringen. Er hat das Recht, sich von einem Rechtsanwalt unterstützen zu lassen, der in den Fällen einer Vernehmung des Verletzten durch den Richter oder einer Gegenüberstellung mit anderen betroffenen Personen anwesend sein darf. Der Rechtsanwalt kann vor jeder Vernehmung oder Gegenüberstellung seines Mandanten die Akten einsehen.
– Der Verletzte muß aber, wenn er die Strafverfolgung selbst in Gang setzt, die voraussichtlichen Kosten des Strafprozesses als Vorschuß einzahlen. Dieser Betrag wird ihm nur zurückerstattet, wenn der Straf-

---

[24] Insbesondere die Entscheidung der Chambre criminelle vom 8. Dezember 1906, S. 1907.1.377, mit Anm. *Demogue*, D. 1907.1.207, Bericht *Laurent-Atthalin*.

täter verurteilt wird.[25] Die Vorschußpflicht kann bisweilen eine große Last darstellen, dient aber der Verhinderung eines Mißbrauchs der action civile. Sollte der Verletzte ganz oder nur zum Teil vermögenslos sein, so kann er die sogenannte „aide judiciaire" (Prozeßkostenhilfe) beanspruchen. Ihre Bewilligung führt zu einer teilweisen oder vollständigen Befreiung von der Vorschußpflicht; auch kann der Verletzte einen Rechtsanwalt beauftragen, ohne die Kosten tragen zu müssen.

4. Die gerichtliche Voruntersuchung und die Rolle des Untersuchungsrichters

Die Voruntersuchung (instruction préparatoire, auch information préparatoire genannt) ist der Abschnitt des französischen Strafverfahrens, in dessen Verlauf der Untersuchungsrichter die Beweise für die Straftat sammelt und auswertet, woraufhin er entscheidet, ob der Beschuldigte angeklagt wird. Die gerichtliche Voruntersuchung stellt demzufolge einen wichtigen Verfahrensabschnitt bei der Vorbereitung des Strafprozesses dar. Die einschlägigen Verfahrensregeln wurden in den Artikeln 79 bis 230 Code de procédure pénale minutiös normiert.[26]

Eine gerichtliche Voruntersuchung ist jedoch nicht in allen Fällen erforderlich. Zwingend vorgeschrieben ist sie nur bei Verbrechen. Bei Vergehen kann eine gerichtliche Voruntersuchung stattfinden, in praxi wird sie aber nur in schweren Fällen durchgeführt, wenn eine weitergehende Beweisermittlung notwendig ist. Bei Übertretungen bleibt sie auf seltene Ausnahmefälle beschränkt. Soweit die Übertretung durch Protokoll festgestellt wurde oder wenn bei Vergehen von minderer Bedeutung im Rahmen des von der Gerichtspolizei durchgeführten Ermittlungsverfahrens bereits genügend Beweise gesammelt worden sind, bedarf es in der Regel keiner gerichtlichen Voruntersuchung. Man geht vielmehr sofort zum gerichtlichen Erkenntnisverfahren über.

a) Die charakteristischen Merkmale der gerichtlichen Voruntersuchung

Der napoleonische Code d'instruction criminelle hatte in seiner ursprünglichen Fassung die gerichtliche Voruntersuchung an das Modell der Ordonnance von 1670 angelehnt, die dem „lieutenant criminel" diese

---

[25] Es handelt sich dabei um die Anwendung der allgemeinen prozessualen Regel, welche dem unterliegenden Privatkläger auferlegt, die Prozeßkosten (sei es eines Zivil- oder Strafprozesses) zu tragen, soweit er nicht von den Gerichtskosten befreit worden ist.

[26] Zur Voruntersuchung vgl. *Chambon*, Le juge d'instruction, 2. Auflage 1980; *ders.*, La chambre d'accusation, 1978; *Jeandidier*, La juridiction d'instruction du second degré, 1982.

Aufgabe übertrug. Das Verfahren nach dieser Ordonnance war streng inquisitorisch, d.h. schriftlich, geheim und nicht kontradiktorisch. Dieses strenge Verfahren wurde Ende des 19. Jahrhunderts durch das Gesetz vom 8. Dezember 1897 gemildert, durch das dem Beschuldigten das Recht zugestanden wurde, schon während der Voruntersuchung einen Rechtsanwalt hinzuzuziehen. Die in diesem Gesetz zum Ausdruck kommende liberale Tendenz hat sich im 20. Jahrhundert fortgesetzt, so daß man heutzutage nur noch von einer abgeschwächt inquisitorischen Natur der gerichtlichen Voruntersuchung sprechen kann. Dies gilt insbesondere für zwei der drei im folgenden darzustellenden Verfahrensmerkmale.

aa) Die gerichtliche Voruntersuchung ist ein schriftliches Verfahren. Dies hat zur Folge, daß sich jede Verfahrenshandlung in einem Schriftstück niederschlägt, was den Umfang der Akte immer mehr anschwellen läßt. Insoweit ist der inquisitorische Charakter des Verfahrens unberührt geblieben.

bb) Die gerichtliche Voruntersuchung ist grundsätzlich geheim, wobei hinsichtlich des Grades der Geheimhaltung nach dem betroffenen Personenkreis zu differenzieren ist. Die Geheimhaltung gegenüber dem Beschuldigten ist nur noch unvollständig, da dieser das Recht hat, einen Rechtsanwalt zu beauftragen bzw. sich benennen zu lassen, der die Akte einsehen kann, der mit dem Beschuldigten, soweit sich dieser in Haft befindet, in Verbindung treten kann, der den Verhören und Gegenüberstellungen seines Mandanten beiwohnt und dem die Beschlüsse des Richters zugestellt werden. Dieselben Rechte stehen auch, wie oben ausgeführt, der partie civile zu. Mithin verfügen alle Beteiligten im Rahmen der gerichtlichen Voruntersuchung über echte Kontrollmöglichkeiten.

Diese Auflockerung der Geheimhaltung gilt jedoch nicht im Verhältnis zur Öffentlichkeit. Art. 11 Code de procédure pénale bestimmt ausdrücklich, daß die Voruntersuchung nicht öffentlich erfolgen darf. Weiterhin gilt danach, daß derjenige, der während der Voruntersuchung deren Ergebnisse unbefugt Dritten mitteilt, wegen Verletzung einer Geheimhaltungspflicht mit Freiheitsstrafe bis zu sechs Monaten oder einer Geldstrafe von 500 bis zu 15.000 FF bestraft werden kann. In praxi wird leider häufig aufgrund unglaublicher journalistischer Indiskretionen gegen dieses Verbot verstoßen. Es hat sich deshalb in Frankreich die Frage gestellt, ob es nicht besser wäre, dem Untersuchungsrichter die Befugnis zur Abgabe offizieller Stellungnahmen einzuräumen, um die Öffentlichkeit besser zu unterrichten und um tendenziöse oder gar unrichtige Veröffentlichungen zu verhindern.[27] Gleichwohl stand die Übernahme des englischen Modells der öffentlichen Voruntersuchung nie zur Diskussion.

---

[27] Vgl. allg. zum Verhältnis von Justiz und Presse „Justice Pénale, Police et Presse, Journées d'études du 16 mai 1987 sous la présidence de R. Errera, Travaux de l'Institut de Sciences Criminelles de Poitiers, vol. VII, 1988.

cc) Der Charakter der Voruntersuchung als nicht-kontradiktorisches Verfahren ist heutzutage nicht mehr so ausgeprägt wie früher. Grundsätzlich behält zwar der Satz seine Gültigkeit, daß vor dem Untersuchungsrichter keine Verhandlung stattfindet, da die Rechtsanwälte des Beschuldigten und der partie civile während der Vernehmung ihrer Mandanten in der Regel nur eine passive Unterstützungsfunktion haben. Gleichwohl verbietet es das Gesetz nicht, daß die Verteidiger die Erhebung bestimmter Beweise anregen können. Der Untersuchungsrichter, der nach einer klassischen Formulierung „à charge et à décharge" ermittelt (sowohl Belastendes als auch Entlastendes), wird daher kaum eine vernünftige Anregung unberücksichtigt lassen.

Eine kontradiktorische Verhandlung ist außerdem möglich, wenn ein Beteiligter gegen einen Beschluß des Untersuchungsrichters Rechtsmittel eingelegt hat. Die für die Entscheidung über das Rechtsmittel zuständige chambre d'accusation kann das persönliche Erscheinen der Beteiligten anordnen und deren Rechtsanwälten gestatten, ihre Rechtsansichten mündlich vorzutragen.

b) Die Anrufung und die Befugnisse des Untersuchungsrichters

Der Untersuchungsrichter kann von zwei Seiten aus angerufen werden: zum einen durch den Staatsanwalt, der entschieden hat, daß ein Strafverfahren eingeleitet wird und zu diesem Zweck einen Antrag auf Eröffnung der gerichtlichen Voruntersuchung (réquisitoire introductif) gestellt hat, den er dem Untersuchungsrichter zusammen mit den polizeilichen Ermittlungsakten zuleitet; zum anderen aber auch durch den Verletzten, der als partie civile eine Klage einreicht, d.h. ein Schriftstück, aus dem hervorgeht, welchen Sachverhalt er inkriminiert und in welcher Höhe er Ersatz des erlittenen Schadens begehrt (diese Klage leitet sowohl die „action publique" als auch das Verfahren zur Geltendmachung des zivilrechtlichen Ersatzanspruches – vergleichbar mit dem deutschen Adhäsionsprozeß – ein, wenn das Opfer, wie bereits oben erläutert, der Staatsanwaltschaft mit seiner Initiative zuvorkommt).

Der Untersuchungsrichter trägt von diesem Zeitpunkt an die Verantwortung für die Beweisermittlung. Hierbei besitzt er beachtliche Befugnisse, was dazu geführt hat, daß man ihn bisweilen scherzhaft als mächtigsten Mann Frankreichs bezeichnet hat. So kann er Zeugen, die verpflichtet sind, seiner Ladung Folge zu leisten, eidlich vernehmen; er kann Durchsuchungen und Beschlagnahmen beim Beschuldigten oder Dritten ohne deren vorherige Zustimmung durchführen; er beauftragt Sachverständige; er vernimmt den Beschuldigten; schließlich erläßt er Haft- und Vorführungsbefehle, d.h. an die Gerichtspolizei gerichtete schriftliche Anordnungen, aufgrund derer bestimmte Personen ihm vorgeführt und u.U. sogar ins Gefängnis verbracht werden können.

Der Richter kann diese verschiedenen Aufgaben selbst wahrnehmen, einen anderen Untersuchungsrichter hierum ersuchen (wenn eine Ermittlungsmaßnahme außerhalb seines örtlichen Zuständigkeitsbereiches durchzuführen ist) oder aber die Gerichtspolizei damit beauftragen. In diesen Fällen räumt er durch ein Rechtshilfeersuchen (commission rogatoire) den beauftragten Stellen die ihm zustehenden Befugnisse ein.

Als „magistrat" kann der Untersuchungsrichter in bestimmten Fällen durch Beschluß (ordonnance) entscheiden: so z.B. bei der Anordnung einer bestimmten Maßnahme zu Beweisermittlungszwecken, bei der Entscheidung über seine eigene Zuständigkeit oder die Zulässigkeit der „action publique" oder der „action civile". Gleiches gilt schließlich für die Entscheidung über das weitere Schicksal des Verfahrens nach Abschluß des gerichtlichen Ermittlungsverfahrens. Richterliche Anordnungen in diesem Sinne können mit der Berufung vor der chambre d'accusation angegriffen werden. Die Berufung steht allen Beteiligten zu (vgl. Art. 185, 186, 186-1 Code de procédure pénale).[28]

Die gerichtliche Voruntersuchung, die im Rahmen eines Strafverfahrens gegen Jugendliche stattfindet, weist einige Besonderheiten auf, die wenigstens angedeutet werden sollen. Grundlage ist die Ordonnance vom 2. Februar 1945 über straffällig gewordene Jugendliche. Im Verfahren gegen Jugendliche ist die gerichtliche Voruntersuchung selbst bei bestimmten schwereren Übertretungen zwingend vorgeschrieben. Der Gesetzgeber ist der Ansicht, daß ein Jugendlicher nur dann gerecht beurteilt werden kann, wenn seine Persönlichkeit sowie seine soziale und familiäre Situation hinreichend bekannt sind. Die Untersuchung wird durch den Untersuchungsrichter selbst oder aber durch den Jugendrichter geführt. Ersterer wird in praxi tätig, wenn der jugendliche Täter oder Beteiligter an einem Verbrechen ist, wenn sowohl gegen Jugendliche als auch gegen Erwachsene in derselben Sache ermittelt wird oder wenn die Beweisermittlung lang und schwierig ist. Der Jugendrichter führt das Untersuchungsverfahren in einfachen Fällen, bei denen nur einer oder mehrere Jugendliche betroffen sind.

Die Befugnisse des Untersuchungsrichters und des Jugendrichters sind in diesem Bereich dieselben wie bei den normalen gerichtlichen Untersuchungsverfahren. Beide Richter sind jedoch verpflichtet, Ermittlungen über das soziale und familiäre Umfeld der beschuldigten Jugendlichen und Erwachsenen durchzuführen; auch sollen psychiatrische, medizini-

---

[28] Wie schon ausführlich in Fußnote 7 beschrieben, sollte der einzelne Untersuchungsrichter seiner richterlichen Funktionen zugunsten einer „chambre d'instruction" völlig verlustig gehen, während das Gesetz vom 30. Dezember 1987, das insoweit inzwischen gleichfalls außer Kraft gesetzt worden ist, die richterlichen Kompetenzen des Untersuchungsrichters nur mit Bezug auf die Verhängung von Untersuchungshaft auf eine „chambre de mise en détention" übertragen hatte.

sche und psychologische Untersuchungen der Beschuldigten stattfinden, wozu die Jugendlichen notfalls in sogenannte Beobachtungszentren (centres d'observation) zu verbringen sind. Der Jugendliche muß während des gesamten Untersuchungsverfahrens zwingend des Beistandes eines Rechtsanwaltes versichert sein.

c) Die rechtliche Stellung des Beschuldigten

Das französische Recht regelt die rechtliche Stellung des Beschuldigten sehr detailliert.

Diese Vorschriften sind das Ergebnis einer durch den Liberalismus inspirierten langsamen, aber stetigen Entwicklung. Sie führte seit dem Ende des 19. Jahrhunderts bis in unsere Tage zu einer Reihe von Gesetzen, deren letztes aus dem Jahre 1984 stammt.

Die Person, gegenüber der schwere Verdachtsmomente hinsichtlich eines strafbaren Verhaltens (des indices graves et concordants de culpabilité) bestehen, muß von einem Untersuchungsrichter formell beschuldigt werden. Anders ausgedrückt: Der Richter muß offiziell ankündigen, daß der Betroffene von nun an als Partei, genauer gesagt aufgrund der ihm gegenüber erhobenen Vorwürfe als Beschuldigter und nicht mehr als Zeuge oder Dritter wie bisher an dem Verfahren teilnimmt.[29] Die rechtliche Stellung als Beschuldigter bringt einige Vorteile, aber auch schwerwiegende Nachteile für den Betroffenen.

aa) Die Vorteile der Stellung als Beschuldigter: Vom Tage der offiziellen Beschuldigung an steht dem Beschuldigten ein Wahlrecht zu, über das der Untersuchungsrichter ihn belehren muß. Gemeint ist damit die Möglichkeit, sich des Beistandes durch einen Anwalt zu bedienen. Wenn der Beschuldigte auf den Beistand durch einen Anwalt verzichtet (ein Verzicht, der nicht endgültig ist; der Beschuldigte kann jederzeit auf sein Recht zurückkommen), so bleibt die Voruntersuchung ihm gegenüber vollkommen geheim: er erhält weder Akteneinsicht, noch wird er über den Fortgang des Verfahrens informiert. Wenn der Beschuldigte andererseits jedoch juristischen Beistand begehrt, so wird er künftig nur noch im Beisein seines Anwaltes vernommen oder Zeugen gegenübergestellt werden können. Der Anwalt hat das Recht auf Akteneinsicht; er kann seinen Mandanten, sollte dieser sich in Untersuchungshaft befinden, aufsuchen und ungehindert mit ihm sprechen. Dieses dem Beschuldigten eingeräumte Recht nimmt der Untersuchung einen Teil ihres nichtstreitigen Charakters.

Der Beschuldigte kann sich seinen Anwalt selbst aussuchen. In diesem Fall hat er für die Honorarforderungen seines Verteidigers aufzukommen. Sollte der Beschuldigte jedoch bedürftig sein oder nur über unzureichen-

---

[29] *Merle*, L'inculpation, in: Mélanges Hugueney, 1964, S. 111 ff.

de Mittel verfügen, wird ihm auf Antrag, der bei dem Untersuchungsrichter zu stellen ist, durch den Präsidenten der Anwaltskammer ein Offizialverteidiger zugeordnet, der dem Beschuldigten unentgeltlich zur Seite steht.

bb) Die Nachteile der Stellung als Beschuldigter liegen in dem bereits erwähnten möglichen Verlust seiner Freiheit oder zumindest einer Einschränkung derselben während der gerichtlichen Voruntersuchung. Diese beiden Einschränkungen bedürfen näherer Erläuterung.

Trotz der Unschuldvermutung, die zugunsten des Beschuldigten streitet, läßt das französische Recht eine Einschränkung der persönlichen Freiheit in der Form der Untersuchungshaft (détention provisoire) zu, d.h. der Beschuldigte kann für die Dauer des Untersuchungsverfahrens in einem Gefängnis (maison d'arrêt) inhaftiert werden. Jedoch hat der moderne Gesetzgeber neuerdings Anstrengungen unternommen, die Fälle, in denen ein Beschuldigter in Untersuchungshaft genommen werden kann, weitestgehend einzuschränken, um zum einen das Recht der persönlichen Freiheit effektiver zu schützen und zum anderen, die nachteiligen Auswirkungen einer Inhaftierung zu vermeiden. In den Jahren 1970, 1975, 1984 und 1989 wurden entsprechende Gesetze verabschiedet.

Seit dem Gesetz vom 9. Juli 1984 kann Untersuchungshaft nur nach einer streitigen mündlichen Verhandlung (débat contradictoire) angeordnet werden, welche vor dem Untersuchungsrichter zwischen dem Staatsanwalt (oder seinem Vertreter) und dem Beschuldigten (bzw. seinem Verteidiger) geführt wird. In sehr großen Gerichtsbezirken (Paris, Marseille, Lyon) geht dieser Verhandlung eine kurze Untersuchung der sozialen Situation des Beschuldigten voraus, die es dem Richter ermöglicht, sich innerhalb weniger Stunden über die Zweckmäßigkeit einer Inhaftierung ein besseres Urteil bilden zu können.

Wie lange dauert eine derartige Inhaftierung? Der Code de procédure pénale unterscheidet in dieser Frage zwischen Verbrechen und Vergehen (vgl. Art. 144, 145 und 145-1). Bei Verbrechen dauert die Untersuchungshaft bis zur mündlichen Verhandlung des Schwurgerichtes, es sei denn, der Beschuldigte wird ausnahmsweise vorher entlassen (liberté anticipée). Im Unterschied dazu ist bei Vergehen die Untersuchungshaft auf eine Dauer von vier Monaten begrenzt. Sie kann jedoch verlängert werden: in minderschweren Fällen um zwei Monate, in schweren Fällen oder wenn der Beschuldigte bereits eine Vorstrafe von mehr als drei Monaten Haft verbüßt hat, mehrmals und zwar jeweils bis zu vier Monaten. Jede Verlängerung der Untersuchungshaft bedarf einer eigens begründeten, auf die besonderen Aspekte des jeweiligen Falles eingehenden Entscheidung des Untersuchungsrichters.

Der Gesetzgeber hat hinsichtlich minderjähriger Beschuldigter die Möglichkeit der Anordnung von Untersuchungshaft eingeschränkt, und zwar zuletzt mit Wirkung vom 1. März 1989: Danach kann die Untersuchungshaft gegenüber Jugendlichen unter 13 Jahren überhaupt nicht mehr und gegenüber Jugendlichen von 13 bis 16 Jahren nur noch im Falle von Verbrechen und auch dann nur, wenn dies absolut notwendig ist, verhängt werden. Für die 16- bis 18jährigen gelten – wie schon in der Vergangenheit – nach der Ordonnance vom 2. Februar 1945 dieselben Vorschriften wie für die Verhängung von Untersuchungshaft bei Erwachsenen mit der Maßgabe, daß das Gesetz vom 6. Juli 1989 die zulässige Höchstdauer für diese Altersgruppe auf zwei Jahre festgelegt hat. Die Unterbringung muß außerdem – statt in der maison d'arrêt – in einer staatlichen oder privaten Einrichtung mit erzieherischem Charakter erfolgen.

Diese ganzen Regelungen zeigen, wie sehr der Gesetzgeber von dem Wunsch geleitet wird, die Anzahl der Fälle von Untersuchungshaft einzuschränken sowie deren Dauer zu reduzieren. Trotz dieser gesetzgeberischen Bemühungen sowie der ständigen Empfehlungen der Justizminister bleibt die Anzahl der Untersuchungshäftlinge sehr hoch.[30] Um so interessanter ist aus der Sicht der Beschuldigten die „contrôle judiciaire" (wörtlich: gerichtliche Kontrolle), eine Maßnahme, die nur Einschränkungen und keine völlige Beschränkung der persönlichen Freiheit des Angeschuldigten zur Folge hat.

Die „contrôle judiciaire" wurde durch ein Gesetz vom 17. Juli 1970 geschaffen und stellt einen weiteren Fortschritt im Sinne einer Liberalisierung dar. Sie ermöglicht dem Untersuchungsrichter, den Beschuldigten auf freiem Fuß zu belassen, ihn jedoch einer Aufsicht zu unterstellen und ihm Verpflichtungen aufzuerlegen, so daß die Gefahren einer ungebundenen Freiheit durch die „contrôle judiciaire" ebenso vermieden werden können wie die negativen Folgen einer Inhaftierung (vgl. Art. 138 Code de procédure pénale).

Die Aufsicht wird durch die Gerichtspolizei ausgeübt, bei welcher der Beschuldigte regelmäßig erscheinen muß, oder aber durch eine Privatperson bzw. -gesellschaft, die zur Aufgabe hat, dem Beschuldigten bei seinen täglichen Schwierigkeiten zu helfen. Der Richter kann dem Betroffenen das Führen von Fahrzeugen, den Kontakt mit bestimmten Personen, das Aufsuchen bestimmter Örtlichkeiten oder die Ausübung bestimmter beruflicher oder gesellschaftlicher Tätigkeiten untersagen. Er kann ihm weiter die Teilnahme an einer Maßnahme der beruflichen (Weiter-) Bildung auferlegen, ihn verpflichten, sich einer medizinischen Behandlung zu unterziehen, eine Kaution zu hinterlegen usw. Der Untersuchungsrichter wählt die aufzuerlegenden Verpflichtungen unter Berücksichtigung der Straftat, der Persönlichkeit des Beschuldigten und seiner familiären Si-

---

[30] Am 1. Dezember 1985 waren in den französischen Gefängnissen, mit Ausnahme der Überseegebiete, 39.340 Personen inhaftiert, davon waren 52% Untersuchungshäftlinge. Am 1. August 1985 belief sich diese Zahl auf 39.140, davon 50,16% Untersuchungshäftlinge; am 1. März 1988 war man bei 51.696, davon 42,6% Untersuchungshäftlinge, angelangt.

tuation aus. Er kann den Katalog der Weisungen – soweit nützlich oder notwendig – im Verlauf der Untersuchung abändern.

Sollte der Beschuldigte versuchen, sich diesen Verpflichtungen zu entziehen, so kann der Untersuchungsrichter ihn in Untersuchungshaft nehmen: diese dient insoweit als Strafe für die Nichtbefolgung der Anordnungen im Rahmen der „contrôle judiciaire".

d) Der Abschluß der vorbereitenden Untersuchung

Die vorbereitende Untersuchung findet ihren Abschluß durch eine sogenannte Schlußanordnung (ordonnance de clôture). Diese erläßt der Untersuchungsrichter nach Einholung einer abschließenden Stellungnahme des Staatsanwaltes über den Fall und insbesondere über die weitere Verfahrensweise (réquisitoire définitif).

Die Entscheidung über den Abschluß des Verfahrens variiert nach Maßgabe der zugrundeliegenden Straftat. Folgende Entscheidungen kommen in Betracht:

- ein Einstellungsbeschluß (ordonnance de non-lieu), wenn kein hinreichender Tatverdacht besteht oder der Schuldige nicht ermittelt werden kann. Damit ist das Verfahren zunächst einmal abgeschlossen; sollten jedoch später neue Belastungsmomente bekannt werden, so ist es möglich, auf erneuten Antrag der Staatsanwaltschaft, das Verfahren in dem Verfahrensstand, in dem es eingestellt wurde, wieder aufzunehmen;
- ein Verweisungsbeschluß (ordonnance de renvoi) an das tribunal de police, wenn es sich um eine Übertretung handelt (seltener Ausnahmefall, wie wir bereits oben gesehen haben), oder an das tribunal correctionnel, wenn es sich um ein Vergehen handelt;
- bei Verbrechen schließlich ein Beschluß über die Weiterleitung der Akte an die chambre d'accusation über die Generalstaatsanwaltschaft (parquet général) bei der cour d'appel. Die chambre d'accusation ist in diesem Falle zu einer erneuten Untersuchung verpflichtet, die es ihr ermöglicht, die Nachforschungen des Untersuchungsrichters zu verifizieren und gegebenenfalls zu vervollständigen, Überflüssiges zu streichen und schließlich den Fall durch einen Anklagebeschluß (arrêt de mise en accusation) an das Schwurgericht weiterzuleiten. Bei einem Verbrechen handelt es sich immer um einen schwerwiegenden Fall. Daher sollte das Schwurgericht vollständige und präzise Akten erhalten. Dies bedingt die Notwendigkeit zweier aufeinanderfolgender Untersuchungen zunächst durch den Untersuchungsrichter und anschließend durch die chambre d'accusation.

Ziel der vorbereitenden Untersuchung ist es, den Verdacht zu klären und alsdann die Akte zu erstellen, welche die Entscheidungsgrundlage für das erkennende Gericht darstellt. Daraus folgt auch die Bedeutung, die ihr zukommt: eine fehlerhafte oder lückenhafte Akte hemmt die Arbeit der Gerichte und führt vielleicht zu einem ungerechtfertigten Freispruch oder zu einer ungerechtfertigten Verurteilung.

III. Das Hauptverfahren

Mit dem Hauptverfahren erreicht das Strafverfahren seinen bedeutendsten Abschnitt. Im Verlauf der vor dem erkennenden Gericht stattfindenden Verhandlung werden die Beweise gewürdigt, die Schuld oder Nichtschuld des Angeklagten festgestellt und schließlich das Urteil verkündet, das die strafrechtliche Verfolgung abschließt.

In diesem Zusammenhang muß zwischen dem ordentlichen und den besonderen Verfahren unterschieden werden, die aufgrund der noch zu erläuternden Umstände von dem üblichen Schema abweichen.

1. Das ordentliche Verfahren

a) Die Charakteristika des ordentlichen Verfahrens

Während das Vorverfahren einen quasi-inquisitorischen Charakter aufweist, verläuft das Hauptverfahren akkusatorisch, d.h. im ordentlichen Verfahren wird vor allen erkennenden Gerichten die Verhandlung öffentlich, mündlich und streitig geführt.

Das Verfahren ist öffentlich, da die Verhandlung in einem der Öffentlichkeit zugänglichen Raum abgehalten wird, soweit nicht das Gericht dieselbe aus Gründen der öffentlichen Ordnung oder der guten Sitten ausgeschlossen hat. Die Öffentlichkeit des Verfahrens beinhaltet weiter das Recht der Presse sowie der anderen Medien über die Verhandlung zu berichten.

Das Verfahren ist mündlich, da die Beweismittel den Richtern und den Geschworenen des Schwurgerichts unmittelbar zugänglich gemacht werden müssen: der Angeklagte[31] wird vernommen, die mündlichen Ausführungen der Zeugen und Sachverständigen werden gehört und schriftliche Dokumente werden in der Verhandlung verlesen.

Schließlich handelt es sich um ein streitiges Verfahren, da jede Partei ihre Beweise vorlegen und den Beweiswert derjenigen der anderen Partei in Frage stellen kann. Die Gerichte wiederum sollen ihre Überzeugung

[31] Zur Terminologie sei angemerkt, daß das französische Recht zwischen accusé, prévenu und inculpé unterscheidet. Unter accusé versteht man jenen, der vor dem Schwurgericht, unter prévenu jenen, der vor dem tribunal correctionnel und dem tribunal de police unter Anklage steht. Inculpé heißt der Beschuldigte vor dem Untersuchungsrichter.

nur aufgrund von solchen Beweisen bilden, zu denen die Prozeßparteien frei Stellung beziehen konnten.

Es handelt sich daher um ein kontradiktorisches Verfahren, welches sich jedoch in einem wesentlichen Punkt von der Praxis der angelsächsischen Länder unterscheidet, die ebenfalls diese Prozeßart kennen: in Frankreich leitet der vorsitzende Richter die mündliche Verhandlung. Er vernimmt den Angeklagten, er vereidigt die Zeugen und veranlaßt sie, ihre Aussage zu machen, und er erteilt dem Staatsanwalt und dem Verteidiger das Wort. Diese aktive Rolle des Richters ist für viele angelsächsische Juristen nicht vereinbar mit einem akkusatorischen Verfahren. Nach ihrer Meinung handelt es sich bei dem französischen System gar nicht um ein wahrhaft akkusatorisches Verfahren, da es nicht jene Unparteilichkeit garantieren könne, die ihre eigenen Prozeßvorschriften ihrer Auffassung nach gewährleisteten.

Im Verlauf des Verfahrens kommt auch dem Opfer eine wesentliche Rolle zu. Es kann während der mündlichen Verhandlung zur Zivilpartei werden, wenn es diese Parteistellung nicht bereits zu Beginn oder im Verlauf der Voruntersuchung erworben hat. Durch Einschaltung seines Anwaltes kann es an der Verhandlung teilnehmen, Beweise vorlegen und – besonders wichtig – vor dem Strafgericht von dem Angeklagten Schadensersatz verlangen. Das Gericht wird dann im Falle einer Verurteilung des Angeklagten diesen verpflichten, den Schaden des Opfers zu ersetzen. In Frankreich tritt das Opfer sehr häufig, insbesondere bei Verkehrsunfällen, als partie civile auf.

Das Gericht ist, wie wir bereits gesehen haben, in der Würdigung der in der Verhandlung erhobenen Beweise frei. Dieser Grundsatz der freien Beweiswürdigung („conviction intime") erlaubt jedoch keine willkürliche Beweiswürdigung, vor allem kann sich der Richter dabei nicht von einem rationalen und logischen Vorgehen freizeichnen.

b) Der Ablauf einer ordentlichen Verhandlung

Die soeben dargestellten allgemeinen Grundsätze gelten im ordentlichen Verfahren für alle erkennenden Gerichte. In der Praxis gibt es jedoch in den einzelnen Verfahrensabläufen einige Unterschiede.

aa) Vor dem tribunal de police, dem tribunal correctionnel und – in der Berufungsinstanz – vor der chambre des appels correctionnels ist das Verfahren ohne übergroße Formalitäten ausgestaltet. Nach der Vernehmung des Angeklagten, der Anhörung von Zeugen und – gegebenenfalls – Sachverständigen, plädiert der Anwalt der partie civile, anschließend beantragt die Staatsanwaltschaft die Verhängung einer bestimmten Strafe und der Anwalt des Angeklagten, soweit dieser anwaltlich vertreten ist, was nicht zwingend vorgeschrieben ist, spricht zum Schluß. Das letzte

Wort hat der Angeklagte. Das Urteil oder – in Berufungssachen – die Entscheidung der chambre des appels correctionnels wird immer begründet.

Dieses Verfahren vereinfacht sich noch mehr in den Fällen, in denen es weder Zeugen noch Sachverständige noch Opfer gibt und der Angeklagte ohne Anwalt erscheint. Dann findet eine sehr kurze mündliche Verhandlung statt, die es dem tribunal correctionnel ermöglicht, in manchen Sitzungen an einem halben Tag bis zu dreißig Fälle und mehr zu erledigen. Diese Praxis erweckt jedoch in der Bevölkerung den peinlichen Eindruck einer Fließband-Justiz, die mehr darum bemüht ist, sich ihrer Akten zu entledigen, als die Persönlichkeit der Angeklagten kennenzulernen.

bb) Vor den Schwurgerichten ist das Verfahren förmlicher. Es beginnt mit der Auslosung der neun Mitglieder der Geschworenen (ausgehend von der Sitzungsliste (liste de session), die fünfunddreißig Namen umfaßt). Die Parteien haben ein beschränktes Recht auf Ablehnung ausgeloster Geschworener (die Verteidigung kann fünf, die Anklage vier Geschworene ablehnen). Dann wird zunächst die Anklageschrift (arrêt de mise en accusation) verlesen, anschließend – in dieser Reihenfolge – der Angeklagte vernommen, die Zeugen und Sachverständigen vernommen, der Antrag des Staatsanwaltes gestellt und das Plädoyer des Verteidigers gehalten. – Vor dem Schwurgericht muß der Angeklagte anwaltlich vertreten sein.

Am Ende der Verhandlung trägt der vorsitzende Richter (président de la cour) öffentlich in Frageform die Punkte vor, auf die sich die Anklage stützt. Anschließend ziehen sich die Richter und die Geschworenen zur Beratung über die Schuld – und gegebenenfalls über die Straffrage zurück. Die Entscheidung wird nicht begründet: die Richter und die Geschworenen beantworten die gestellten Fragen nur mit „ja" oder „nein". Zur Bestätigung der Schuld des Angeklagten ist eine Mehrheit von acht der zwölf Stimmen erforderlich, dagegen reicht für die zu verhängende Strafe die einfache Mehrheit von sieben Stimmen aus.

Die besondere Förmlichkeit des Verfahrens vor den Schwurgerichten dokumentiert sich in der Länge der Verhandlungen, der Bedeutung der verhandelten Fälle, dem Interesse der Öffentlichkeit, den Zwischenfällen und unvorhergesehenen Ereignissen, welche die mündliche Verhandlung begleiten, und, warum sollte man dieses verschweigen, in der Persönlichkeit einiger Anwälte, die hier die Gelegenheit haben, aufgrund ihrer Sprachgewandtheit juristische Erfolge zu erringen. Im Unterschied zu den Verfahren vor den Schwurgerichten in Großbritannien kommt es in Frankreich weniger auf das mündliche Verhandeln als vielmehr auf das Plädoyer an, dem die Anwälte daher ihre ganze Aufmerksamkeit widmen.

2. Die besonderen Verfahren

Von diesem soeben beschriebenen Ablauf des Strafverfahrens wird unter bestimmten Voraussetzungen abgewichen, sei es um die Natur der Gesetzesverletzung („procédure des délits correctionnels flagrants" und „procédures sommaires en matière de contravention"), das Verhalten des Angeklagten (Verfahren bei Abwesenheit des Angeklagten) oder dessen Alter (Jugendstrafverfahren) zu berücksichtigen.

a) Das Verfahren bei „délits correctionnels flagrants"

Das Verfahren betrifft Straftäter, die bei oder kurz nach der Begehung einer Straftat durch die Polizei festgenommen wurden. Die Überführung des Straftäters wirft hier keine Probleme auf, und eine Untersuchung (enquête) von einigen Stunden reicht dafür in der Regel aus. Warum sollte man daher den Angeklagten nicht gleich verurteilen? Diese Lösung, die im Code d'instruction criminelle von 1808 nicht vorgesehen war, wurde durch ein Gesetz von 1863 ermöglicht. Dieses Gesetz wurde jedoch durch Gesetze aus den Jahren 1975, 1983 und 1986 im liberalen Sinne modifiziert, d.h. die ursprünglich etwas zu stark eingeschränkte Rechtsstellung des Angeklagten wurde gestärkt, wobei jedoch die Möglichkeit der schnelleren Aburteilung im Grundsatz unberührt blieb. Dieses Verfahren, das in den Art. 393 ff. Code de procédure pénale geregelt ist, läuft folgendermaßen ab: Der bei oder unmittelbar nach der Straftat Festgenommene wird dem Staatsanwalt vorgeführt. Dieser vernimmt den Verdächtigen kurz und weist ihn darauf hin, daß er das Recht auf sofortigen anwaltlichen Beistand hat, daß er sich mit seinem Anwalt beraten und die Akte einsehen kann.[32] Der Staatsanwalt hat die Wahl zwischen verschiedenen Verfahrensweisen:

- Er kann eine gewöhnliche Voruntersuchung einleiten, wenn eine vertiefte Prüfung der Beweise erforderlich scheint.
- Er kann den Verdächtigen gleich wieder auf freien Fuß setzen, wenn die Aufrechterhaltung der Verhaftung nicht erforderlich erscheint. Der Verdächtige ist jedoch in diesem Falle zugleich auf das Datum der mündlichen Verhandlung hinzuweisen, zu der er zu erscheinen hat; das Gesetz spricht insoweit von einer „convocation par procès-verbal", also von einer Ladung durch Niederschrift zu Protokoll.
- Schließlich kann er den Verdächtigen, soweit z.B. Fluchtgefahr besteht, an demselben Tage dem tribunal correctionnel vorführen, soweit dieses tagt. Andernfalls wird der Verdächtige dem Gerichtspräsidenten oder einem von diesem beauftragten Richter vorgeführt, der ei-

---

[32] An vielen Gerichten wurde ein anwaltlicher Bereitschaftsdienst eingerichtet mit dem Ziel, daß der Beschuldigte unverzüglich anwaltlichen Beistand erhalten kann.

nen Haftbefehl erläßt (mettre sous mandat de dépôt); in diesem Falle ist der Verdächtige an dem seiner Verhaftung nächstfolgenden Werktag dem tribunal correctionnel vorzuführen.

b) Die summarischen Verfahren bei Übertretungen

Aufgrund der Flut von Rechtsverordnungen und dem stetigen Anwachsen des Straßenverkehrs haben sich heutzutage die Möglichkeiten vervielfacht, eine Übertretung zu begehen. Für diese leichten Verfehlungen, die gewöhnlich durch Geldstrafen geahndet werden, hat es sich als notwendig erwiesen, das Verfahren weiter zu vereinfachen, um die Anzahl der mündlichen Verhandlungen vor den tribunaux de police zu verringern, die Strafverfolgung zu beschleunigen und den Angeklagten vor unnötigen Kosten und sonstigen Unannehmlichkeiten zu bewahren. Darüber hinaus sind als Beweismittel einfache Protokolle (procès-verbaux) zugelassen, und die Fakten werden nur selten von den Angeklagten bestritten. Durch Gesetze aus den Jahren 1945 und 1972 hat der Gesetzgeber zwei summarische Verfahren auf dem Gebiet der Übertretung geschaffen (Art. 524 ff. Code de procédure pénale).

aa) Das vereinfachte Verfahren (procédure simplifiée, auch procédure de l'ordonnance pénale genannt) ist dem deutschen Verfahrensrecht nachgebildet worden, das 1918 in Elsaß-Lothringen in Kraft blieb. Es kann bei fast jeder Übertretung zur Anwendung kommen. Der Richter befindet über einen Fall nicht in einer öffentlichen Verhandlung, sondern in seinem Büro auf der Grundlage des Protokolls und ohne Anwesenheit des Angeklagten. Es handelt sich um eine typische inquisitorische Verfahrensweise, bei der der Richter jedoch ausschließlich Geldstrafen verhängen kann, deren Höhe dem Täter schriftlich mitgeteilt wird. Durch diese sogenannte richterliche Anordnung (ordonnance pénale) können weder Freiheitsstrafen noch der Entzug der Fahrerlaubnis noch Beschlagnahmen angeordnet werden.

Gegen diesen richterlichen Entscheid kann der Betroffene binnen 30 Tagen ab Absendung des Schreibens Einspruch einlegen (zur Form vgl. Art. 527 Abs. 2, 2. Halbsatz Code de procédure pénale), der das Verfahren sodann in eine öffentliche Verhandlung überführt, auf die das gewöhnliche Strafverfahrensrecht anwendbar ist. Zahlt der Verurteile, ohne Einspruch einzulegen, so erwächst die Entscheidung in Rechtskraft (vgl. Art. 528 Abs. 1 Code de procédure pénale). Sollte der Verurteilte jedoch weder zahlen noch Einspruch einlegen, so geht das Gesetz von der Vermutung aus, daß er die Verurteilung akzeptiert und die Strafe wird von Amts wegen durch die Finanzbehörden eingetrieben.

bb) Ein weiteres summarisches Verfahren existiert für Übertretungen im Bereich des Straßenverkehrs und des Transportwesens. In diesem Verfahren wird dem Betroffenen eine Geldstrafe auferlegt, deren Höhe sich nach einer durch Gesetz geschaffenen Gebührentabelle richtet. Die Höhe der Strafe richtet sich nach der Schwere der Übertretung. Die Geldstrafe kann sofort bei dem sie verhängenden Polizeibeamten beglichen werden, der in diesem Falle auch sofort eine entsprechende Quittung ausstellt. Eine andere Möglichkeit ist die sogenannte „timbre amende". In diesem Falle zahlt der Betroffene, indem er binnen fünfzehn Tagen den Bescheid, den der Polizeibeamte an seinem PKW befestigt hatte, mit entsprechenden Gebührenmarken versieht und zurückschickt. Dieses Verfahren ist insbesondere bei Verstößen gegen Parkverbote üblich.

Wenn der Betroffene die Strafe bezahlt, wird das Verfahren nicht weiter betrieben. Anderenfalls kann entweder das bereits oben beschriebene vereinfachte Verfahren gewählt oder die Geldstrafe von Amts wegen durch Einschaltung der Finanzbehörden eingetrieben werden, soweit es sich um Verstöße gegen Parkverbote handelt. In diesem Fall wird die Geldstrafe erhöht, um die fehlende Einsicht des Betroffenen zu sanktionieren.

c) Das Verfahren in Abwesenheit des Angeklagten

Der französische Strafprozeß sieht ein besonders gestaltetes Verfahren „in absentia rei" vor, das zu einer Verurteilung führen kann. Es handelt sich dabei um die „procédure de contumace" im Bereich der Verbrechen bzw. die „procédure par défaut" im Bereich der Vergehen und Übertretungen.

aa) Ausgangspunkt der „procédure de contumace" ist, daß der Angeklagte sich dem Zugriff der Justiz entzogen hat: sei es, daß er z.B. nach dem Verbrechen in das Ausland geflohen ist oder aber während der Untersuchungshaft aus der Haftanstalt entwichen ist, ohne daß die Polizei seiner wieder habhaft werden konnte. In diesem Fall weist die Verhandlung vor dem Schwurgericht einige erstaunliche Besonderheiten auf, die daraus resultieren, daß derjenige, der nicht bereit ist, sich dem Verfahren zu unterwerfen, sich auch nicht auf die ihm durch das Verfahren garantierte Rechtsposition berufen kann. Der Fall wird daher ohne Beiziehung einer Jury allein durch die drei Richter entschieden. Die Verhandlung ist zwar öffentlich, es findet aber keine mündliche Verhandlung statt, da der Präsident sich mit dem Verlesen von Teilen der Akte begnügt und Zeugen nicht gehört werden. Es ist kein streitiges Verfahren, da kein Anwalt zur Verteidigung des Angeklagten zugelassen ist. Schließlich kann das Gericht auch keine mildernden Umstände berücksichtigen.

Sollte sich der Flüchtige später der Justiz stellen oder durch die Polizei verhaftet werden, so führt diese Tatsache ohne weitere Formalität zur rückwirkenden Aufhebung der Verurteilung: es handelt sich um eine Wiederaufnahme des Verfahrens (purge de la contumace), diesmal jedoch als gewöhnliches streitiges Schwurgerichtsverfahren.

bb) Im Unterschied zu dem Verfahren der „contumace“ entspricht das Verfahren „par défaut“ dem gewöhnlichen Verfahren, d.h. es findet eine mündliche Verhandlung statt, da die Zeugen gehört werden. Jedoch übernimmt kein Anwalt die Verteidigung, da der Angeklagte abwesend ist. Die Besonderheit dieses Verfahrens besteht lediglich in dem besonderen Rechtsmittel, dem Einspruch (opposition), auf den noch näher einzugehen sein wird.

Voraussetzung für die „procédure par défaut“ ist der Nachweis, daß der Angeklagte keine Kenntnis von seiner Ladung hatte (d.h., daß es dem Gerichtsvollzieher, der mit der Zustellung der Ladung beauftragt war, nicht gelungen ist, dem Angeklagten diese in gesetzlicher Art und Weise zuzustellen). Dieses Verfahren ist daher streng zu unterscheiden von den Fällen, in denen der Angeklagte der Ladung vorsätzlich nicht Folge geleistet hat oder sich durch einen Anwalt hat vertreten lassen, wie das für bestimmte Fälle vom Gesetz vorgesehen wird. In diesem Fall wird über den Angeklagten, obwohl er nicht anwesend ist, im streitigen Verfahren befunden (genauer gesagt wird das Urteil als streitiges Urteil vom Gesetz fingiert (réputée contradictoire)).

Sobald der Angeklagte erfährt, daß er in Abwesenheit (par défaut) verurteilt worden ist, kann er Einspruch einlegen (opposition). Die Einlegung dieses Rechtsbehelfes hat die Nichtigkeit des ausgesprochenen Urteils zur Folge, und das Verfahren kommt erneut vor denselben Spruchkörper, um wieder verhandelt zu werden. Gegen eine streitige Entscheidung oder eine solche, die als streitig fingiert wird, ist das Rechtsmittel der Berufung gegeben, die das Verfahren aufgrund des Devolutiveffektes vor die cour d'appel (chambre des appels correctionnels) bringt.

d) Das Jugendgerichtsverfahren

Bei jugendlichen Straftätern weist das Strafverfahren einige Besonderheiten auf.

Zunächst ist darauf hinzuweisen, daß der Jugendrichter nach Abschluß der Voruntersuchung (vgl. dazu oben im 2. Teil) ohne Hinzuziehung der Schöffen die Fälle in seinem Büro aburteilen kann, bei denen leichte erzieherische Maßnahmen verhängt werden sollen (Ermahnung, Rückführung in die Obhut der Familie des Jugendlichen bzw. einer Vertrauensperson oder die „liberté surveillée“, eine Maßnahme, die es einer vom Richter beauftragten Person erlaubt, den jugendlichen Straftäter zu beaufsichtigen, um seine soziale Wiedereingliederung zu erleichtern). Für diesen Fall hat die Ordonnance vom 2. Februar 1945 kein besonderes Verfahren vorgesehen, da man dem Richter eine „väterliche“ Rolle zuweisen wollte; es bleibt darauf hinzuwesen, daß die Öffentlichkeit bei den Verhandlungen (dieser Begriff wird in dieser Situation kaum noch verwandt), die der Richter in seinem Büro abhält, nicht zugelassen ist.

Die Verhandlungen vor den Jugendgerichten sowie den Jugendschwurgerichten finden aufgrund der Ordonnance von 1945 ebenfalls unter Ausschluß der Öffentlichkeit statt: außer den unmittelbar an dem Verfahren beteiligten Personen (i.e. die Jugendlichen oder Heranwachsenden sowie die Zeugen) sind nur die Mitglieder der Anwaltschaft sowie die Vertreter des Jugendamtes zugelassen. Der Vorsitzende des Jugendgerichtes kann jederzeit anordnen, daß der Jugendliche und selbst dessen Eltern von Teilen oder der gesamten Verhandlung ausgeschlossen werden. Damit wird ermöglicht, daß weder der Jugendliche noch seine Eltern Kenntnis von den Aussagen der Fürsorge, der Erzieher oder dem Leiter des Beobachtungszentrums erhalten, welche die Untersuchungen und die psychologischen Tests an dem Jugendlichen vorgenommen haben.

Schließlich ist darauf hinzuweisen, daß das Verfahren vor dem Jugend- und Jugendschwurgericht im übrigen mit dem vor dem tribunal correctionnel bzw. dem Schwurgericht übereinstimmt.

IV. Resümee

Zum Abschluß dieser summarischen Darstellung möchte ich noch einmal als Strukturelemente des französischen Strafprozesses hervorheben:

– den engen Zusammenhang zwischen der Dreiteilung der Straftaten und dem Aufbau der Strafgerichtsbarkeit;
– die Existenz einer mächtigen Staatsanwaltschaft, die die Gerichtspolizei kontrolliert und Herrin der Strafverfolgung ist;
– die Existenz einer vorbereitenden inquisitorischen Untersuchung, die den Ermittlungen der Gerichtspolizei nachfolgt, bei der jedoch die Rechtsstellung des Beschuldigten zum Schutz seiner persönlichen Freiheit und seiner Verteidigung durch den Gesetzgeber verstärkt worden ist;
– die Existenz einer akkusatorischen Verhandlung, wobei sich parallel hierzu besondere – häufig vereinfachte – Verfahrensarten herausgebildet haben;
– die zunehmend bedeutsamer werdende Rolle des Verletzten, der die Voruntersuchung oder das Urteilsverfahren einleiten sowie neben der Staatsanwaltschaft zum Auffinden von Beweisen und der Überführung des Angeklagten beitragen kann.

Reinhard Moos

Grundlinien und Standortbestimmung des österreichischen Strafprozeßrechts*

I. Einleitung und Entstehungsgeschichte

Um den österreichischen Strafprozeß in seinem Wesen zu charakterisieren, was vor allem die Aufgabe dieser Darstellung sein soll, ist zunächst ein Blick zurück in seine *Entstehungsgeschichte* angebracht, denn er ist vom Geist jener Epoche geprägt. Es war dieselbe Zeit, welche die deutsche StPO hervorgebracht hat: die siebziger Jahre des letzten Jahrhunderts, genau 1873.[1] Diese Epoche war auch in Österreich vom *Liberalismus* gekennzeichnet, wie er politisch zu Beginn der Sechzigerjahre nach den Niederlagen im italienisch-österreichischen Krieg und der ihm 1867 folgenden Verdrängung der absoluten Monarchie durch die konstitutionelle hervortrat, und wie er persönlich durch den großen Wiener Strafrechtslehrer und damaligen Justizminister Julius *Glaser*, den Schöpfer der österreichischen StPO, vertreten wurde.[2] Die Freundschaft *Glasers* mit dem deutschen Schöpfer der Interessenjurisprudenz, Rudolf von *Jhering*, der 1872 in Wien geadelt wurde, ist für diese Gesinnung kennzeichnend.[3] Die

---

* Erweiterte Fassung eines Vortrags auf Einladung des Herausgebers am 11. Februar 1985 an der Universität des Saarlandes. Letzte Überarbeitung bei der Ablieferung des Manuskripts im November 1985. Die Rechtslage hat sich seitdem teilweise geändert (bes. durch das Strafrechtsänderungsgesetz 1987 und das JGG 1988), die Reformdiskussion ist fortgeschritten. Der Vortrag charakterisiert die damalige Ausgangslage für die Weiterentwicklung und damit für die österreichische Strafprozeßreform überhaupt. Auf gravierende Änderungen wird in den Fußnoten ergänzend hingewiesen.

1 Das hundertjährige Bestehen der österr. StPO wurde 1973 durch die Festschrift „Hundert Jahre österreichische Strafprozeßordnung 1873–1973", hrsg. von Liebscher und Müller, gefeiert. Siehe dort zum liberalen Gehalt *Foregger*, Die Grundrechte in der StPO 1873 und heute, S. 1 ff. und rechtsvergleichend *Jescheck*, Neue Entwicklungstendenzen des deutschen Strafverfahrensrechts im Vergleich mit dem österr. Recht, S. 39 ff.

2 Vgl. zu ihm *Lammasch*, Julius Glaser, Zeitschrift f. d. Privat- u. öffentl. Recht d. Gegenwart 1887, 675 ff., 691 ff.; *Moos*, Der Verbrechensbegriff in Österreich im 18. und 19. Jahrhundert, 1968, S. 366 ff.

3 Siehe *Jhering*, Der Zweck im Recht, 4. Aufl. 1905, Vorrede, S. XV: „Nie im Leben hat mich der Tod eines Freundes so tief erschüttert, es war mir, als ob

Gemeinsamkeit beider Länder in strafprozessualen Auffassungen tritt auch dadurch hervor, daß *Glaser* ein zweibändiges Handbuch des deutschen Strafprozeßrechts verfaßt hat.[4]

Die österreichische StPO von 1873 knüpfte an die StPO von 1850 an, die der liberalen Märzrevolution von 1848 entsprang und das Inquisitionsverfahren reformierte.[5] Dieses hatte noch in der Constitutio Criminalis Theresiana von 1769 seinen Höhepunkt gefunden und war in den ihr folgenden Strafprozeßgesetzen von 1788 und 1803 nur gemildert worden. Die StPO 1850 stützte sich auf die europäische Reformbewegung jener Zeit, so besonders auf den französischen Code d'Instruction Criminelle von 1808, die Badische StPO von 1845 und den Thüringischen Entwurf von 1849.[6] Im Zuge des bereits 1851 erneut hervortretenden Absolutismus wurde sie im Jahre 1853 von einer reaktionären StPO abgelöst, die weitgehend zum altbewährten vorrevolutionären Recht von 1803 zurückkehrte. Der Neoabsolutismus konnte sich allerdings nicht mehr lange halten. Er fand mit dem strafprozessualen Verfassungsgesetz zum Schutze der persönlichen Freiheit von 1862 und mit dem Staatsgrundgesetz über die allgemeinen Rechte der Staatsbürger von 1867 sein gemäßigtes Ende. 1873 mußte dann das alte Recht endgültig dem liberalen politischen Wandel weichen.

Dieser Blick auf die Entstehung der geltenden österreichischen StPO macht von vornherein deutlich, wie sehr das Strafprozeßrecht in Abhängigkeit von politischen und ideellen *Werthaltungen* steht, obwohl es sich doch scheinbar nur um ein bloßes Handwerkzeug zur Durchsetzung des materiellen Strafrechts handelt. Die Art und Weise der Rechtsdurchsetzung erweist sich als noch weit empfindlicher für nationale Werthaltungen als das materielle Strafrecht.

So gesehen, scheinen die österreichische und die deutsche StPO auf demselben Boden des reformierten Prozesses gewachsen zu sein. Wesentliche Unterschiede dürften darum nur in technischen Details zu erwarten sein. Dieser Eindruck täuscht jedoch, denn trotz der liberalen Tendenz enthält das österreichische Recht in noch viel stärkerem Maße Elemente

---

mit diesem Freunde ein Stück meines eigenen Herzens ins Grab gesenkt sei." Noch eingehender Rudolf von Jhering in Briefen an seine Freunde, 1913, bes. S. 196 ff., 202 ff., 395 ff., 401: „... ich habe ihn liebgehabt wie wenig andere". Zu Jhering vgl. Erik *Wolf*, Große Rechtsdenker der deutschen Geistesgeschichte, 4. Aufl. 1963, S. 621 ff., 650; *Moos* (Fn. 2), S. 419 ff.

4 *Glaser*, Handbuch des Strafprozesses, Bd. I, II, 1883–1885 (Systematisches Handbuch der Deutschen Rechtswissenschaft, hrsg. von Binding). Das Werk war Jhering und Unger gewidmet.

5 Siehe zur Entstehung der StPO 1850 *v. Würth*, Die österr. Strafproceßordnung vom 17. Jänner 1850, 1851, S. 2 f., 42 ff. und zur StPO 1873 *Glaser*, Handbuch (Fn. 4), Bd. I, S. 182 ff., 198 ff.; *ders.*, Gesammelte kleinere juristische Schriften, 1. Teil, 2. Aufl. 1883, S. 743 ff.

6 Vgl. *Glaser*, Handbuch (Fn. 4), Bd. I, S. 182, 198; *Würth* (Fn. 5), S. 13, 41 f., 145.

des alten Prozeßrechts als das deutsche. Der Einschnitt durch die Einführung des Anklageprozesses ging nicht so tief. Die StPO von 1850 hat die früheren Prozeßgesetze seit der Theresiana nicht einfach über Bord geworfen, sondern an die neuen Grundsätze angepaßt. Diese Abstammung, besonders vom StG 1803, ist noch vielfach sehr deutlich erkennbar. Aber auch die 1851 einsetzende Übergangsphase in die reaktionäre StPO von 1853 hat sich in dem Gesetz von 1873 niedergeschlagen.[7] Es finden sich Eigenheiten, die in speziellen nationalen Werthaltungen und auch in Rücksichtnahmen auf die nicht dem deutschen Bund angehörenden Länder des alten Kaiserreiches begründet sind, in denen die StPO von 1850 nicht eingeführt wurde, sondern die Prozeßvorschriften des StG 1803 bis 1873 Geltung behielten.

Bevor ich auf die Besonderheiten des österreichischen Strafprozesses, die ihn in seinem Wesen vom deutschen unterscheiden, eingehe, ist zur österreichischen StPO zu sagen, daß sie für einen Benutzer ohne grundlegende Vorkenntnisse ihrer Funktionsweise nicht leicht verständlich ist. Sie setzt vieles als selbstverständlich voraus, Grundlegendes ist aus den Detailregelungen zu schließen. Auch sind die theoretischen Grundlagen der Strafprozeßwissenschaft teilweise von den deutschen Lehren verschieden, es besteht die Gefahr, daß gleiche Begriffe Verschiedenes meinen. Außerdem fallen Gesetz und Wirklichkeit in vielen Bereichen auseinander, so daß der Gesetzestext einem Benutzer, der die praktische Anwendung nicht kennt, leicht ein falsches Bild vermittelt. Auch Lehrbücher und Kommentare zeigen diese Diskrepanz nicht immer deutlich auf. Die Praxis versteht sich als dem Gesetz entsprechend. Dieses Verständnis führt ein Eigenleben, das das Gesetz umhüllt. Manche gesetzliche Institutionen sind fast zu toten Buchstaben geworden.

Das österreichische Strafprozeßrecht ist zum Teil sehr kompliziert, weil es das alte Produkt eines langen geschichtlichen Werdeganges ist, der bestehende Einrichtungen weiterformte und ihnen neue hinzufügte. Ohne Kenntnis dieses Werdeganges läßt sich dieses Recht nicht wirklich verstehen. In Österreich ist aber das Bewußtmachen der Geschichte im Strafprozeßrecht nicht üblich. Praxis und Lehre lösen sich darum teils von den Wurzeln des Rechts und hängen teils umgekehrt an Traditionen, die nicht im Gesetz stehen. Sie halten sich gern an das, was praktisch vernünftig ist. Diese praktische Sicht verdeckt aber, daß hinter den meisten Regelungen ideelle und politische Werteinstellungen stehen, durch die erst die Zweckhaftigkeit zur Geltung kommt. Schließlich hat die Rechtsvergleichung längst nicht den hohen Stellenwert, der ihr in Deutschland zukommt. Vor allem bei praktizierenden Strafjuristen ist der Stolz auf die Eigengesetzlichkeit des kleinen Landes mit großer Vergangenheit groß. Hinweise auf Regelungsweisen im Ausland und namentlich in der Bundesrepublik

---

[7] Vgl. *Glaser*, Handbuch (Fn. 4), Bd. I, S. 182 f., 198 f.

Deutschland stoßen meistens auf spontane Ablehnung oder werden ignoriert.

II. Inquisitorische Grundstruktur

Die wesentlichste Prägung erhält das österreichische Strafprozeßrecht durch sein Verhältnis zum Inquisitionsprozeß. Gewöhnlich spricht man in Österreich von der völligen Abschaffung des Inquisitionsprozesses durch den geltenden Anklageprozeß. Genau besehen ist das jedoch nicht richtig. Das Inquisitionsverfahren wurde nicht beseitigt, sondern nur tiefgreifend reformiert. Nach der gesetzlichen Konzeption besteht die wichtigste Änderung im Vorverfahren darin, daß die alte Spezialinquisition – das ist die genaue richterliche Untersuchung speziell gegen einen bestimmten Beschuldigten – nicht mehr durch ein Gericht *von sich aus* eingeleitet wird, sondern erst aufgrund des förmlichen Antrags des 1850 neu geschaffenen Anklägers an das Gericht. Im Hauptverfahren folgt nicht mehr wie früher die Urteilsberatung unmittelbar der Spezialinquisition nach, sondern zwischen beide schieben sich die Anklage und die Hauptverhandlung ein. Die Hauptverhandlung ist eine abschließende mündliche und grundsätzlich unmittelbare Beweisaufnahme durch das Gericht, bei welcher der Ankläger und der Angeklagte und auch womöglich ein Verteidiger zugegen sind und Fragen und Anträge stellen dürfen und bei der die Öffentlichkeit Zutritt hat – also eine Art nochmaliger Spezialinquisition unter der Kontrolle der Verfahrensbeteiligten und der Öffentlichkeit. Der österreichische Strafprozeß besteht somit grundsätzlich aus zwei hintereinander geschalteten richterlichen Untersuchungen, die eine im Vorverfahren, die andere im Hauptverfahren, von denen jede nur nach einem den Täter beschuldigenden Antrag des Anklägers stattfinden kann. Diese Untersuchungen sind im ersten Teil vorläufiger, im zweiten Teil endgültiger Natur. Die Aufspaltung dient der besseren richterlichen Objektivität durch verschiedene, sich kontrollierende Instanzen. Außerdem sichert sie die richterliche Unabhängigkeit vor staatlicher Einflußnahme, die nur noch auf dem Wege über die Staatsanwaltschaft möglich ist.

Die Anklage führt allerdings nur im Gerichtshofverfahren zu einem Wechsel des Richters des Vorverfahrens mit jenem des Hauptverfahrens (§ 68 Abs. 2 öStPO). Im bezirksgerichtlichen Verfahren, das dem amtsgerichtlichen in Deutschland entspricht und durch das immerhin 85% des gesamten Geschäftsanfalls in Strafsachen erledigt werden,[8] ist der Erkenntnisrichter mit dem untersuchenden Richter des Vorverfahrens identisch (§ 452 öStPO). Das wird nicht als beanstandenswert empfunden, im Gegenteil ist immer wieder der Vorschlag zu hören, auch im Gerichts-

---

[8] Vgl. Statistik der Rechtspflege für das Jahr 1982, S. 41.

hofverfahren solle der Untersuchungsrichter dem erkennenden Gericht angehören, wie es im jugendgerichtlichen Gerichtshofverfahren möglich ist (§ 36 Abs. 2 öJGG),[9] denn der Untersuchungsrichter könne durch seine Vorkenntnisse aus dem nichtöffentlichen Verfahren der besseren Wahrheits- und Sanktionsfindung dienen.

Dahinter steht dasselbe Bild vom objektiven Richter, das auch den Inquisitionsprozeß kennzeichnete. Die inquisitorische und die urteilende Rolle des Richters werden in weit größerem Maße als in Deutschland als psychologisch grundsätzlich miteinander vereinbar angesehen.

Wie in den Gesetzesmotiven von 1850 nachzulesen ist, sollte mit dem reformierten Prozeß denn auch keineswegs das richterliche Inquisitionsprinzip abgeschafft werden, sondern nur seine Ausdehnung und Strenge, die auf die Spitze getrieben erschienen und auf Kosten der persönlichen Freiheit der Staatsbürger gingen.[10] Das inquisitorische Prinzip selbst, definiert als die amtswegige Untersuchung der Verbrechen durch den Staat, unabhängig von dem Anbringen und den Anträgen des Verletzten und des Beschuldigten, wurde vielmehr als ein durch die Entwicklungsgeschichte der Kirche und des Staates herausgebildeter „nothwendiger Ausfluß der sittlichen Idee des Staates und seiner Aufgabe" gelobt.[11] Zur Beseitigung des Übermaßes inquisitorischen staatlichen Einschreitens wurde die Verbindung des Inquisitionsprinzips mit der Anklageform als „sehr wohl vereinbar" angesehen.[12] „Es ist die Aufgabe unserer Zeit", so hieß es 1850, „ohne jenes (Inquisitions-)Prinzip aufzugeben, das Strafverfahren so einzurichten, daß es dem Richter seine natürliche Stellung anweiset, die Functionen des Anklägers, Vertheidigers und Richters an verschiedene Personen überträgt, dem Angeklagten die Vertheidigung thunlichst erleichtert und das Beweisverfahren von den Fesseln befreit, welche ihm durch die positive Beweisregeln angelegt waren".[13] Die besagte „natürliche Stellung" des Richters war und ist primär die eines Inquirenten. Das Urteil folgt als Fazit aus seiner Untersuchung.

Vor allem bei der *Voruntersuchung* sollte nach dem Bekenntnis des Gesetzgebers von 1850 durchaus „das inquisitorische Prinzip vorherrschen", wenn auch eben nicht mehr „in jener Schroffheit und Uebertreibung, welche dasselbe mit Grund so verhaßt gemacht haben".[14] Im

---

[9] Nach dem Entwurf eines JGG vom 15.2.1983 (Nr. 1471 der Beilagen zu den Sten. Prot. NR. XV. GP), § 32 Abs. 7, soll der Untersuchungsrichter in derselben Sache nicht Einzelrichter des erkennenden Gerichtshofs sein dürfen, im Kollegium soll er aber weiterhin mitentscheiden dürfen. – In der endgültigen Fassung im JGG 1988 wurde schließlich die allgemeine Regelung der StPO übernommen, die Besonderheit des Jugendstrafverfahrens also beseitigt, vgl. § 31 JGG 1988 i.V.m. § 68 Abs. 2 öStPO.

[10] *Würth* (Fn. 5), S. 1, 3 f.

[11] *Würth* (Fn. 5), S. 3 f., 7, 15.

[12] *Würth* (Fn. 5), S. 13.

[13] *Würth* (Fn. 5), S. 13.

[14] *Würth* (Fn. 5), S. 14.

Hauptverfahren sollte dagegen der Richter als selbständiger Dritter zwischen zwei Parteien zu entscheiden haben. Dazu diente die Anklage. Beiden Parteien sollten „die weitesten Grenzen gelassen werden".[15]

Der Schwerpunkt des österreichischen Strafverfahrens liegt jedoch nur in der Theorie in der Hauptverhandlung. In Wirklichkeit ruht er auf dem Vorverfahren, die Hauptverhandlung ist diesem System nur aufgepfropft. Nach der idealistischen Vorstellung des Gesetzgebers sollte das alte inquisitorische Vorverfahren allein zur Vorbereitung der Anklage dienen. Seit 1873 sind immer wieder Ministerialerlasse ergangen, die mahnend auf diese Strukturverschiebung hinweisen.[16] Offenbar waren sie immer wieder nötig. Der Wunsch des Gesetzgebers konnte und kann aber nicht richtig in Erfüllung gehen, denn je gründlicher und besser die Voruntersuchung geführt wird, desto mehr steht das Ergebnis vor dem Beginn der Hauptverhandlung fest, das heißt, ohne daß die liberalen Rechte der Hauptverhandlung ihre Wirkung hätten entfalten können. Für das Vorverfahren wurden sie in nur sehr beschränktem Maße vorgesehen.[17] Der erkennende Richter verläßt sich darauf, daß die Voruntersuchung von einem Richterkollegen geführt wird, der grundsätzlich gleich gute Arbeit leistet wie er selbst, und er erwartet, daß die Haupt- oder besser Schlußverhandlung ihm keine Überraschungen bereitet. Daß die Ergebnisse der Voruntersuchung wegen der Versagung der liberalen Rechte in diesem Prozeßabschnitt weniger gut sein könnten, leuchtet nicht ein, weil die alte These des Inquisitionsverfahrens, daß „die Vertheidigung der Schuldlosigkeit schon von Amts wegen in der Pflicht des Kriminalgerichts mitbegriffen ist" und daß es darum eigentlich gar keiner Verteidigung bedarf (StG 1803, 1. Teil, § 337), zutiefst im Bewußtsein der Justiz verankert blieb.

Der *Richter* wird auch noch in der Gegenwart als „absoluter Garant" der Verteidigungsrechte verstanden, für den die Beeinträchtigung der

---

[15] *Würth* (Fn. 5), S. 16: „Wie ganz anders steht der Richter da, wenn er zwischen zwei Parteien als selbständiger Dritter zu entscheiden hat, wenn also für das Hauptverfahren die Form der Anklage gewählt und beiden Theilen, dem Staatsanwalte als Vertreter des öffentlichen Interesses für die Anklage, sowie dem Angeklagten für seine Vertheidigung die weitesten Grenzen gelassen werden!"

[16] Vgl. den bes. eindrucksvollen Erlaß v. 1.12.1917 (JMVBl. Nr. 44/1917), abgedruckt in: Das österr. Strafrecht, 4. Teil, hrsg. von Mayerhofer/Rieder, 1977, Nr. 2 zu § 1 StPO (S. 36 ff.). Dort werden die entsprechenden Erlasse von 1873, 1900 und 1902 dringend in Erinnerung gebracht, wonach die Hauptverhandlung nicht „bloß als ‚Schlußverhandlung' alten Rechts gestaltet" werden dürfe, sondern auf ihr solle der Schwerpunkt des Verfahrens liegen. Die Richter sollten „sich stets gegenwärtig halten, daß in der Hauptverhandlung die Beweise aufgenommen und nicht bloß aus dem Vorverfahren wiederholt werden". „Vor allem" dürfe sich der Richter nicht durch die Akten des Vorverfahrens schon „zu einer vorgefaßten Meinung verleiten lassen" usw.

[17] Vgl. zu den Beschuldigtenrechten im Vergleich zum Inquisitionsverfahren *Moos*, Beschuldigtenstatus und Prozeßrechtsverhältnis im österr. Strafverfahrensrecht, in: Jescheck-Festschrift, Bd. I, 1985, S. 725 ff., 746 f.

Rechte irgend jemandes geradezu „begrifflich ausgeschlossen" sei. Diese Äußerungen stammen von den Beratungen des Ersten Österreichischen Juristentages über eine Reform des Vorverfahrens aus dem Jahre 1961. „Reformvorschläge", so meinte damals ein prominenter österreichischer Strafjurist, „können daher nicht darauf gestützt werden, das österreichische Vorverfahren im Strafprozeß habe inquisitorischen Charakter".[18] Auch *Roeder,* der selbst aus dem Verteidigerstand kam, meinte damals: „Die königliche Vormachtstellung des unabhängigen, unparteilichen, allein der Wahrheitsermittlung dienenden Richters darf daher auch im Vorverfahren nicht aufgegeben werden."[19] Die Beschränkung der Liberalität und des materiellen Parteienelements – soweit man überhaupt von einem solchen sprechen kann – auf die Hauptverhandlung strahlte nicht etwa auf die Voruntersuchung zurück, wie *Glaser* es einst gehofft hatte,[20] sondern machte die Hauptverhandlung zu einem Anhängsel der Voruntersuchung. Traditionell wird die Hauptverhandlung nur als eine Kontrolle oder Reproduktion des Ergebnisses der Voruntersuchung verstanden. Manche Richter betrachten die Hauptverhandlung als eine Art zweite Instanz nach der Voruntersuchung. Seit einem halben Jahrhundert werden darum immer wieder liberale Stimmen laut, daß bereits die Voruntersuchung parteiöffentlich sein sollte. Das würde jedoch bedeuten, daß sie noch mehr als bisher dazu legitimiert erschiene, das Ergebnis der Hauptverhandlung zu präjudizieren, ohne dieser an liberalem Gehalt ebenbürtig zu sein.[21]

Die *Hauptverhandlung* selbst ist vom Gesetzgeber darauf angelegt, den Richter nicht allzusehr zu behindern. Sie wurde nicht in der 1850 theoretisch postulierten, idealen Weise ausgeformt, daß der Richter als selbständiger Dritter zwischen zwei Parteien zu entscheiden hätte. Die Rechte der Öffentlichkeit, Mündlichkeit, Unmittelbarkeit und das rechtliche Gehör machen die richterliche Schlußuntersuchung noch nicht wirklich zu einer kontradiktorischen „Verhandlung" über die Wahrheit des angeklagten Tatgeschehens oder gar über die Zweckmäßigkeit der Sanktion. Die Verfahrensbeteiligten begleiten nur die Arbeit des Richters durch fördernde oder kritische Anträge. Dabei werden das Beweisantragsrecht oder das Recht, das Gericht wegen Befangenheit abzulehnen, vom Gesetz für den Abschnitt der Hauptverhandlung nicht einmal erwähnt. Beides wird nur für das Vor- und Zwischenverfahren geregelt. Lehre und Praxis gewähren solche Rechte zwar auch in der Hauptverhandlung, aber gerade das Be-

---

[18] *Lotheissen* (Generalanwalt), Referat, in: Verhandlungen des 1. Österr. Juristentages, 1961, Bd. II, 6. Teil, S. 38 ff., 51 f.

[19] *Roeder,* Referat (wie Fn. 18), S. 5 ff., 9.

[20] Vgl. *Glaser,* Referat, in: Verhandlungen des 3. Deutschen Juristentages, 1862, Bd. II, S. 309 ff., 317. Siehe dazu *Moos,* Zur Reform des Strafprozeßrechts und des Sanktionenrechts für Bagatelldelikte, 1981, S. 28 f.

[21] Siehe dazu mit Literaturnachweisen eingehend *Moos,* Reform (Fn. 20), S. 36 ff.

weisantragsrecht unterliegt keinen vorgegebenen Sicherungen im Interesse der Antragsteller.[22] Es steht allein beim Richter aufgrund seiner sog. diskretionären Gewalt, ob und welche Beweise er erheben will (§ 254 öStPO). Diese Gewalt ist der stärkste Ausdruck des Inquisitionsprinzips auch in der Hauptverhandlung. Sie unterliegt nach Abweisung von Anträgen der Verfahrensbeteiligten einer gewissen Kontrolle im Rechtsmittelverfahren (§ 281 Abs. 1 Ziff. 4 öStPO). Das ändert aber nichts an der Grundhaltung, die es wie früher allein dem Richter überläßt, wieweit er bei seiner Wahrheitsermittlung zugleich die Verteidigung des Beschuldigten im Auge behält. Die Verfahrensbeteiligten haben in der Hauptverhandlung nur das ausdrückliche Recht, nach den Zeugenvernehmungen jeweils Fragen zu stellen, soweit sie der Richter für angemessen hält (§ 249 öStPO), der Angeklagte hat nach der Vernehmung anderer Personen ein Entgegnungsrecht (§ 248 Abs. 4 öStPO), und schließlich dürfen die „Parteien" in ihren Schlußvorträgen wenigstens die richterliche Untersuchung hinterher kommentieren.

Die Vernehmung der Zeugen kann mit dem stillschweigenden Einverständnis der Beteiligten durch die Verlesung der Protokolle des Vorverfahrens ersetzt werden (§ 252 öStPO). Nach der Praxis wird sogar mit dem Einverständnis der Beteiligten die für diesen Fall gesetzlich vorgeschriebene Verlesung einfach fingiert, das heißt die Protokolle gelten als verlesen.[23] Damit richtet sich der Inhalt des Geschehens nach dem Etikett und nicht etwa umgekehrt das Etikett nach dem Inhalt. Das formale Denken siegt über das materielle, und mit ihm herrscht die „Kunst des Als-Ob" über die Wirklichkeit. Die Struktur der Hauptverhandlung wird formaljuristisch gewahrt und materiell umgangen, was allgemein als zweckmäßig und sohin auch als korrekt empfunden wird.

Wolfgang *Mittermayer* schrieb im Jahre 1932 in einer rechtsvergleichenden Studie über das österreichische Strafverfahren aus deutscher Sicht, die einfach auf die Vorakten verweisenden österreichischen Hauptverhandlungen muteten „vielfach geradezu als Ersatz unseres Strafbefehlverfahrens" an.[24] Dabei kennt auch die österreichische StPO die Strafverfügung, deren Anwendungsbereich allerdings auf die unterste Kriminalität und dort nur auf Geldstrafen in bestimmter Höhe beschränkt ist (§ 460 öStPO). In schwierigen und spektakulären Prozessen kommt allerdings auch in Österreich den Hauptverhandlungen das entscheidende Gewicht zu, was nicht verschwiegen werden darf.

---

[22] Siehe dazu näher *Moos*, Reform (Fn. 20), S. 68ff. m.w.N.

[23] Vgl. *Foregger/Serini*, Die österr. Strafprozeßordnung, 3. Aufl., 1983, § 252 Anm. VI. Dazu kritisch *Moos*, Reform (Fn. 20), S. 62.

[24] *Mittermaier*, Das österr. Strafverfahren. (Untersuchungen zur deutsch-österr. Rechtsangleichung Bd. 14), 1932, S. 24. Siehe auch *Driendl*, Verfahrensdauer und Strafprozeßreform in Österreich aus deutscher Sicht, JBl 1981, 125ff.; *ders.*, Verfahrensökonomie und Strafprozeßreform, 1984, S. 245: Nur 1% aller Hauptverhandlungen dauern länger als einen Tag.

Eine österreichische Besonderheit ist ferner, daß das *Vorverfahren im kollegialgerichtlichen Verfahren zweigeteilt* ist in die sog. Vorerhebungen und in die Voruntersuchung. Die *Vorerhebungen* definieren sich dadurch, daß sie nur einzelne erste Anhaltspunkte liefern sollen, ob eine genauere gerichtliche Untersuchung nötig ist (§ 88 öStPO). Sie stehen unter der Herrschaft des Staatsanwalts (§§ 87, 88 öStPO). Die dadurch vorbereitete umfassende *Voruntersuchung* gegen eine bestimmte Person steht dagegen unter der ausschließlichen Herrschaft des Untersuchungsrichters (§§ 96 ff öStPO). Während die Vorerhebungen durch die Polizei oder Gerichte geführt werden, und zwar bei Gefahr im Verzug autonom, sonst auf Antrag der Staatsanwaltschaft (§§ 88, 89 öStPO), kann die Voruntersuchung immer nur auf Antrag der Staatsanwaltschaft stattfinden (§ 91 öStPO) und der Untersuchungsrichter hat sie gem. § 93 öStPO „persönlich und unmittelbar" zu führen.

Diese Aufteilung des Vorverfahrens in zwei Untersuchungsstufen ist ein Spiegelbild der Aufteilung des alten Inquisitionsprozesses in die sog. *General- und Spezialinquisition.* Wenn sich daran im reformierten Prozeß auch die Hauptverhandlung als eine zusätzliche partei- und volksöffentliche Form der Spezialuntersuchung anschließt, bewirkt doch schon allein die Tatsache der Beibehaltung der alten Spezialinquisition, daß sie als der für die Wahrheitsfindung eigentlich entscheidende Prozeßteil eingeschätzt wird. Während im Inquisitionsprozeß die Generalinquisition als Bollwerk vor einer unnötigen Spezialinquisition gedacht war, die einst zur Folter ermächtigte und jedenfalls praktisch über das Schicksal des Beschuldigten entschied, ist dieser Sinn mit der Einführung der Hauptverhandlung weggefallen. Gleichwohl lebt die Trennung in beide Untersuchungsstufen des Verfahrens fort. Sie ermöglicht der Staatsanwaltschaft, sich mit den unter ihrer Kontrolle stehenden Vorerhebungen zu begnügen, statt die Voruntersuchung zu beantragen, denn nach der österreichischen StPO ist die Voruntersuchung im wesentlichen nur in den seltenen Geschwornengerichtsfällen obligatorisch, sonst bleibt ihre Beantragung dem Ermessen der Staatsanwaltschaft überlassen. An Strafverfahren ohne Voruntersuchungen hat der Gesetzgeber bloß ausnahmsweise für klare und unbedeutende Fälle gedacht, wenn entweder allein die Anzeige schon genügend Material liefert oder nur noch einfache ergänzende Erhebungen nötig sind. Für solche Fälle ist nicht einmal die Vernehmung des Beschuldigten vor der Anklage vorgeschrieben, wenn auch sicher erwünscht, was für die Einschätzung der geringen Bedeutung solcher sog. unmittelbarer Anklagen durch den Gesetzgeber bezeichnend ist.

Diese Rivalität von zwei Untersuchungsstufen unter verschiedener Herrschaft kann nur solange im Sinne des Gesetzgebers funktionieren, als sich die Staatsanwaltschaft an den grundsätzlichen Vorrang der Voruntersuchung hält und den Untersuchungsrichter nicht entmachtet. Der Gesetzgeber hat das für so selbstverständlich gehalten, daß er die richterliche Voruntersuchung als die Regelform des Vorverfahrens in sechs Kapiteln mit 116 Paragraphen regelte (§§ 91–206 öStPO), während er den Vorerhebungen nur ein Kapitel mit sieben Paragraphen (§§ 84–90 öStPO) widmete. In Ergänzung dieser Vorschriften soll die Polizei von sich aus nur die ersten unaufschiebbaren Ermittlungen aufnehmen, wenn „das unverzügliche Einschreiten des Untersuchungsrichters" nicht erwirkt werden kann (§ 24 öStPO).

In der Praxis der Gegenwart ist indessen die *Polizei* (ihr steht insoweit die Gendarmerie gleich) mit stillschweigender Billigung der Staatsanwälte bemüht, die *Vorerhebungen* von sich aus möglichst anklagereif zu führen. Weil das von Gesetzes wegen aber eine richterliche Aufgabe sein sollte, enthält die StPO so gut wie keine Vorschriften für die Durchführung der Ermittlungen durch die Polizei (§§ 24, 25 öStPO). Die für den Richter geltenden Vorschriften müssen nach dem Gesetz auch nicht analog auf die Polizei angewendet werden. Inwieweit diese organisatorisch von der Justiz völlig selbständige Behörde auf die Verwaltungsverfahrensgesetze zurückgreifen soll (Art. V EGVG), ist im einzelnen ungeklärt, jedenfalls passen diese Vorschriften nicht richtig auf das Strafverfahren, so daß die Sicherheitskräfte im Dienste der Strafjustiz ohne befriedigende gesetzliche Handhabe und Eingrenzung arbeiten.[25]

Auch noch während der richterlichen *Voruntersuchung* führt die Polizei häufig die Ermittlungen von sich aus oder mit (stillschweigender) Billigung des Untersuchungsrichters weiter. Die StPO sieht zwar allgemein vor, daß die Polizeikräfte den Strafgerichten „hilfreiche Hand zu bieten" haben (§ 26 öStPO), das ist aber bei der Voruntersuchung durch die höchstpersönliche Wahrnehmungspflicht des Untersuchungsrichters (§ 93 Abs. 1 öStPO) allenfalls sehr begrenzt zulässig. Die Praxis geht längst hierüber hinweg. Der Untersuchungsrichter erwartet in Haftfällen sogar, daß ihm die Polizei nachträglich noch genügend Material liefert, aufgrund dessen er den bereits von ihm in Untersuchungshaft genommenen Beschuldigten überhaupt fundiert zur Sache vernehmen kann.

Diese faktische Kompetenzverschiebung auf die Polizei ist aus technischen Gründen unvermeidlich. Die Polizei ist dem Untersuchungsrichter kriminalistisch bei weitem überlegen. Der Untersuchungsrichter fühlt sich in Österreich längst nicht mehr als der „Kriminalkommissar", als den ihn das Gesetz inthronisiert und als den ihn einst 1893 der Grazer Kriminalist Hans *Groß* in seinem Handbuch für den Untersuchungsrichter gesehen hat. Die zweibändige Neubearbeitung dieses Werkes durch *Geerds* in 10. Auflage dürfte kaum auf dem Schreibtisch eines österreichischen Un-

---

[25] Vgl. näher *Miklau,* Der Arbeitskreis für Grundsatzfragen einer Erneuerung des Strafverfahrensrechtes und die StPO-Reform, in: Verbesserter Zugang zum Recht. Richterwoche 1979, S. 1 ff., 13; *Driendl,* Grenzen der Beschleunigung im Strafverfahren, ÖJZ 1980, 569 ff., 571: „rechtsfreier Raum". *Moos,* Reform (Fn. 20), S. 128.

tersuchungsrichters zu finden sein. Der Richter sieht seine Aufgabe hauptsächlich nur noch in der Präzisierung der polizeilichen Vernehmungen. Was ihn interessiert, ist die feinere juristische Beurteilung und die Psychologie der Vernehmungskunde.[26]

Durch die selbständige Polizeitätigkeit werden die Vorverfahren erheblich vereinfacht und verkürzt. Die Voruntersuchung wirkt sich dabei eher hinderlich aus. Immer häufiger werden Anklagen erhoben, die sich nicht auf eine Voruntersuchung, sondern nur auf Vorerhebungen stützen. Noch 1930 wurden nur 9% der Anklagen ohne Voruntersuchung erhoben, 1977 waren es bereits 60%, und die Tendenz steigt.[27]

Die Praxis begünstigt die polizeilichen Erhebungen auch bei der *Protokollverwertung* in der Hauptverhandlung. Sie privilegiert sogar die polizeilichen vor den richterlichen Vernehmungsprotokollen. Nach der Rechtsprechung[28] *müssen* polizeiliche Vernehmungsprotokolle, die das Gesetz für die Hauptverhandlung gar nicht erwähnt, weil es nur die richterlichen anerkennt (§ 252 Abs. 1 öStPO), als „sonstige Urkunden" im Sinne des § 252 Abs. 2 öStPO verlesen werden, wenn nicht die Verfahrensbeteiligten auf die Verlesung verzichten. Die richterlichen Protokolle dürfen dagegen gem. § 252 Abs. 1 öStPO nur eingeschränkt verlesen werden. So ist es nicht zulässig, die im Vorverfahren vor dem Untersuchungsrichter gemachten Aussagen eines Zeugen, der erst in der Hauptverhandlung von seinem Zeugnisverweigerungsrecht Gebrauch macht, in der Hauptverhandlung zu verlesen.[29] Das Verbot gilt erst recht, wenn die Protokolle des Vorverfahrens mangels ausdrücklichen Verzichts auf das Zeugnisverweigerungsrecht nichtig sind (§ 152 Abs. 3, § 281 Abs. 1 Ziff. 2 öStPO). Nach der Rechtsprechung gelten diese Grundsätze aber nicht etwa um so mehr für Polizeiprotokolle, sondern diese werden im Umkehrschluß trotz des offenbaren Wertungswiderspruches als verwertbar angesehen und das sogar dann, wenn die richterlichen Protokolle nichtig wären. Die Polizeiprotokolle bleiben mangels entgegenstehender Vorschriften für die Polizei

---

[26] Siehe dazu in Fortführung der „Criminalpsychologie" von Groß (1898) *Graßberger*, Psychologie des Strafverfahrens, 1968 und *Gößweiner-Saiko*, Vernehmungskunde, 1979.

[27] Vgl. *Miklau* (Fn. 25), S. 8, *Driendl*, Verfahrensökonomie (Fn. 24), S. 12, 87, 247; O.F. *Müller*, Soziale Strafrechtspflege in Österreich, in: Wassermann-Festschrift, 1985, S. 939 ff., 942: im Jahre 1980 im OLG-Sprengel Wien 72%.

[28] OGH, EvBl 1975/156. Vgl. *Mayerhofer/Rieder*, Das österr. Strafrecht, II. Teil, StPO, 1. Halbband, 1980, § 252 E 82, 86. Siehe dazu *Driendl*, ÖJZ 1980, 573; *ders.*, Verfahrensökonomie (Fn. 24), S. 13: „die wohl schwerwiegendste Verschiebung der Intentionen der StPO . . .". *Moos*, Reform (Fn. 20), S. 63; *Dearing*, Die polizeiliche Verwahrung nach § 177 StPO, AnwBl 1982, 73 ff., 76 m.W.N.; *Hock*, Die Verlesung von Polizei- und Gendarmerieprotokollen in der Hauptverhandlung im Lichte der MRK, ÖJZ 1985, 366 ff., der seine berechtigte Kritik auf das gänzlich ausgeschlossene Fragerecht stützt, das Art. 6 Abs. 3 MRK vorschreibt.

[29] OGH, EvBL 1963/496; *Foregger/Serini* (Fn. 23), § 252 Anm. II, Ziff. 3.

auch in diesen Fällen gültig.[30] Die Bevorzugung der Polizei muß schon deswegen erstaunen, weil die richterliche Tätigkeit in Österreich ganz besonders hoch geschätzt wird. Der Grund für den Wertungswiderspruch liegt in der Bevorzugung der Wahrheitsermittlung als oberstem Prozeßziel: Verspricht der kurze Weg über die Polizei mehr Effektivität, so wird er dem rechtsstaatlich nicht gangbaren Weg über den Richter vorgezogen.

Schließlich wird die etwas unklare Vorschrift des § 88 Abs. 3 öStPO, nach der die polizeilichen Vernehmungsprotokolle bei sonstiger Nichtigkeit nur dann als Beweismittel verwendet werden können, „wenn sie unverweilt dem Untersuchungsrichter mitgeteilt worden sind, der ihre Form und Vollständigkeit zu prüfen und nötigenfalls die Wiederholung oder Ergänzung der Verhandlung zu bewirken hat“, in ständiger Rechtsprechung dahingehend ausgelegt, daß sie sich nur auf Protokolle über Augenschein und Hausdurchsuchungen bezieht.[31] Durch diese Weichenstellung wird erst ermöglicht, die Polizei dem Untersuchungsrichter gleichzustellen und sie schließlich noch zu bevorzugen.

Verteidiger sind seit 1850 im österreichischen Strafverfahren zugelassen, damals freilich erst mit dem Abschluß der Voruntersuchung (§ 222 öStPO 1850),[32] seit 1873 auch im Vorverfahren, wenn auch mit relativ wenigen Rechten. Da an der Unparteilichkeit eines Gerichts kein Zweifel besteht, ist das Bewußtsein von der Notwendigkeit der Verteidigung gerade im Vorverfahren nicht sehr stark ausgeprägt. Der Beschuldigte ist darum auch noch nach geltendem Recht erst mit der Mitteilung der Anklageschrift darüber zu belehren, daß er sich eines Verteidigers bedienen darf (§ 41 öStPO). Nicht zu Unrecht hat *Driendl* unlängst aus deutscher Sicht die Stellung der Verteidigung im österreichischen Strafverfahren unter die bezeichnenden Schlagworte gestellt: „Konsenszwang und Konfliktverbot“.[33] Sie folgt der volkstümlichen Devise: Nicht Auflehnung gegen die Obrigkeit schafft Freiheit, sondern Anpassung. Angesichts seiner gesetzlichen Machtlosigkeit bleibt dem Verteidiger auch gar nichts anderes übrig. Ein gutes zwischenmenschliches Klima und persönliche Gespräche

---

30 OGH, EvBl 1960/174; *Foregger/Serini* (Fn. 23), § 252 Anm. II, Ziff. 3; *Mayerhofer/Rieder* (Fn. 28), § 152 E 20; a.A. das Schrifttum vgl. aus jüngerer Zeit *Bertel*, Grundriß des österr. Strafprozeßrechts, 2. Aufl. 1984, Rdn. 619, 819; *Moos*, Reform (Fn. 20), S. 67; *Driendl*, JBl 1981, 130.

31 Vgl. SSt 5/66, 26/1; *Foregger/Serini* (Fn. 23), § 88 Anm. III; a.M. *Lohsing/Serini*, Österr. Strafprozeßrecht, 4. Aufl. 1952, S. 346; *Roeder*, Lehrbuch des österr. Strafverfahrensrechtes, 2. Aufl. 1976, S. 168 und *Platzgummer*, Grundzüge des österr. Strafverfahrens, 1984, S. 108, die alle die andersartige Praxis nicht einmal erwähnen, was deutlich werden läßt, wie wenig selbstverständlich sie ist. *Bertel* (Fn. 30), Rdn. 523 hält zwar diese Rechtsprechung ebenfalls für nicht dem Gesetz entsprechend, aber die gesetzliche Vorschrift für unnötig. Siehe auch *Moos*, Reform (Fn. 20), S. 104 Anm. 140; *Dearing* (Fn. 28), S. 76.

32 Siehe *Würth* (Fn. 5), S. 315, 388 ff.

33 *Driendl*, Zwischen Konsenszwang und Konfliktverbot, JZ 1980, 457 ff. Siehe auch *Moos*, Reform (Fn. 20), S. 23.

versprechen am meisten Erfolg. Sachprobleme werden zu Personenproblemen – bis hin zu teilweise ausgeprägten Praktiken des „Plea-bargaining“, d.h. der Verabredung des Prozeßergebnisses bei gewissen Zugeständnissen. Von vielen Richtern wird der Verteidiger entweder als unnötig und lästig oder gar als suspekt angesehen. Nach dem Gesetz hat er im Vorverfahren ein vom Untersuchungsrichter begrenzbares Akteneinsichtsrecht beim Gericht (§ 45 öStPO). Die Klagen, daß ihm von vielen Richtern tatsächlich keine Einsicht in die wesentlichen Aktenteile gewährt werden, wollen noch immer nicht enden, obwohl der Gesetzgeber 1971 bemüht war, die Untersuchungsrichter zu mehr Großzügigkeit zu veranlassen.[34] Der Verteidiger darf sich seit 1971 frei mit seinem verhafteten Mandanten besprechen, das gilt aber nicht bei Verdunkelungsgefahr (§ 45 Abs. 3 öStPO). Verteidiger gelten also von vornherein als der Konspiration verdächtig. Das Recht auf einen Verteidiger hat nur der Beschuldigte, und diesen Status erreicht er erst mit der förmlichen Anschuldigung durch den Staatsanwalt gegenüber dem Gericht. Vorher sind dem Verdächtigen die Beschuldigtenrechte analog zu gewähren, wenn er als Verdächtiger gerichtlich vernommen wird (§ 38 öStPO). Das gilt aber nicht bei polizeilicher Vernehmung.

Die Anwesenheit eines Verteidigers oder des Staatsanwalts bei richterlichen Vernehmungen im Vorverfahren ist ausgeschlossen. Immerhin können aber seit 1975 bei Zeugenvernehmungen Ausnahmen gewährt werden, wenn von vornherein feststeht, daß diese Aussagen in der Hauptverhandlung nicht mehr wiederholt werden können (§ 162 Abs. 2 öStPO). Dies geschah unter dem Druck von Art. 6 Abs. 3 MRK, der den Verfahrensbeteiligten das Recht zusichert, Fragen an die Zeugen zu stellen. Zugleich konnten dadurch Mißhelligkeiten im Rechtshilfeverkehr mit dem Ausland abgestellt werden, das für die Versagung der Parteiöffentlichkeit in Österreich wenig Verständnis zeigte.[35] Von der Gewährung dieser Parteiöffentlichkeit kann der Richter jedoch gem. § 162 Abs. 3 öStPO absehen, wenn sie nicht „im Interesse der Untersuchung“ liegt oder das Verfahren erheblich verzögert oder „eine Erschwerung der Wahrheitsfindung zu besorgen wäre“. Die Wahrheitsfindung, wie sie sich der Richter vorstellt, geht damit den liberalen Verfahrensgrundrechten vor.

Der Beschuldigte kann im reformierten Prozeß nicht dazu gezwungen werden, die Wahrheit zu sagen. Es gibt keine Lügenstrafen mehr. Nach der österreichischen StPO hat der Richter den Beschuldigten gleichwohl „zu ermahnen, daß er die vorzulegenden Fragen bestimmt, deutlich und

---

[34] Siehe eingehend *Moos*, Landesbericht Österreich, in: Die Untersuchungshaft im deutschen, ausl. und intern. Recht, hrsg. von Jescheck und Krümpelmann, 1971, S. 498 f.; *Kaltenbäck*, Bericht des Arbeitskreises für Strafprozeßreform des österr. Rechtsanwaltskammertages, AnwBl 1975, 156 ff., 158: „Die große Mehrheit meinte, daß so gut wie nie Akteneinsicht gewährt wird . . .“.

[35] Vgl. *Moos*, Reform (Fn. 20), S. 40 m.w.N.

der Wahrheit gemäß beantworte" (§ 199 öStPO). Dadurch wird der Anschein der Wahrheitspflicht aufrechterhalten. Hieß es doch noch im alten Inquisitionsprozeß: „Das Verhör ist mit der ernstlichen Ermahnung an den Verhafteten zu eröffnen: Daß er die reine Wahrheit auszusagen habe, indem er hierzu verpflichtet sey;" (StG 1803, 1. Teil, § 289). Im geltenden Recht ist zwar der letzte Halbsatz als Begründung weggefallen, nicht aber die ihm vorangestellte Folgerung. Das ist das Gegenteil der in Deutschland (§ 136 a dtStPO) vorgesehenen Belehrung. Wenn der Beschuldigte die Aussage verweigert, ist er darauf aufmerksam zu machen, daß er sich dadurch seiner Verteidigungsgründe berauben könne (§ 203 öStPO). Vielleicht meint der österreichische Gesetzgeber, daß Beschuldigte mit Gerichtserfahrung ohnehin wissen, daß ihre Aussage- und Wahrheitspflicht nicht so ernst gemeint sei, wie dies klingt. Und wenn sie es noch nicht wissen, kann es der Wahrheitsfindung jedenfalls nicht schaden. Die in § 3 öStPO generell niedergelegte Belehrungspflicht des Gerichts wird als schwächer eingestuft als die Pflicht zur Wahrheitsermittlung.

Die gerichtliche Fürsorgepflicht wird in § 3 öStPO zwar als Belehrungspflicht über die Rechte des Beschuldigten umschrieben, sie wird aber im Prinzip und in der Praxis im Sinne einer *patrimonialen Fürsorge* verstanden, die eigene Rechte des Beschuldigten erübrigt: Das Gericht kümmert sich schon selbst um das Wohl des Beschuldigten. Das ist nach dieser Auffassung, die noch dem aufgeklärten Absolutismus nahesteht, auch viel besser, weil das Gericht das Ganze sieht und das Verfahren nicht unter der Einseitigkeit der Wahrung von Beschuldigteninteressen leiden muß.

Ein symptomatischer Punkt des österreichischen Vorverfahrens ist schließlich die *Untersuchungshaft.* Österreich nimmt seit vielen Jahren in der europäischen Statistik der Haftzahlen einen Spitzenplatz ein.[36] Die extensive Haftpraxis beruht nicht etwa auf einer entsprechenden gesetzlichen Regelung, vielmehr kennt Österreich zur Vermeidung einer vorschnellen Untersuchungshaft die Vorschaltung einer auf 48 Stunden befristeten Verwahrungshaft vor die ordentliche Untersuchungshaft –

[36] Vgl. das Prison information Bulletin Council of Europe, Nr. 5, Juni 1985, S. 22: Übertroffen von der Türkei und Nordirland, gefolgt von der Bundesrepublik Deutschland. Siehe zur Spitzenstellung Österreichs bei den Untersuchungshaftzahlen schon *Krümpelmann,* Probleme der Untersuchungshaft im deutschen und ausl. Recht, ZStW 1970, 1052 ff., 1057 und in: Die Untersuchungshaft im deutschen, ausl. und intern. Recht, hrsg. von Jescheck und Krümpelmann, 1971, die vergleichende Darstellung der Herausgeber, S. 993 ff. sowie den Landesbericht Österreich von *Moos* (Fn. 34), S. 528: doppelt soviel als Bayern, das rd. 3 Millionen mehr Einwohner hat als Österreich. Ferner die vergleichende Übersicht zu einigen deutschen Ländern bei *Dearing,* Landesbericht Österreich, in: Die Freiheitsstrafe und ihre Surrogate im deutschen und ausl. Recht, hrsg. von Jescheck, 1983, S. 599 ff., 704: pro Kopf der Bevölkerung mehr als dreimal soviel wie in Nordrhein-Westfalen.

eine Idee, die in ähnlicher Form zur Reduzierung der Untersuchungshaft in Deutschland vorgeschlagen worden ist.[37] Das funktioniert jedoch nicht im beabsichtigten Sinne. Die nach Art. 5 Abs. 3 MRK „unverzügliche" Vorführung vor den Richter wird dadurch auf immerhin zwei Tage verlängert, und auch diese Frist wird nicht immer eingehalten oder sie wird umgangen. Auch wird die autonome oder spontane polizeiliche Festnahme wegen Betretens auf frischer Tat oder wegen Gefahr in Verzug bei anderen Haftgründen (§ 177 Abs. 1 öStPO) viel zu leicht auf Antrag der Staatsanwälte von den Untersuchungsrichtern in die ordentliche Untersuchungshaft umgewandelt und das schon deshalb, weil die Richter bei der Erstvernehmung, die der Untersuchungshaft vorausgehen muß, meistens gar nicht genügend Ermittlungsmaterial vorliegen haben, um Tatverdacht und Haftgründe bzw. die Kontraindikation der Haftgründe hinreichend beurteilen zu können.[38] Statt im Zweifel von der Verhängung der ordentlichen Untersuchungshaft abzusehen, wird sie um der Sicherheit willen angeordnet. Sie ist von Natur aus nicht mehr so vorläufig wie die Verwahrungshaft, und das wirkt sich auf die Haftdauer aus.

Nach festem Gerichtsgebrauch ist die Untersuchungshaft ohne Voruntersuchung nicht denkbar. Wenn noch keine Voruntersuchung besteht, wird sie nur wegen der Verhängung der Untersuchungshaft angeordnet.[39] Der Grund für diese Zwangsehe, durch die die Haft zunächst untermauert, kompliziert und verlängert wird, liegt vor allem in der geschichtlichen Tradition, denn im Inquisitionsprozeß war die Verhaftung des Missetäters die regelmäßige Voraussetzung des sog. „ordentlichen Untersuchungsprozesses" (StG 1803, 1. Teil, §§ 281, 334 ff.). In der Theorie wird die Verbindung der Untersuchungshaft mit der Voruntersuchung durch Gründe der Rechtsstaatlichkeit gerechtfertigt, denn ein solch schwerwiegender Eingriff bedürfe nicht nur bei der Anordnung, sondern auch bei der Fortdauer der richterlichen Verantwortung, die aber nur bei eigener richterlicher Untersuchung wirksam möglich sei.[40] Diese Einstellung wird außerdem durch die herkömmliche österreichische Prozeßrechtslehre bestärkt, nach welcher der Verdächtige nur durch die Voruntersuchung zum Beschuldigten werden kann – und daß ein Untersuchungshäftling zugleich Beschuldigter sein muß, ist einsichtig. In der Doppelrolle des Untersuchungsrichters, der einerseits sein eigenes Untersuchungsobjekt so lange in Gewahrsam halten kann, bis er den Fall geklärt hat und dabei andererseits sowohl die Verteidigung des Beschuldigten wahrnimmt als auch über

---

[37] Vgl. *Krümpelmann*, ZStW 1970, 1116; *Jescheck/Krümpelmann* (Fn. 36), S. 983, 992.

[38] Siehe *Moos*, Untersuchungshaft (Fn. 34), S. 375 ff.

[39] Vgl. *Foregger/Serini* (Fn. 23), § 180 Anm. I, IV; eingehend *Moos*, Untersuchungshaft (Fn. 34), S. 379 ff. jeweils m.w.N.; *ders.*, Reform (Fn. 20), S. 82 ff.

[40] *Foregger*, Mögliche Schwerpunkte einer umfassenden Strafprozeßreform, ÖJZ 1976, 449 ff., 450, 457; *ders.*, Wege und Ziele der Strafprozeßreform, in: Verhandlungen des 6. Österr. Juristentages, 1976, Bd. II, Teil 6, S. 61.

dessen Freiheitsrechte wacht, werden keine in sich widersprüchliche Interessen erblickt. Die Rechte des Beschuldigten werden eben nur im Rahmen der richterlichen Wahrheitserforschung als beachtlich angesehen; sie sind ihr untergeordnet. Aus dieser Sicht läßt sich den rechtsstaatlichen Bedenken gegen die hohe Haftrate entgegensetzen, daß Österreich im Spitzenfeld der Aufklärungsquote in Europa liegt.[41] Maßgeblich ist die Effizienz der Wahrheitserforschung.

In diesen Zusammenhang gehört auch, daß das Leugnen des Beschuldigten von der Praxis unter den Haftgrund der Verdunkelungsgefahr subsumiert werden kann. Die üblichen Voraussetzungen dieses Haftgrundes (Beeinflussung anderer Aussagepersonen oder Spurenbeseitigung) wurden 1971 durch eine unheilvolle redaktionelle Neufassung um den Zusatz erweitert, daß der Verdächtige versucht hat, „sonst die Ermittlung der Wahrheit zu erschweren", oder daß nur die Gefahr besteht, er werde dies versuchen (§§ 175, 180 öStPO). Das ermöglicht eine Handhabung der Haft als prozessuale Ungehorsamsstrafe für die Verletzung der Aussage- und Wahrheitspflicht entsprechend den Vorstellungen, wie sie einst im Inquisitionsprozeß bestanden.

Der wesentlichste Grund für die hohen Haftzahlen in Österreich ist in der inneren Einstellung vieler Richter zu suchen, welche die Haft nicht nur als ein Mittel zur Sicherung eines Strafverfahrens verstehen. Sie dient ihnen vielmehr zur Erleichterung der Wahrheitserforschung und als kriminalpolitisches Instrument, das spezialpräventiv für eine Vorwegbestrafung sehr willkommen ist und das generalpräventiv für die Beruhigung der Bevölkerung vor allem bei aufsehenerregenden Fällen sorgt. Es wird nicht wirklich zur Kenntnis genommen, daß die Vorwegbestrafung gegen die Unschuldsvermutung verstößt, die in Österreich 1964 durch die Aufnahme der MRK (Art. 6 Abs. 2) in die Verfassung sogar besonders geschützt ist, und daß die Verhaftung wegen sog. Clamorosität der Tat seit 1862 ebenfalls durch Verfassungsgesetz verboten ist.[42] Vielmehr wird gern das modern klingende Argument ins Feld geführt, daß eine Verhaftung es dem Richter viel leichter mache, später bei der Strafzumessung den Strafvollzug zur Bewährung auszusetzen, weil der Täter ja schon in der ihm auf die Strafe anzurechnenden Untersuchungshaft das Strafübel teilweise verspürt hatte.

---

41 Vgl. die Tabelle der Aufklärungsziffern einiger europäischer Staaten (unvollständig) nach der intern. Kriminalstatistik der Interpol in: Der Kriminalbeamte, Oktoberheft 1985, S. 5: Österreich 53,5%, gefolgt von der Bundesrepublik Deutschland mit 45,6%.

42 Anders noch im Inquisitionsverfahren, vgl. StG 1803, 1. Teil, § 339, wonach: „. . . vorzüglich aber bey solchen Verbrechen die Untersuchung zu befördern, welche bey dem Volke besonderes Aergerniß erregt haben" (zu verhaften war ohnehin). Dem entsprechend gab es in der StPO 1853, § 156 lit. d einen eigenen Haftgrund: „wenn die strafbare Handlung großes öffentliches Aergernis verursacht hat."

Eine kürzlich abgeschlossene, große empirische Untersuchung über die österreichische Haftpraxis, die im Auftrag des ehemaligen Justizministers *Broda* vom Wiener Institut für Kriminalsoziologie erstellt worden ist,[43] kommt zu dem überraschenden Ergebnis, daß im OLG-Sprengel Wien der Anteil der Verhafteten, gegen die ein gerichtliches Strafverfahren eingeleitet wurde, mehr als doppelt so hoch ist wie im Bereich des OLG-Sprengels Tirol und Vorarlberg. Die Wiener rechtfertigen dieses Ost-West-Gefälle, das auch bei der Strafzumessung in ähnlicher Weise zu beobachten ist,[44] mit ihrem größeren Sicherheitsbedürfnis. Dieses subjektive Bedürfnis nach energischem staatlichen Zugriff ist in Österreich noch viel ausgeprägter als in Deutschland. Die Untersuchungshaftpraxis ist eine der letzten großen Bastionen dieses alten autoritären Strafrechtsdenkens, und sie liefert zugleich ein eindrucksvolles Beispiel für die Definitionsmacht der Kontrollinstanzen bei der Gesetzesanwendung.

III. Stellung der Staatsanwaltschaft

Nach der in Österreich herrschenden Meinung ist der Strafprozeß ein *Parteiprozeß*, was nach deutscher Auffassung für den deutschen Strafprozeß nicht zutrifft[45]. Da die inquisitorische Grundstruktur in Österreich stärker ausgeprägt ist als in Deutschland, erscheint das österreichische Bekenntnis zum Parteiprozeß um so überraschender. Die österreichische Lehre gründet sich denn auch nicht auf besonders starke Parteirechte, die das Strafverfahren zu einem Streit von Parteien machen würden, sondern darauf, daß der Staatsanwalt durch seine förmliche Beschuldigung und durch sein in Österreich besonders stark ausgeprägtes Recht der Anklagerücknahme es in der Hand hat, ob ein gerichtlicher Prozeß stattfindet oder in Gang bleibt. Diese Dispositionsmacht des Staatsanwalts wird der Dispositionsmaxime des Zivilprozesses gleichgestellt.[46] Der Verdäch-

---

[43] *Morawetz/Stangl*, Untersuchungshaft in Österreich. Dauer, Häufigkeit und Begründung der Untersuchungshaft an den Straflandesgerichten in Wien, Linz und Innsbruck im Jahr 1980, 1984 (nicht im Buchhandel); *dies.*, Untersuchungshaft als Feld richterlicher Kriminalpolitik, ÖJZ 1985, 446 ff.; dazu: *Schwaighofer*, Verhaftungs-, Enthaftungspraxis und Haftdauer an den Landesgerichten Wien, Linz und Innsbruck, RZ 1984, 271 ff.

[44] Vgl. *Burgstaller/Császár*, Zur regionalen Strafenpraxis in Österreich, ÖJZ 1985, 1 ff., 43 ff.; *dies.*, Ergänzungsuntersuchungen zur regionalen Strafenpraxis, ÖJZ 1985, 417 ff.

[45] Vgl. Eb. *Schmidt*, Lehrkommentar zur Strafprozeßordnung, Teil I, 2. Aufl. 1964, Rdn. 42 ff.; *Henkel*, Strafverfahrensrecht, 2. Aufl. 1968, S. 105 ff.; *Peters*, Strafprozeß, 3. Aufl. 1981, S. 94.

[46] So von *Glaser*, Handbuch (Fn. 4), Bd. I, S. 26: „... Verhandlungsmaxime, in ihrer Anwendung auf den Strafprozeß Anklagegrundsatz genannt ...", mit Berufung auf *Biener*: „Parteienverhältnis wie im Civilprozesse." Zur Gegenwart siehe Nachweise bei *Moos*, in: Jescheck-Festschrift (Fn. 17), S. 734 f.

tige wird allein durch die Beschuldigung des Anklägers gegenüber dem Gericht zur „Partei", ohne daß es darauf ankäme, welche Rechte ihm inhaltlich zukommen. Er ist als Beschuldigter begriffsnotwendig Prozeßsubjekt und kann nach dieser Logik nicht mehr Objekt der Inquisition sein. Schließlich erhebt sich nach dieser Konstruktion das Gericht über die Parteien; es ist schon begrifflich unparteilich. Diese Auffassung von Parteiprozeß ist rein *formaler* Art.[47] Weil der Beschuldigte aber tatsächlich einige gesetzliche Rechte hat, wie etwa das Zeugnisverweigerungsrecht, das Akteneinsichtsrecht oder in der Hauptverhandlung das Frage- und Antragsrecht, sieht sich die herrschende Meinung auch inhaltlich im Parteibegriff bestätigt, so daß sich der rein formale Parteibegriff mit materiellen Parteivorstellungen schmückt. Es wird nicht erkannt oder gebilligt, daß es im Grunde nur um das Anklageprinzip geht, während ein Parteiprozeß von der inhaltlichen Gewichtung der Prozeßführungsmacht der Parteien lebt. Hier wie auch sonst ist dieses formale Denken mit der Diskrepanz zwischen Theorie und Wirklichkeit für österreichisches Rechtsdenken charakteristisch.

Die Folge dieser Parteilehre ist für meine Begriffe verhängnisvoll, weil der Inquisitionsprozeß allein schon durch die Existenz der Anklage als begrifflich abgeschafft gilt. Nach dieser Auffassung kann man dem geltenden Strafprozeß nach den Grundsätzen des formalen Rechtsstaats und der Logik nicht mehr nachsagen, daß er nur ein durch Anklage und Hauptverhandlung sowie die Anerkennung von Verteidigungsrechten modifizierter Inquisitionsprozeß sei. Hinter diesem formalen Schutz kann sich materielles inquisitorisches Denken im Sinne jener Staatsgewalt, die der reformierte Strafprozeß hatte zurückdrängen wollen, nach wie vor ausbreiten und müssen Bestrebungen zur Einführung von Elementen eines echten Parteiprozesses, welche den Richter zumindest von seiner Rolle als Untersuchungsführer entlasten und ihn stärker auf die bloße Entscheidungsfunktion zurückdrängen wollen, auf Unverständnis und Ablehnung stoßen.

Die zivilprozessuale Lehre vom Parteiprozeß wurde von der Wissenschaft des ausgehenden letzten Jahrhunderts sowohl in Deutschland als auch in Österreich auf den Strafprozeß übertragen. Diese Lehre beruht auf einem durch die Anschuldigung des Anklägers gegenüber dem Gericht begründeten *Prozeßrechtsverhältnis* zwischen dem Gericht und den Parteien. Wie der Zivilprozeß beginnt der Strafprozeß demnach erst dadurch, daß der Kläger die Sache vor den Richter bringt. Zuvor kann der Verdächtige begrifflich kein *Beschuldigter* sein, sei der Verdacht auch noch so spezialisiert und dringend. Er kann höchstens wie ein solcher behandelt werden. Bei dieser Doktrin ist es in Österreich bis heute geblieben, während in Deutschland die sich auf Oskar *Bülow* gründende zivilprozes-

[47] Siehe näher *Moos*, in: Jescheck-Festschrift (Fn. 17), S. 740 ff.; *ders.*, Reform (Fn. 20), S. 113 ff.

suale Lehre aus dem Jahre 1868[48] der Kritik durch James *Goldschmidt* aus dem Jahre 1925[49] weichen mußte, daß der Strafprozeß eigenen Regeln folgt und daß das Anklageprinzip und das Parteiprinzip nicht dasselbe sind[50]. Für Österreich kann nicht deshalb etwas anderes gelten, weil hier die Anklagemacht des Staatsanwalts besonders stark ausgeprägt ist. Das ist eine bemerkenswerte organisatorische Besonderheit, die das Verfahren noch nicht zum Parteiprozeß macht.[51]

Die Stellung des Anklägers gegenüber dem Gericht ist in verschiedenen Punkten dominant. So kann der Staatsanwalt die Anklage bis zum Schluß der Hauptverhandlung zurücknehmen, also dem Gericht den Prozeß sozusagen jederzeit wieder aus den Händen winden, während in Deutschland nach Eröffnung des Hauptverfahrens die Anklage nicht mehr zurückgenommen werden kann (§ 156 dtStPO). Schon aus diesem Grunde kennt das österreichische Strafverfahrensrecht keinen Eröffnungsbeschluß. Wenn im kollegialgerichtlichen Verfahren ein Einspruch gegen die Anklage nicht eingebracht wird oder nicht erfolgreich ist (§ 219 öStPO), oder wenn im Verfahren vor einem einzelnen Richter eine amtswegige Überprüfung der Anklage auf keine wesentlichen Mängel stößt (§§ 450, 485 öStPO), wird die Hauptverhandlung anberaumt. Die Möglichkeit der Klagerücknahme während der Hauptverhandlung führt zu der aus deutscher Sicht eigenartigen Konsequenz, daß die Staatsanwälte nach einem negativen Ergebnis der Hauptverhandlung nicht etwa den sachlich gebotenen Freispruch mangels Beweises oder wegen erwiesener Unschuld beantragen, sondern von der Anklage zurücktreten, denn nun steht ja fest, daß die Anklage eigentlich gar nicht berechtigt ist. Aufrechterhalten der Anklage und Beantragung eines Freispruchs werden als ein innerer Widerspruch angesehen.[52] Selbst wenn der Staatsanwalt, seiner Verpflichtung zur Wahrheitsfindung entsprechend, doch einen Freispruch beantragt, wird dieser Antrag von der Rechtsprechung in einen Rücktritt von der Anklage umgedeutet.[53] Der Staatsanwalt entzieht dem Gericht damit die wesentlichste Prozeßvoraussetzung. Gleichwohl ergeht kein Einstellungsurteil wie in Deutschland (§ 260 Abs. 3 dtStPO), sondern ein (formaler) Freispruch. Die Lehre von den *Prozeßvoraussetzungen*, die ebenfalls auf Oskar *Bülow* zurückgeht, wurde von der österreichischen StPO 1873 nicht mehr aufgegriffen. Die mangelnde Begründetheit und die mangelnde Zu-

---

48 *Bülow*, Die Lehre von den Prozeßeinreden und die Prozeßvoraussetzungen.
49 *Goldschmidt*, Der Prozeß als Rechtslage.
50 Siehe zu Goldschmidt Eb. *Schmidt*, Deutsches Strafprozeßrecht. Ein Kolleg, 1967, Rdn. 35; *ders.*, Lehrkommentar (Fn. 45), Rdn. 51 ff.
51 Vgl. *Moos*, Die Parteistellung der Staatsanwaltschaft im österr. Strafverfahren, in: Kolloquium Strafrecht, Strafrechtsvergleichung, hrsg. von Kaiser und Vogler, 1975, S. 37 ff., 39; *ders.*, Reform (Fn. 20), S. 118.
52 Vgl. *Foregger/Serini* (Fn. 23), § 259 Anm. III, 2.
53 OGH, EvBl 1953/381 und *Foregger/Serini* wie Fn. 52; *Fischlschweiger*, Die Staatsanwaltschaft im österr. Verfassungssystem, ZStW 1979, 749 ff., 759.

lässigkeit eines Verfahrens werden einander gleichgestellt. Sie werden darum weder in der Urteilsform (§ 259 öStPO) noch terminologisch noch in den Anfechtungsgründen (§ 281 Abs. 1 Ziff. 9 b öStPO) klar voneinander getrennt. Aus deutscher Sicht besteht insoweit dogmatischer Nachholbedarf, was aber in Österreich gar nicht verstanden wird, weil der Freispruch praktisch auf dasselbe hinausläuft wie eine Einstellung.

Die Mitwirkung der Staatsanwaltschaft am Strafverfahren besteht im wesentlichen nur in der *Antragstellung.* Die Staatsanwaltschaft ist zwar Herrin des Vorverfahrens, sie ist aber keine eigene Untersuchungsbehörde, sondern nur eine Antragsbehörde für die Untersuchung durch andere. Sie läßt durch die Polizei oder Gerichte ermitteln (§ 88 Abs. 1 öStPO). Es ist in Österreich gar nicht daran zu denken, daß die Staatsanwaltschaft den Verdächtigen, Beschuldigten oder Zeugen selbst vernimmt. Man kann die österreichische Staatsanwalschaft auch als *Initiativbehörde* bezeichnen, weil sie nur die Initiative für die Tätigkeit anderer setzt. Ich selbst spreche gern von ihrer *Transportfunktion,* weil sie darüber entscheidet, ob und welchen Prozeßstoff sie zu welchen anderen Instanzen zur Fortsetzung des Strafverfahrens transportiert oder nicht. Je nach den Ergebnissen der von ihr veranlaßten oder auch von Polizei und Gerichten autonom vorgenommenen Ermittlungen beantragt sie entweder zur Ergänzung weitere Untersuchungen (Vorerhebungen oder die Voruntersuchung) oder sie beantragt mit der Anklage das Hauptverfahren und die Verurteilung oder sie beendet das Verfahren durch Einstellung, um deren Ausspruch sie den Untersuchungsrichter ersuchen muß, der diesem Ersuchen stattzugeben hat (§ 90 öStPO). Im Falle der Einstellung, also des Nichttransportes, bleibt die letzte Entscheidung über das Schicksal des Verdächtigen bei der Staatsanwaltschaft, insoweit ist sie nur *Entscheidungsbehörde;* sie übt im negativen Sinne Rechtsprechung aus.[54] Auf diese Weise werden immerhin mehr Fälle erledigt als durch Anklagen.[55]

In der Beschränkung des Staatsanwalts auf die Entscheidung über die Antragstellung sieht man in Österreich das Anklageprinzip in ganz besonders konsequenter und guter Weise verwirklicht, während die Untersuchungstätigkeit der deutschen Staatsanwälte nach österreichischem Rechtsgefühl nicht nur der Staatsanwälte unwürdig wäre, sondern auch in richterliche Funktionen eindränge und dem Parteiprinzip widerspräche. Hat doch das Anklageprinzip die Aufgabe, die Rolle des Inquirenten von der des Anklägers zu trennen. Der Anklageprozeß betrifft in Österreich also nur die Frage, ob die gerichtliche Inquisition stattfinden soll; er ist

---

[54] Vgl. *Moos,* Reform (Fn. 20) im Anschluß an *Hecht,* Die staatsrechtliche Stellung der Staatsanwaltschaft, JBl 1919, 163 ff., 165.

[55] Vgl. die Statistik bei *Driendl,* Landesbericht Österreich, in: Funktion und Tätigkeit der Anklagebehörde im ausl. Recht, hrsg. von Jescheck und Leibinger, 1979, S. 191 ff., 241, 257. Nach der Statistik der Rechtspflege 1982, S. 45, betragen die Quoten der sachlichen Erledigung durch Einstellung 53% und durch Anklagen 47%.

nicht in einem umfassenden Sinne der Stoffsammlung durch die Parteien zu verstehen.[56]

Der OGH billigt in jüngerer Zeit allerdings Versuche der Untersuchungsrichter, sich vom *Antragserfordernis* zu lösen.[57] Demnach soll der Untersuchungsrichter dominus processus sein, sobald er überhaupt mit einer Strafsache befaßt ist, also auch schon bei den Vorerhebungen. Nach bisher herrschender Meinung ist das nur bei der vom Staatsanwalt zu beantragenden Voruntersuchung möglich. Damit weist das Höchstgericht „dem Richter etwas von der Rolle des Anklägers zu".[58] Der Unterschied zwischen Vorerhebungen und Voruntersuchung verschwindet zugunsten der Voruntersuchung. Soweit die Vorerhebungen auch autonom von den Gerichten aufgegriffen werden können (§ 89 öStPO), werden die Gerichte zu gänzlich unabhängigen Strafverfolgungsorganen. Der Staatsanwaltschaft obliegt im wesentlichen nur noch formal die Anklageerhebung aufgrund des von den Gerichten bestimmten Prozeßstoffes. Zu einer gerichtlichen Klageerzwingung, die es in Österreich nicht gibt, ist es dann auch nicht mehr weit. Die Zurückdrängung des Antragsprinzips im Vorverfahren tangiert die Anklagemacht; Anklage- und Antragsprinzip gehören zusammen.

Bei dieser neuen Tendenz, die bei der Richterschaft viel Anklang findet, geht es um nicht weniger als um eine grundsätzlich neue Machtverteilung im Vorverfahren. Neu ist sie allerdings nur im Vergleich zur Konzeption des reformierten Prozesses, denn vorher lag die Inquisition bereits allein in den Händen der antragsunabhängigen Gerichte. Die moderne Tendenz möchte dieses alte Prinzip wiederaufleben lassen. Sie entspricht weitgehend der reaktionären StPO 1853, die nur ein umfassendes gerichtliches Untersuchungsverfahren kannte,[59] bei dem das Gericht von sich aus einschritt und die Ermittlungen so weit ausdehnte, als es ihm zweckmäßig erschien. Der Untersuchungsrichter hatte nur „nach Thunlichkeit im Einvernehmen mit dem Staatsanwalte vorzugehen" (§ 63 StPO 1853). Der Staatsanwaltschaft oblag es, aufgrund des Anklagebeschlusses des Ge-

---

[56] Vgl. *Glaser*, Handbuch (Fn. 4), Bd. I, 185; *Nowakowski*, Zum Verständnis des Anklageprozesses bei der Ausarbeitung der Strafprozeßordnung 1873, in: StPO-FS (Fn. 1), 151 ff., 152; *Moos*, Parteistellung (Fn. 51), 39 ff.; *ders.*, in: Jescheck-Festschrift (Fn. 17), S. 743.

[57] JBl 1976, 325.

[58] *Foregger/Serini* (Fn. 23), § 88 Anm. II; *Foregger*, ÖJZ 1976, 450; ebenso kritisch *Liebscher*, Urteilsanmerkung, JBl 1976, 237 f.; *Fischlschweiger*, Urteilsanmerkung, ZVR 1976, 155; *Bertel*, Vorerhebungen und Voruntersuchung, AnwBl 1976, 335 ff., 336; *Driendl*, Staatsanwaltschaft (Anm. 55), S. 217; *Moos*, Reform (Fn. 20), S. 121 f.

[59] Vgl. §§ 60 ff. StPO 1853. Siehe dazu näher *Hye*, Die leitenden Grundsätze der österr. StPO vom 29. Juli 1853, 1854, S. 160 ff. General- und Spezialinquisition wurden in ihr zwar als Untersuchung bezüglich der Tat und des Täters getrennt (§§ 66 ff. und §§ 145 ff.), beide Untersuchungsstufen lagen aber beim selben Gericht, vgl. die allgemeinen Bestimmungen in den §§ 60–65.

richts die Anklage zu erheben und das gerichtliche Verfahren zu fördern und zu überwachen.[60]

Der Grund für diese atavistisch anmutende Entwicklung liegt im Mißtrauen der Gerichte gegen die politische Weisungsabhängigkeit der Staatsanwälte. Die Haltung der Richter ist im Gesetz selbst angelegt und bezeichnend dafür, wie sehr es noch im vorreformatorischen Denken verhaftet ist. Die starke Stellung des Richters im Vorverfahren auf der einen Seite und die Zurückdrängung der Staatsanwaltschaft auf die bloße Ordnungsfunktion der Antragstellung auf der anderen Seite enthalten eine Wertungsdiskrepanz zwischen der Stoffsammlung und der Verfügung über den Stoff: Der Untersuchungsrichter als Stoffsammler sollte im Interesse der Sache möglichst frei schalten und walten können. Das im Gesetz zum Ausdruck kommende Mißtrauen gegen die Staatsanwaltschaft[61] fördert die Frustration der Richter. Sie fühlen sich um der Wahrung der Rechtsstaatlichkeit willen befugt,[62] innerhalb des Vorverfahrens die Strafverfolgung selbst zu übernehmen. Weil sich die Gerichte als die Instanz der Wahrheitsermittlung empfinden und außerdem seit der Einführung der Staatsanwaltschaft völlig unabhängig von der Regierungsgewalt geworden sind, glauben sie, mit der Zurückdrängung der Staatsanwaltschaft der Wahrheitsermittlung und damit dem Sinn und Zweck des Prozesses am besten zu dienen. Die Selbstkontrolle wird als genügend angesehen. Es wird im Grunde nicht akzeptiert, daß mit der Einführung des reformierten Prozesses die Möglichkeit der sachlich fundierten Einflußnahme der Regierung durch die Staatsanwaltschaft im Rahmen der gesetzlichen Möglichkeiten (Antragsprinzip, Legalitätsprinzip) gewollt und auch rechtspolitisch richtig ist. Die Kritik kann sich nur gegen den Mißbrauch des Weisungsrechts richten. Die Richter fühlen sich allein als die Wahrer des Rechts und der darin notwendig enthaltenen Rechtspolitik.

Auf diesem Hintergrund wird deutlich, daß für die Zukunft eine Abschaffung der Voruntersuchung und die Übertragung der ganzen Prozeßgewalt im Vorverfahren auf die Staatsanwaltschaft, wie sie in Deutschland selbstverständlich geworden ist, von der Justiz in Österreich nur schwer akzeptiert werden würde, weil sich diese Änderungen inhaltlich zu weit vom richterlichen Inquisitionsverfahren entfernen würden. Jede Schwächung der richterlichen Untersuchungsmacht durch eine Stärkung der Verfahrensbeteiligten schadet nach der in Österreich verbreiteten Auffassung der objektiven Wahrheitsermittlung. Ein Umdenken müßte

---

[60] §§ 30, 196 StPO 1853. Dazu *Hye* (Fn. 59), S. 28 f., 122 f., 225 ff. Die Gerichte waren nicht von den Anträgen der Staatsanwaltschaft abhängig, sie hatten jedoch „die Staatsanwaltschaft mit ihren Anträgen zu vernehmen" (§ 35) und dazu im Vorverfahren zu verständigen (§ 63). Die Staatsanwaltschaft und der Beschuldigte hatten gegen den Anklageschluß das Recht der Berufung an das OLG (§ 202).

[61] Vgl. *Moos*, Parteistellung (Fn. 51), S. 42; *ders.*, Reform (Fn. 20), S. 99 ff.

[62] Vgl. *Marschall*, Urteilsanmerkung, ZVR 1976, 154 f.

bei der Rolle des *Richters* ansetzen, dessen Aufgabe eben mehr in der Entscheidungsfällung als in der Untersuchung gesehen werden müßte.

Die allein der Staatsanwaltschaft überlassene Disposition über die Anklage verbietet ein gerichtliches *Anklageerzwingungsverfahren* nach deutschem Muster, das überdies mit dem formalen österreichischen Verständnis der Gewaltenteilung unvereinbar wäre. Die Kontrolle der Anklagepflicht geschieht dadurch, daß der Verletzte selbst die öffentliche Anklage erheben kann, wenn der Staatsanwalt nicht anklagt (§ 48 öStPO). Diese sog. *Subsidiaranklage* führt aber nicht sofort zur Hauptverhandlung, sondern in einem recht komplizierten Verfahren entweder erst zur Voruntersuchung, wenn das Gericht eine solche überhaupt für sinnvoll hält, oder sie führt in einem späteren Verfahrensstadium zur Entscheidung des Oberlandesgerichts über die unmittelbare Versetzung in den Anklagestand. Das Gericht erzwingt also nicht die Anklage, sondern prüft, ob die Subsidiaranklage zulässig und aussichtsreich ist. Damit unterliegt die Nichterhebung der Anklage durch die Staatsanwaltschaft im Ergebnis doch einer gerichtlichen Kontrolle.

Diese subsidiäre öffentliche Anklage des Verletzten ist nicht zu verwechseln mit der *Privatklage* des Verletzten, die es in Österreich bei den Privatanklagedelikten ebenfalls gibt. Die Sache wird dadurch freilich besonders kompliziert, daß der Subsidiarankläger grundsätzlich die rechtliche Stellung eines Privatanklägers hat (§ 49 Abs. 2 öStPO), obwohl er keiner ist. Der Subsidiarankläger trägt wie der Privatankläger das Kostenrisiko (§ 390 öStPO). Die Subsidiaranklage ist nicht nur an sich erschwert, sondern sie kann überhaupt nur von einem solchen Verletzten erhoben werden, der einen vermögensrechtlichen Schaden hat und sich deshalb im *Adhäsionsverfahren* als sog. Privatbeteiligter dem Verfahren anschließt (§ 47 öStPO). Nach der gesetzlichen Intention dient die Subsidiaranklage weniger der Kontrolle der Staatsanwaltschaft als der Durchsetzung eines zivilrechtlichen Anspruchs im Strafverfahren. Der Verletzte soll nicht durch die Verfahrenseinstellung um die Durchsetzung seines Schadensersatzanspruches im Strafprozeß gebracht werden. Nur in diesem Rahmen unterliegt das Legalitätsprinzip einer externen Kontrolle. Die praktische Bedeutung der Subsidiaranklage ist äußerst gering. Es gibt keine effiziente Kontrolle des Legalitätsprinzips im Strafprozeß, nicht einmal eine förmliche Beschwerde gegen die Verfahrenseinstellung steht zur Verfügung. Die Definitionsmacht des Legalitätsprinzips durch den Ankläger ist darum außerordentlich stark. Die Institution des Nebenklägers ist in Österreich unbekannt.

Die Verbindung der Privatklage mit dem Opportunitätsprinzip, wie sie die §§ 376, 377 dtStPO enthalten, ist dem österreichischen Recht fremd.[63] Nach deutschem Recht haben die Privatklagedelikte eine Zwit-

---

[63] Eine gewisse Annäherung findet sich aber einmal bei den Beleidigungen von Beamten anläßlich ihrer Amtsausübung (§ 117 Abs. 2 öStGB). Die Beleidigungen

ternatur. Sie sind Offizialdelikte, wenn die Staatsanwaltschaft das öffentliche Verfolgungsinteresse bejaht und sie damit dem Privatankläger entzieht. Nach österreichischem Recht gehen die Privatanklagedelikte den Staatsanwalt nichts an. Die deutsche Privatklage entspricht eher der österreichischen Subsidiaranklge bei den Offizialdelikten, nur daß der Staatsanwalt bei diesen streng an das Legalitätsprinzip gebunden ist und die Nichtverfolgung anders begründen muß als mit mangelndem öffentlichen Interesse.

Das *Legalitätsprinzip* ist in Österreich besonders stark ausgeprägt. Die StPO enthält in § 34 Abs. 2 nur Ausnahmen für unwesentliche Nebenstraftaten (§ 154 dtStPO vergleichbar) und für die Verfolgung bei unnötigen Doppelbestrafungen bei Auslandsstraftaten. Hinzu kommen noch Ausnahmen in Nebengesetzen, wie vor allem dem JGG. Wie die österreichische Justiz im Erwachsenenstrafrecht angesichts des strikten Anklagezwanges mit der Flut der Bagatelldelikte fertig werden kann, ist für deutsche Betrachter, die sich die §§ 153 und auch 153 a dtStPO nicht mehr wegdenken können, unbegreiflich.[64] Die Erklärung liegt wohl darin, daß das gesetzlich und theoretisch so strikte Legalitätsprinzip in der praktischen Handhabung weiche Stellen aufweist, die es elastisch machen. Das gilt vor allem für die Sicherheit des Tat- und Vorsatzbeweises, indem bei nicht schwerwiegenden Delikten der Grundsatz in dubio pro reo mit der Verhältnismäßigkeit der aufzuwendenden Beweismittel in Verbindung gebracht wird.[65] Außerdem gewähren unbestimmte Rechtsbegriffe des anzuwendenden materiellen Strafrechts einen erheblichen Beurteilungs- und Anklagespielraum.[66] Man kann immer wieder hören, daß das Legalitätsprinzip nur im Rahmen des gesunden Menschenverstandes gelte.[67] *Bertel*

---

sind grundsätzlich Privatanklagedelikte. In diesen Fällen werden sie aber zu Offizialdelikten, bei denen allerdings die Verfolgung von einer Ermächtigung abhängt, die an die Frist der Privatanklage gebunden ist. Verfolgt der Staatsanwalt die Tat nicht, so wird sie wieder zum Privatanklagedelikt. Zum andern werden die Privatanklagedelikte im Jugendstrafrecht zu Antragsdelikten, die der Staatsanwalt aber nur verfolgt, wenn er ein besonderes öffentliches Interesse bejaht (§ 43 öJGG).

64 Vgl. *Jescheck*, in StPO-Festschrift (Fn. 1), S. 41.

65 Siehe eingehend *Driendl*, Staatsanwaltschaft (Fn. 55), S. 236 ff., 271, 280, 283; *ders.*, Legalitätsprinzip und Richterprivileg. Anmerkungen zu § 42 StGB, ÖJZ 1979, 337 ff., 339; *Fischlschweiger*, ZStW 1979, 750; *Moos*, Parteistellung (Fn. 51), S. 47 ff.; *Nowakowski*, Die Behandlung der Bagatellkriminalität in Österreich, ZStW 1980, 255 ff., 273 f.

66 Vgl. zur österr. Sicht *E. Steininger*, Die Legitimitätskrise des Legalitätsprinzips, in: Probleme der Strafprozeßreform, hrsg. von Moos/Steininger, 1982, S. 183 ff., 185 ff.; dort auch *Höpfel*, Werden und Wandel des Legalitätsprinzips, S. 177 ff. und die Diskussion S. 190 ff. Vgl. auch *Driendl*, Staatsanwaltschaft (Fn. 55), S. 280 mit dem Zitat eines österr. Höchstrichters: „Wir sind nicht stur und legen den Buchstaben des Gesetzes so aus, wie es nach unseren Begriffen legal ist."

67 Siehe näher *Moos*, Parteistellung (Fn. 51), S. 47 ff.; dazu *Nowakowski*, ZStW 1980, 272; *Bertel* (Fn. 30), Rdn. 58: „vernünftigerweise".

stellt in seinem Lehrbuch fest, daß zwischen einem an feste Kriterien gebundenen Opportunitätsprinzip und der Handhabung des Legalitätsprinzips praktisch kaum ein Unterschied bestehe. Das Legalitätsprinzip verbiete dem Staatsanwalt nur, „sich bei der Entscheidung, ob Anklage zu erheben sei, von unsachlichen Gesichtspunkten leiten zu lassen".[68] Bei solcher Definitionsmacht der Strafverfolgungsbehörde und kaum vorhandener externer Kontrolle bedarf es gesetzlicher Ausnahmen natürlich in weit geringerem Maße.

Zur Rolle der Staatsanwaltschaft ist schließlich noch festzuhalten, daß sie sich nach den Vorstellungen der StPO vor allem um die Verfolgung der Tat, aber weniger um die *Sanktion* zu kümmern hat. Kriminalpolitik im Einzelfall zu treiben, soll eben nicht Aufgabe des Staatsanwaltes, sondern nur des Richters sein. Darum versagt die österreichische StPO dem Staatsanwalt, in seinem Schlußplädoyer „einen bestimmten Antrag über die Bemessung der Strafe innerhalb des gesetzlichen Strafsatzes" zu stellen (§ 255 Abs. 1).[69] Diese Enthaltsamkeit ist nach dem modernen materiellen Strafrecht allerdings kaum noch möglich, da die Sanktionsmöglichkeiten durch die Strafaussetzung zur Bewährung und die Umwandlung der kurzfristigen Freiheitsstrafe in eine Geldstrafe variabel geworden sind und in beiden Fällen von bestimmten konkret zu verhängenden Strafhöhen abhängen. Der Staatsanwalt wird dadurch zu einer gewissen Stellungnahme im Sanktionsbereich gedrängt, konkrete Anträge zur Strafhöhe sind ihm aber gleichwohl versagt.

IV. Gerichtsaufbau und Rechtsmittelverfahren

Nun möchte ich noch auf den Gerichtsaufbau und die Rechtsmittel eingehen. Die Gerichtsbarkeit ist Bundessache (Art. 82 B-VG). Das unterste erstinstanzliche Gericht ist das Bezirksgericht, ähnlich dem deutschen Einzelrichter beim Amtsgericht, mit einer Strafkompetenz bis zu einer Obergrenze der Strafdrohung von einem halben Jahr Freiheitsstrafe. Die nächsthöhere Eingangsstufe ist der Gerichtshof I. Instanz, der entweder als Einzelrichter des Gerichtshofs oder als Schöffengericht fungiert. Diese Gerichte werden Landes- oder Kreisgerichte genannt, je nachdem, ob sie in den Landeshauptstädten oder in Kreisstädten ihren Sitz haben. Ihnen

---

[68] *Bertel* (Fn. 30), Rdn. 58 und *Driendl*, Staatsanwaltschaft (Fn. 55), S. 282, zu den „Rückzugsstrategien der Staatsanwaltschaft" im Rahmen der Legalität.

[69] Der Erlaß *Glasers* v. 25.11.1873 zur Einführung der StPO (Z 14.956/73), Ziff. I und V, abgedruckt bei Mayerhofer/Rieder (Fn. 16) zu § 29 ff. StPO (S. 141 ff.), gibt als Grund für diese Zurückhaltung bei der Antragstellung an, daß die richterliche Entscheidung völlig unbeeinflußt erfolgen solle. Die Staatsanwaltschaft habe nur die richterliche Entscheidung herbeizuführen. Die StPO sei „weit davon entfernt, der Staatsanwaltschaft zu gestatten, sich lediglich als Partei zu betrachten"; sie habe vielmehr der Wahrheitsfindung zu dienen (§ 3 öStPO).

sind die Geschwornengerichte zugeordnet. Der Einzelrichter hat eine dem deutschen Schöffengericht ähnliche Kompetenz bis zu einer Strafdrohungsobergrenze von drei Jahren Freiheitsstrafe, auf ihn entfallen 72% der Gerichtshofsachen.[70] Das Schöffengericht, das sich aus zwei Berufsrichtern und zwei Laienrichtern zusammensetzt, ist für die schwereren Straftaten zuständig, soweit nicht die Kompetenz des Geschwornengerichts eingreift. Es entspricht also mehr der großen Strafkammer des deutschen Rechts. Das schöffengerichtliche Verfahren repräsentiert das Gerichtshofverfahren schlechthin, es ist das Musterverfahren der StPO. Auf das Geschwornengericht mit drei Berufsrichtern und acht Geschwornen entfallen die politischen Delikte und die Schwerkriminalität mit einer Strafdrohungsobergrenze von mehr als zehn Jahren bei einer Untergrenze von nicht unter fünf Jahren Freiheitsstrafe. Diese Fälle machen nur rund 1% der Gerichtshofsachen aus.

Besonders bemerkenswert ist die Institution des *Einzelrichters.* Sie wurde 1918 wegen der Notlage nach dem Ersten Weltkrieg als ein Provisorium geschaffen, mehrmals verlängert, von 1926 bis 1934 wieder abgeschafft, 1946 erneut eingeführt und endlich 1975 mit gehobener Kompetenz voll in die StPO integriert. Ursprünglich kannte die StPO nur einen erstinstanzlichen Senat des Gerichtshofs von vier Berufsrichtern. Auch die Einführung der Schöffen im Jahre 1920 ging auf die durch den Krieg hervorgerufenen Notzeiten zurück. In der Bundesverfassung von 1920 (Art. 91) ist die Laiengerichtsbarkeit sowohl in Form der Geschwornen als auch der Schöffen verankert.

Das österreichische *Geschwornengericht* ist ein lebendiges Stück Rechtsgeschichte, denn es handelt sich noch um ein echtes Laiengericht, bei dem die Geschwornen allein über die Schuld entscheiden. Seit 1951 urteilen sie gemeinsam mit den Berufsrichtern über die Strafe. Bereits wenige Wochen nach der Märzrevolution von 1848 wurde das Geschwornengericht als Ausdruck der Volkssouveränität gegen die Macht der absoluten Monarchie durchgesetzt. Seine Einführung und Ausgestaltung war das wichtigste und meistdiskutierte Problem der Strafprozeßreformen von 1850 und 1873, während es in der Zwischenzeit durch den Neoabsolutismus bereits zu Beginn des Jahres 1852 wieder abgeschafft worden war. Diese Gerichtsform hat sich inzwischen fast überall auf dem Kontinent überlebt. In Österreich sehen manche in ihr noch immer ein Bollwerk des Liberalismus, andere meinen, daß dieses eher Denkmalscharak-

---

[70] Ausnahmsweise (für den Einbruchdiebstahl) reicht die Strafkompetenz bis zu 5 Jahren, § 13 Abs. 2 Ziff. 1 öStPO. Vgl. Statistik der Rechtspflege für das Jahr 1982, S. 47: Innerhalb der 15%, die auf die Gerichtshöfe entfallen (vgl. Fn. 8), werden 72% durch den Einzelrichter, 27% durch das Schöffengericht und 1% durch das Geschwornengericht erledigt. – Die Zuständigkeit des Einzelrichters wurde inzwischen durch das Strafrechtsänderungsgesetz 1987 wesentlich erweitert.

ter habe und durch ein schöffengerichtliches Verfahren ersetzt werden sollte.[71] Zu den letzteren gehöre auch ich. Die Geschwornen liefern für ihren Wahrspruch keine Begründung, insoweit ist ihr Urteil nicht anfechtbar.[72] Offensichtlich falsche Urteile können zwar von den Berufsrichtern dem OGH vorgelegt werden, der das Verfahren an ein anderes Geschwornengericht delegieren kann. Beibt aber auch dieses bei dem Fehlurteil, so gilt es als richtig (§ 334 Abs. 3 öStPO). Die Geschwornen haben darum die Möglichkeit, sich über das Gesetz hinwegzusetzen bzw. ihm einen anderen Sinn beizulegen, als ihm eigentlich zukommt. Einflüsse durch die Medien bei der Entscheidung der Tatfrage und bei der rechtlichen Subsumtion sind bei Laien leichter möglich. Bei Fragen mit politischem Hintergrund kann die große Definitionsmacht der Geschwornen dazu führen, daß eher die Volksmeinung als das Recht die Oberhand behält. Das hat politisch eine willkommene Befriedungswirkung, rechtsstaatlich ist es aber unbefriedigend. Nach meinem Dafürhalten sollten alle Gerichte sich streng an das Gesetz halten müssen.

Das *bezirksgerichtliche Verfahren* ist das Stiefkind des reformierten Prozesses. Wie bereits erwähnt, sind hier der untersuchende Richter des Vorverfahrens und der erkennende Richter personengleich. Allerdings hat inzwischen die Polizei praeter legem auch in diesem Bereich die meiste Ermittlungsarbeit übernommen. Für die Anklage genügt ein mündlich zu stellender Antrag eines Beamten, von dem das Gesetz ausdrücklich sagt, daß er „nicht rechtskundig sein" müsse (§ 448 öStPO). Bis 1975 waren das pensionierte Polizeibeamte.[73] Seither werden dafür aktive Bundesbedienstete verwendet, die jedoch bei weitem nicht die Qualifikation der deutschen Amtsanwälte haben und den Richtern nicht gewachsen sind. Sie unterstehen der Staatsanwaltschaft. Die Staatsanwälte haben aber in der Regel mit bezirksgerichtlichen Sachen nichts zu tun. Nicht zuletzt deshalb kommt Österreich mit halb so vielen Staatsanwälten pro Kopf der Bevölkerung aus wie die Bundesrepublik Deutschland. Durch diese kümmerliche Form der Anklage beim Bezirksgericht ist das Anklageprinzip formell gewahrt und damit nach österreichischer Lehre der Inquisitionsprozeß auch in diesem Bereich abgeschafft.

Die vier Oberlandesgerichte und der OGH in Wien sind ausschließlich Rechtsmittelgerichte. Gegen die Urteile der Bezirksgerichte und des Ein-

---

[71] Vgl. *Nowakowski*, Reform der Laienbeteiligung im Strafverfahren, Gutachten zum 4. Österr. Juristentag 1970, Bd. I, Teil 5, S. 92 ff.; *Liebscher*, Hat sich das Geschwornengericht bewährt? JBl 1956, 161 ff., 164: „Für Mythen ist auch in der Rechtsprechung kein Platz mehr."

[72] Vgl. SSt 30/115; 41/61: Die Frage „der Richtigkeit oder Unrichtigkeit des Wahrspruchs (kann) mit einer Rechtsrüge nicht releviert werden . . ., denn die im Verdikt enthaltenen Sachverhaltsfeststellungen und die in ihm von den Geschwornen vorgenommene rechtliche Beurteilung der Tat sind der Anfechtung im Nichtigkeitsverfahren gänzlich entrückt."

[73] Vgl. *Hauptmann*, Der öffentliche Ankläger vor Bezirksgerichten, 1971.

zelrichters am Gerichtshof wird ein umfassendes Rechtsmittel, die Berufung, gewährt, das bei den bezirksgerichtlichen Sachen an einen Dreirichtersenat des Gerichtshofs geht, beim Einzelrichter an das Oberlandesgericht, das ebenfalls in Dreirichtersenaten judiziert. Diese Rechtsmittelgerichte entscheiden endgültig. Es gibt in Österreich keine Dreiinstanzlichkeit. Kollegialgerichtliche Urteile, also solche des Schöffen- und Geschwornengerichts, sind nur hinsichtlich formeller und materieller Rechtsfehler sowie hinsichtlich der Strafzumessung anfechtbar, nicht aber in bezug auf Tatsachenfeststellungen zur Schuldfrage[73a]. Die Rechtsrüge, die sog. Nichtigkeitsbeschwerde, geht an den OGH, während über die Anfechtung der Strafzumessung, die sog. Strafberufung, das OLG oder, falls zugleich eine Nichtigkeitsbeschwerde eingelegt wird, ebenfalls der OGH urteilt. In den Rechtsmittelinstanzen gibt es, anders als bei der kleinen und großen Strafkammer in Deutschland, keine Laienrichter.[74]

Besonders bemerkenswert ist die *Nichtigkeitsbeschwerde,* nach deutschen Begriffen die Revision, weil sie nur auf ganz bestimmte, enumerativ aufgezählte Gründe gestützt werden kann. Dieses komplizierte System ist in seinen Feinheiten selbst für Fachleute nur schwer durchschaubar. Im wesentlichen ist es auch Bestandteil des umfassenden Rechtsmittels gegen die bezirks- und einzelrichterlichen Urteile, so daß bei allen Gerichten nicht – wie nach § 337 dtStPO – jede Gesetzesverletzung, auf der das Urteil beruht, anfechtbar ist. Die formellen Nichtigkeits- bzw. Anfechtungsgründe, die sich in absolute und relative aufspalten, erfassen viele Verfahrensverstöße nicht, so z.B. nicht die Verletzung des Unmittelbarkeitsgrundsatzes oder die Nichtbeachtung von Beweisverboten, soweit diese nicht ausdrücklich mit Nichtigkeit bedroht sind. Ein Verstoß gegen das Beweisverbot, Aussagen durch Erpressung oder Täuschung zu erlangen (§ 202 öStPO), ist z.B. nicht etwa nichtig, d.h. die Anfechtung eines darauf beruhenden Urteils ist nicht möglich. Ebenso ist etwa die deutsche Aufklärungsrüge für die Unterlassung einer sich aufdrängenden Beweiserhebung[75] dem österreichischen Anfechtungsrecht unbekannt, obwohl sie eigentlich gerade daraus folgen müßte, daß die Wahrheitsermittlung ganz in die Hände des Gerichts gelegt wird. Werden während der Hauptverhandlung keine entsprechenden Beweisanträge eingebracht, so entscheidet das Gericht endgültig, was es zu tun oder zu unterlassen hat. Die diskretionäre Gewalt des Gerichts ist insoweit absolut. Werden Anträge ein-

---

[73a] Seit dem Strafrechtsänderungsgesetz 1987 ist bei „erheblichen Bedenken" auch die Tatsachenfeststellung mit der Nichtigkeitsbeschwerde anfechtbar (§ 281 Abs. 1 Ziff. 5a öStPO).

[74] Eine Ausnahme macht die Jugendgerichtsbarkeit. Statt des Rechtsmittelsenats des Gerichtshofs mit drei Berufsrichtern entscheidet das Schöffengericht. Das OLG tagt ebenfalls als Schöffengericht in der üblichen Besetzung mit 2 Berufsrichtern und 2 Schöffen (§ 31 öJGG). – Geändert durch § 31 JGG 1988. Es gelten nun auch insoweit die allgemeinen Vorschriften der öStPO.

[75] Siehe *Wessels,* Die Aufklärungsrüge im Strafprozeß, JuS 1969, 1 ff.

gebracht und abgelehnt, so liegt es beim OGH als Revisionsinstanz festzustellen, ob durch die Ablehnung gegen die Grundsätze eines das Wesen der Strafverfolgung und die Verteidigung sichernden Verfahrens verstoßen wird (§ 281 Abs. 1 Ziff. 4 öStPO); es gibt keine festen Regeln. Das gilt besonders für das gesamte Beweisantragsrecht.

Die umfassende *Strafberufung* ist eine aus deutscher Sicht sehr interessante Einrichtung, denn sie geht weit über die deutsche Strafmaßrevision hinaus und enthebt dieses Gebiet allen dogmatischen Streits, ob es sich dabei um eine Kontrolle von Rechts- oder Ermessensfragen handelt. Das hat freilich einen wesentlichen Nachteil: Da die Strafzumessung immer als Ermessen eingestuft wird, tritt das Ermessen der Oberinstanz an die Stelle des Ermessens der Unterinstanz. Es gibt deshalb keine zwingende Kontrolle von Strafzumessungsfragen, die eindeutig als Rechtsfragen und deren falsche Beantwortung als Rechtsfehler zu charakterisieren wären. Im Bereich des Strafzumessungsrechts existieren darum auch kaum Präjudizien zu unbestimmten Rechtsbegriffen. Die Praxis innerhalb Österreichs ist außerordentlich unterschiedlich. Wie Untersuchungen von *Burgstaller* und *Csaszar* gezeigt haben, ist die Straflast im OLG-Sprengel Wien rund doppelt so groß wie im OLG-Sprengel Innsbruck.[76] Abhilfe könnte nur der OGH durch eine bindende Rechtsprechung in grundsätzlichen Strafzumessungsfragen schaffen. Entweder müßte die Nichtigkeitsbeschwerde um Rechtsfragen der Strafzumessung erweitert werden[76a] oder die umfassende Strafberufung müßte in bestimmten Fällen auch als Rechtskontrolle verstanden werden, und zwar bei Verstößen gegen gesetzlich vorgegebene Wertungen und die Grundsätze der Strafzumessung sowie gegen Verfahrensvorschriften in diesem Bereich. Diese Strafberufung müßte auch an den OGH möglich sein.[77]

Insgesamt ist das Rechtsmittelrecht beschuldigtenfreundlich angelegt. Was dem Beschuldigten an Verteidigungsgunst im Vorverfahren versagt wird, gewährt ihm das Rechtsmittelverfahren. In nichtöffentlicher Sitzung dürfen Rechtsmittel nur aus formellen Gründen verworfen werden (§ 285 d, § 294 Abs. 4 öStPO), d.h. materielle Anfechtungsgründe führen – anders als nach deutschem Revisionsrecht (§ 349 Abs. 2 dtStPO) – immer zu einer öffentlichen Verhandlung, was wohl nicht immer nötig wäre.

Die eben erwähnte Strafberufung hat hinsichtlich der Beschuldigtenrechte bis 1962 eine bedauerliche Sonderstellung eingenommen, denn das

---

[76] *Burgstaller/Császár*, ÖJZ 1985, 1 ff., 417 ff. (Fn. 44).

[76a] So inzwischen durch das Strafrechtsänderungsgesetz 1987 in § 281 Abs. 1 Ziff. 11 öStPO.

[77] Vgl. allgemein *Burgstaller*, Grundprobleme des Strafzumessungsrechts in Österreich, ZStW 1982, 127 ff.; *Pallin*, Die Strafzumessung in rechtlicher Sicht, 1982, und speziell zu diesen prozessualen Fragen und zu Reformvorschlägen im Sinne des Textes *Weiß*, Strafzumessungsermessen und Rechtsrüge, ÖJZ 1985, 110 ff., 129 ff., 133.

Obergericht hatte die Strafe lediglich anhand der Akten neu zu bemessen, der Angeklagte durfte bei den Sitzungen nicht einmal anwesend sein. Erst unter dem Druck der MRK wurde grundsätzlich erst im Jahre 1962 und vollends 1983 das Recht des Angeklagten in das Gesetz aufgenommen, bei den Berufungsverhandlungen über seine Strafe anwesend sein zu dürfen (§ 294 öStPO).[78] Die Wiederaufnahme ist anders als in Deutschland auch dann zu Ungunsten des Angeklagten möglich, wenn sich neue Tatsachen oder Beweismittel ergeben, die im früheren Verfahren noch nicht vorgekommen sind und dem Staatsanwalt unbekannt waren (§§ 355, 356 öStPO). Die Richter, die über die Wiederaufnahme und das wiederaufgenommene Verfahren entscheiden, sind dieselben wie die des ersten Verfahrens, die Wiederaufnahme ist also kein Ausschließungsgrund, und außerdem ist das Aufhebungsverfahren nicht parteiöffentlich.[79]

Besondere Erwähnung bedarf schließlich noch eine Rechtsinstitution, die Österreich vom französischen Code d'Instruction Criminelle übernommen hat und von welcher schon der vorhin zitierte Wolfgang *Mittermaier* meinte, die Österreicher seien mit Recht stolz auf sie:[80] das ist die sog. *Nichtigkeitsbeschwerde zur Wahrung des Gesetzes* (§§ 33, 292 öStPO). Sie ermöglicht der eigens dazu geschaffenen, selbständigen staatsanwaltschaftlichen Spitzenbehörde der Generalprokuratur, Rechtsverletzungen jeder Art, die durch ein Strafgericht geschehen sind, auch nach Eintritt der Rechtskraft zur Feststellung ihrer Fehlerhaftigkeit vor den OGH zu bringen. Im Interesse der Rechtseinheit und Gesetzlichkeit soll diese Rechtskontrolle nur in grundsätzlichen Fällen der Klarstellung dessen dienen, was rechtens ist. Für den zu Unrecht Verurteilten hat sie keine unmittelbare Wirkung. Der OGH kann allerdings nach seinem Ermessen eine solche Wirkung zugunsten des Verurteilten jeweils anordnen (§ 292 öStPO). Diese sozusagen akademische Rechtskontrolle hat unter der liberalen Ära der letzten Jahrzehnte die Rolle eines auch im Interesse des Verurteilten von Amts wegen zu erhebenden Rechtsbehelfs eingenom-

---

78 Vgl. *Liebscher*, Bedarf die österr. Rechtsprechung der ausländischen Kontrolle? Die Menschenrechtskonvention und die Strafprozeßnovelle 1962, JBl 1963, 117 ff.; *Graff*, Haft und Gleichheit. Zur Neuordnung der strafrichterlichen Berufungsverhandlung, JBl 1963, 304. Zur Änderung durch das Strafverfahrensänderungsgesetz 1983 (BGBl 1983/168) verweisen die Gesetzesmotive auf die neuerliche Beschwerdeführung vor der EMKom (Nr. 1084 der Beil. Sten. Prot. NR XV GP). Siehe auch *Kodek/Germ*, StPO 1975, 3. Aufl. 1984, § 294 Anm. 7.

79 Siehe dazu mit Recht kritisch *Piska*, Landesbericht Österreich, in: Die Wiederaufnahme des Strafverfahrens im deutschen und ausl. Recht, hrsg. von Jescheck und Meyer, 1974, S. 479 ff., 487, 500, 503; zur wünschenswerten Kontradiktorietät des Verfahrens siehe *Nowakowski*, Reform der Rechtsmittel im Strafverfahren, Gutachten zum 2. Österr. Juristentag 1964, S. 59 f. und umfassend *Machacek*, Die Wiederaufnahme des Strafverfahrens de lege ferenda, JBl 1976, 19 ff.

80 *Mittermaier* (Fn. 24), S. 56.

men.[81] Die Anordnung der unmittelbaren Wirkung ist ein selbstverständliches nobile officium des OGH geworden. Die Nichtigkeitsbeschwerde zur Wahrung des Gesetzes gleicht dadurch den Mangel einer dritten Instanz etwas aus. Nur geht der Anstoß zur Kontrolle nicht vom Verfahrensbeteiligten aus, sondern von einer eigenen staatlichen Kontrollinstanz.

Diesem Rechtsbehelf steht die *außerordentliche Wiederaufnahme* zur Seite (§ 362 öStPO), die der OGH von Amts wegen zugunsten des Verurteilten verfügt, wenn er „erhebliche Bedenken" gegen eine Beweiswürdigung der Kollegialgerichte hat, sei es, daß er bei einer Nichtigkeitsbeschwerde selbst darauf stößt, sei es, daß er auf besonderen Antrag der Generalprokuratur tätig wird. Auf diese Weise wird die Tatfrage doch überprüfbar. Während die Nichtigkeitsbeschwerde zur Wahrung des Gesetzes relativ häufig erhoben wird, ist die außerordentliche Wiederaufnahme fast totes Recht. Der Grund liegt darin, daß der OGH einen Weg gefunden hat, die Tatfrage bereits in die Rechtskontrolle der Nichtigkeitsbeschwerde einzubauen, und zwar in den Anfechtungsgrund wegen undeutlicher, unvollständiger, widersprüchlicher oder unzureichender Begründung (§ 281 Abs. 1 Ziff. 5 öStPO).[82] Auf diese Weise nimmt die Nichtigkeitsbeschwerde bereits das in der deutschen Diskussion um eine Strafverfahrensreform vorgeschlagene Einheitsrechtsmittel einer Urteilsrüge praktisch teilweise vorweg.[83]

Auch abgesehen von der Nichtigkeitsbeschwerde zur Wahrung des Gesetzes und der außerordentlichen Wiederaufnahme ist es in Österreich den Gerichten verschiedentlich möglich, Urteilsfehler *von Amts wegen* selbst wahrzunehmen und zu korrigieren. So greifen die Rechtsmittelgerichte anläßlich eines aus formellen Gründen erhobenen Rechtsmittels auch materiellrechtliche Fehler, die zum Nachteil des Angeklagten wirken, zu seinen Gunsten auf (§§ 290, 477 öStPO). Zugunsten des Verurteilten können auch neue Strafmilderungsgründe, die erst nach Rechtskraft des Urteils hervortreten, berücksichtigt werden, wofür es keinen

---

[81] Siehe *Pallin*, Die Nichtigkeitsbeschwerde zur Wahrung des Gesetzes in: StPO-Festschrift (Fn. 1), S. 167 ff., 173 f., 180.

[82] Vgl. *Piska* (Fn. 79), S. 484; zur Praxis der Ziffer 5 siehe *Bertel*, Reformbestrebungen im österr. Strafverfahrensrecht, in: Verfahrensgrundsätze – Verfahrensreformen im österr. Recht (Österr. Sektion der Intern. Juristenkom. 1978), 1980, S. 109 ff., 118 ff.

[83] Vgl. den Diskussionsentwurf für ein Gesetz über die Rechtsmittel in Strafsachen der Bund-Länder-Arbeitsgruppe „Strafverfahrensreform", 1975, §§ 312 ff. S. 10 ff., 71 ff.); *Tröndle*, Zur Reform des Rechtsmittelsystems in Strafsachen, in: Probleme der Strafprozeßreform, hrsg. von Lüttger, 1975, S. 73 ff., 75, 93 ff. Zu Österreich siehe *Roeder*, Zur Überprüfung der Tatfrage im Nichtigkeitsverfahren, JBl 1960, 521 ff.; *Broda*, Die Ausgangslage bei der Reform des Strafprozeßrechtes, ÖJZ 1962, 197 ff., 199 f.; *Nowakowski* (Fn. 79), S. 14 ff. Zur Schweiz und rechtsvergleichend siehe *Hauser*, Zur Reform der Rechtsmittel im Strafprozeß, insbes. der Anfechtung von Tatsachen, ÖJZ 1981, 533 ff., 537 f. und 546 den Diskussionbericht dazu von *Császár*.

förmlichen Rechtsbehelf gibt (§ 410 öStPO). Die „amtswegige Wahrnehmung" ist nach alter Tradition ein Ausfluß der Fürsorgepflicht, des Prinzips der amtlichen Wahrheitserforschung oder der Gnade.

V. Reformdiskussion

Auf Veranlassung des früheren Justizministers Christian *Broda*, dem Österreich die Epoche der tiefgehenden fortschrittlichen Reformen auf strafrechtlichem Gebiet verdankt, hat von 1974 bis 1983 beim Bundesministerium für Justiz in Wien ein aus Praktikern, Ministerialbeamten und Professoren zusammengesetzter „Arbeitskreis für Grundsatzfragen einer Erneuerung des Strafverfahrensrechtes" getagt. Seine Protokolle füllen über 9.000 Seiten. Die Aufgabe bestand nicht darin, den Entwurf einer neuen StPO vorzulegen, sondern nur zu diskutieren, wo und wie man etwas anders machen sollte. Die Mehrheit sprach sich nicht für eine andersartige StPO, sondern nur für eine Überarbeitung des Gesetzes aus. Die Kontinuität zu 1873 soll gewahrt bleiben. Die Stellung des Beschuldigten soll allerdings gestärkt und das Verfahren soll durch Straffung und Beschleunigung noch effizienter werden.[84]

Meine eigenen Vorstellungen gehen weit darüber hinaus. Einige davon möchte ich noch anführen.[85] Die grundsätzliche Reformtendenz sollte darin bestehen, bei der richterlichen Wahrheitsfindung den Verfahrensbeteiligten mehr Rechte zu gewähren. Dadurch würde das Parteienelement, auf das sich die österreichische Lehre soviel zugute tut, erst wirklich Gehalt annehmen. Die Wahrheitsfindung würde einen Läuterungsprozeß durchmachen. Die Pilatusfrage: „Was ist Wahrheit?" würde nicht mehr nur von der Selbstkritik des Richters abhängen, dessen Bemühen um Objektivität darunter leiden muß, daß er das Ergebnis seiner eigenen Untersuchung zu beurteilen hat. Erst die Modalität der Wahrheitsfindung durch Kontrollen und Mitspracherechte der Beteiligten macht die materielle

---

[84] Siehe zur Ausgangslage der Reform *Broda*, ÖJZ 1962, 197 ff. Breitere Diskussionen finden sich in den Veröffentlichungen der Österr. Sektion der Intern. Juristenkommission von 1978 (Fn. 82) und von 1980: Strafverfahrensreform. Der Bericht von der Tagung 1985 über „Neue Wege im strafrechtlichen Vorverfahren" ist im Erscheinen. Zur Arbeit des genannten Arbeitskreises siehe *Miklau* (Fn. 25) und *ders.*, sowie *Foregger*, in: Strafverfahrensreform, 1980, S. 21 ff., 3 ff. Für den 9. Österr. Juristentag 1985 mit dem Beratungsthema der strafrechtlichen Abteilung: „In welche Richtung soll die Reform der Strafprozeßordnung weitergeführt werden? hat *Foregger* ein Gutachten erstattet. Dazu wurden Referate gehalten von: *Kaltenbäck*, Reform des Rechtsmittelsystems durch Abschaffung aller Formalschranken, *Felzmann* (zu den Fragen der Zurückdrängung der Staatsanwaltschaft durch die Gerichte), *Schick*, Strafverteidigung und Menschenrechte im Hinblick auf die Strafprozeßreform, *Moos*, Grundstruktur einer neuen StPO.

[85] Siehe eingehend *Moos*, Zwischenbilanz der Strafprozeßreform, AnwBl 1982, 653 ff.; *ders.*, Reform (Fn. 20).

Rechtsstaatlichkeit aus. Insoweit besteht der größte Nachholbedarf im Vorverfahren. Ich halte zunächst die Abschaffung der Voruntersuchung und ein einheitliches Vorverfahren, das unter der Leitung der Staatsanwaltschaft von der Polizei weitgehend selbständig durchgeführt wird, für eine bessere Lösung als die jetzige. Sie würde der Hauptverhandlung größeres Gewicht verleihen. Die aus technischen Gründen bedingte Zurückdrängung des Untersuchungsrichters läuft in die gleiche Richtung; sie wäre in das System einzubauen. Dazu muß das polizeiliche Handeln künftig unter genaue gesetzliche Kautelen gestellt werden. Der Untersuchungsrichter sollte in erster Linie Zwangsmittelrichter sein, der die Ermittlungen der Behörden kritisch beurteilt, nicht aber zugleich sein eigener Ermittlungsführer ist. Das schließt richterliche Vorerhebungen auf Antrag des Staatsnwalts nicht aus. Ebenso bleibt mir die formale Prozeßrechtslehre fremd, ein materieller Beschuldigtenbegriff wäre sachgerechter.[86] Die besondere österreichische Anklägerstellung wäre beizubehalten, sie sollte aber nicht ausschließen, daß der Ankläger auch grundsätzlich selbst ermitteln darf. Auch müßte der Ankläger bereits im Vorverfahren in die Sanktionsfindung eingebunden werden. Er sollte im übrigen berechtigt sein, die Befolgung von Weisungen abzulehnen, wenn er sie nicht mit seinem Gewissen vereinbaren kann, und Weisungen müßten für die Öffentlichkeit transparent gemacht werden können[86a]. Die Rechte des Beschuldigten wären insbesondere im Sinne des § 136 bzw. § 163 a dtStPO auszubauen, es wäre also zumindest das Recht auf Verteidigerbefragung vor der ersten förmlichen Vernehmung als Beschuldigter in das Gesetz aufzunehmen. Die Zwangseingriffe sollten in jedem Einzelfall an den Verhältnismäßigkeitsgrundsatz gebunden werden, der sich bisher nur abstrakt hinter den gesetzlichen Regelungen verbirgt. Bei einzelnen richterlichen Vernehmungen, die der Staatsanwalt zur Beweissicherung beantragen kann, müßte der Grundsatz der Parteiöffentlichkeit gelten. Zur besseren Beurteilung der Täterpersönlichkeit wäre in den dafür in Frage kommenden Fällen bereits im Vorverfahren die Gerichtshilfe als ein eigener sozialer Ermittlungsdienst heranzuziehen.[87]

Die Untersuchungshaft sollte ausdrücklich aus der kriminalpolitischen Zielsetzung herausgenommen werden, wie es erst unlängst wieder für Deutschland von *Müller-Dietz* und *Jung* in den von ihnen herausgegebenen Vorschlägen einer „Reform der Untersuchungshaft" gefordert worden ist.[88] An einer Ausscheidung der Wiederholungsgefahr als Haftgrund

[86] Siehe näher *Moos*, in: Jescheck-Festschrift (Fn. 17), Bd. 1, S. 752 ff.

[86a] Dem entspricht inzwischen bis zu einem gewissen Grad das Staatsanwaltschaftsgesetz 1986, §§ 29 ff.

[87] Siehe dazu aus österr. Sicht *Kopler*, Die soziale Gerichtshilfe – für und wider, in: Probleme der Strafprozeßreform (Fn. 66), S. 200 ff.

[88] Vgl. Reform der Untersuchungshaft. Vorschläge und Materialien des Fachausschusses I des Bundeszusammenschlusses für Straffälligenhilfe, 1983, S. 11; Ar-

ist in Österreich allerdings keinesfalls zu denken, schon eine gewisse Zurückdrängung, die Minister *Broda* 1983 vor seinem Ausscheiden aus dem Amt durchgesetzt hat, stößt auf den Unmut der Justiz und gelegentlich auf Protest in der Öffentlichkeit, ist die Wiederholungsgefahr doch der am häufigsten angewendete und damit beliebteste Haftgrund.[89]

Die Hauptverhandlung sollte zum wirklichen Verfahrensschwerpunkt werden und prozeßgestaltende Mitwirkungsrechte der angeblichen Prozeßsubjekte enthalten. In ihr müßte sich die maßvolle Hinwendung zu einem echten Parteiverfahren auf Kosten des Inquisitionsprinzips am meisten niederschlagen. An die Stelle des allmächtigen Richters sollte die Möglichkeit einer primären Beweisaufnahme durch ein vom Ankläger und Angeklagten geführtes Wechselverhör treten. Das Beweisantragsrecht müßte geregelt werden, und zwar in der Weise, daß das Gericht unter Umständen zur Beweisaufnahme gezwungen werden kann. Die ganze Verhandlung wäre zweizuteilen: einerseits in die Beweisaufnahme zur Tat und Schuld und andererseits in die Beweisaufnahme zu sanktionsrelevanten Fakten. Hierzu gibt es auch in Österreich detaillierte und abgestufte Vorschläge.[90] In der Urteilslehre hielte ich die Einführung von Prozeßurteilen anstelle der Formalfreisprüche für systematisch richtig.

Das Geschwornengericht sollte durch ein großes Schöffengericht ersetzt werden, schon um die Berufsrichter nicht aus ihrer Verantwortung für den Schuldspruch zu entlassen. Das Bezirksgericht wäre an den Einzelrichter des Gerichtshofs anzugleichen. Im Rechtsmittelverfahren sollte zwar die überlieferte Weichenstellung beibehalten werden, die Rechtskontrolle von Strafzumessungsentscheidungen müßte aber, wie gesagt, als solche möglich sein. Die Nichtigkeitsbeschwerde wäre zu vereinfachen und um die Tatsachenrüge bei gleichzeitigem Neuerungsverbot zu erweitern. Die Nichtigkeitsbeschwerde zur Wahrung des Gesetzes wäre schließlich zugunsten des Verurteilten weiter auszubauen und sollte auch den Rechtsfolgenkomplex erfassen.

---

beitskreis Strafprozeßreform. Die Untersuchungshaft. Gesetzentwurf mit Begründung, 1983, § 1 (S. 41 ff.); *Müller-Dietz*, Problematik und Reform des Vollzuges der Untersuchungshaft, Strafverteidiger 1984, 79 ff., 80; *Hassemer*, Die Voraussetzungen der Untersuchungshaft, Strafverteidiger 1984, 38 ff., 42.

[89] Vgl. *Schwaighofer*, RZ 1984, 273: Im Durchschnitt entfallen auf die Wiederholungsgefahr 43% aller Verhaftungen, in Deutschland dagegen nur 3–4%, vgl. *Müller-Dietz*, S. 80, *Hassemer*, S. 39 (Fn. 88). Die Verhaftungen stützen sich in Deutschland fast nur auf die Fluchtgefahr (93,7%), während diese in Österreich nur zwischen 33 und 53% der Verhaftungen ausmacht. Hier kommen die Wiederholungsgefahr und die Verdunkelungsgefahr (diese in Linz und Wien mit 16–18%) hinzu. In Deutschland beträgt der Anteil der Verdunkelungsgefahr nur 3,5% (s. zu ihr auch oben im Text nach Anm. 41).

[90] Siehe *Schreiber*, Empirische Forschungen zur Vorbereitung einer Reform der Hauptverhandlung, in: Strafverfahrensreform, 1980 (Fn. 84) und eingehend *Moos*, Die Zweiteilung der Hauptverhandlung im Strafprozeß, ÖJZ 1983, 561 ff., 593 ff., auch in: Strafrechtliche Probleme der Gegenwart, 11 (1983), 1 ff.

Die meisten dieser Akzentuierungen bezwecken ein stärkeres Abrükken vom inquisitorischen Erbe. Darüber hinaus sollte eine neue StPO Regelungen für eine *Befriedung minderer Rechtsbrüche* ohne das Prozeßziel eines Strafurteils enthalten. Auch das materielle Strafrecht ist insoweit im Begriff, seine Rolle zu verändern und nicht nur Strafe zu bezwecken, sondern, wo es möglich ist, nur Tadel ohne Strafe, also nur die Wiederherstellung der Rechtsgeltung, die spezialpräventiv oft sinnvoller ist als die Übelszufügung. Im Prozeßrecht ist dazu einmal an eine Durchbrechung des Anklagezwanges im Zuständigkeitsbereich des Bezirksgerichts zu denken unter den Voraussetzungen geringer Folgen, geringer Schuld und kontraindizierter Strafzwecke, wie sie § 42 öStGB enthält. Die Materie der vorläufigen Verfahrenseinstellung unter Weisungen und Auflagen sollte in richterliche Hände gelegt werden.[91]

Darüber hinaus ist an ein noch weitergehendes Instrumentarium der Sozialkontrolle ohne Strafen in der Weise zu denken, daß zwischen *Täter und Opfer* in den dafür persönlich und sachlich geeigneten Fällen ein *unmittelbarer Ausgleich* stattfindet[91a]. Das österreichische StGB ist durch seinen § 167 in dieser Richtung bereits bis zur dogmatischen Straffreiheit vorgedrungen,[92] während tendenziell ähnliche Regelungen im Strafprozeßrecht fehlen. Es sollte deshalb die Möglichkeit der Verfahrenseinstellung nach Schadensgutmachung oder der Einleitung eines Schlichtungsverfahrens zur Erreichung der Schadensgutmachung unter maßgeblicher Beteiligung des Opfers geben. Wie das im einzelnen geschehen sollte, gehört nicht mehr zu meinem Thema. Die lebhafte Diskussion in Deutschland bietet dazu viele Ansätze, vor allem in Richtung des auf dem letzten Deutschen Juristentag von *Rieß* vorgeschlagenen allgemeinen Sühneverfahrens.[93] Zu denken ist außerdem an die Umformung und Ausdehnung der Privatanklagedelikte in nichtkriminelle Verfehlungen, wie es *Hirsch* und *Jung* empfehlen.[94] In Österreich wurde, soweit diese kriminalpolitische Richtung bisher überhaupt ein Echo gefunden hat, ein Ausbau des Sühneversuchs ähnlich § 380 dtStPO vorgeschlagen.[95] Mir selbst erscheint

---

[91] Siehe dazu näher *Moos*, Reform (Fn. 20), S. 160ff., 185ff., 204f.; *ders.*, Die mangelnde Strafwürdigkeit bei Bagatelldelikten nach § 42 österr. StGB, ZStW 1983, 153ff., 216ff. – Durch das JGG 1988, § 9, für Jugendliche eingeführt.

[91a] Inzwischen im Bereich des Jugendstrafrechts durch §§ 7 und 8 JGG 1988 verwirklicht.

[92] Vgl. dazu eingehend *Müller-Dietz*, Kriminalpolitische und dogmatische Probleme des Strafaufhebungsgrundes der tätigen Reue (§ 167 StGB), ÖJZ 1977, 343ff.

[93] *Rieß*, Die Rechtsstellung des Verletzten im Strafverfahren, Gutachten C zum 55. Deutschen Juristentag 1984, S. 88ff., 134.

[94] Vgl. *Hirsch*, Gegenwart und Zukunft des Privatklageverfahrens, in: Lange-Festschrift, 1976, S. 815ff., 826ff.; *Jung*, Die Stellung des Verletzten im Strafprozeß, ZStW 1981, 1147ff., 1166ff.

[95] Vgl. bes. *Stangl*, Folgerungen aus der Ungleichbehandlung im Strafverfahren, RZ 1981, 96ff., 101; *Probst*, Vergleichsbehörde in der Strafgerichtsbarkeit,

es wichtig, daß es – mit Ausnahme der umgeformten Privatanklagedelikte – eine Kontrolle geben muß, wonach der Schlichtungsweg nur beschritten werden kann, wenn nicht präventive Erfordernisse des Einzelfalles eine strafrichterliche Sanktionierung evtl. auch nur in Form einer nichtkriminalisierenden Verwarnung mit oder ohne Auflagen gebieten.

Hierin wie allgemein sollte zum Ausdruck kommen, daß der Strafprozeß auch mit weniger Manifestation von Staatsgewalt, an die man noch aus Zeiten des Absolutismus zutiefst gewöhnt ist, das Auslangen findet, und zwar sowohl zum Besten des Opfers als auch des Beschuldigten, der möglichst nicht aus der Gesellschaft ausgestoßen, sondern in sie eingebunden bleiben soll. Der Weg bis zu diesem weiteren Ziel der Aufklärung ist freilich noch weit.

KB 1980, Heft 28/29, S. 65 ff., 68, 74; *Hanak*, Diversion und Konfliktregelung, KB 1982, Heft 35, S. 1 ff., 5 ff.

Robert Hauser

Der Strafprozeß in der Schweiz und seine Besonderheiten*

I. Einleitung

Die Darstellung des schweizerischen Strafprozeßrechts bereitet selbst einem Bearbeiter, der sich wie der Verfasser mit dieser Materie verbunden fühlt, Schwierigkeiten. Das Straf- und Zivilprozeßrecht leidet nämlich an einer fast beängstigenden Zersplitterung. Jeder der 26 Kantone besitzt eine eigene Prozeßordnung (auf dem Gebiet des Strafrechts sind sie zwischen 1919 und 1989 erlassen worden). Dazu kommen noch Gerichtsorganisationsgesetze, die ebenfalls bei der Behandlung des Prozeßverfahrens berücksichtigt werden müssen. Über dieser breiten kantonalen Grundlage erhebt sich das Prozeßrecht des Bundes, das den eigenen Bedürfnissen der Eidgenossenschaft entspricht. In diesem Zusammenhang sind in erster Linie zu nennen das Bundesgesetz (BG) über die Bundesrechtspflege von 1934 (BStP) und das BG über die Organisation der Bundesrechtspflege von 1943 (OG).

Es versteht sich von selbst, daß über dieses weitverzweigte Gebiet nur ein allgemeiner Überblick vermittelt werden kann. Wer sich näher unterrichten möchte, sei auf die im Anhang angeführte allgemeine Literatur verwiesen.

II. Grundlegung

Das schweizerische Strafprozeßrecht kennzeichnet sich also durch seine Verschiedenartigkeit und Vielgestaltigkeit. Um dies voll erfassen zu können, bitte ich Sie, sich einen freilich gedachten Fall vorzustellen. Führen Sie sich ein Wirtshaus im Voralpengebiet zwischen Bodensee und Säntis vor Augen. Es ist Mitternacht, zu welcher Zeit die Gäste das Lokal verlassen. Zwei davon besteigen ihr Auto und beide Lenker vergessen, die Beleuchtung einzuschalten. Der eine fährt in Richtung Süden, der andere nordwärts. Nach 100 Metern werden sie von getrennten Verkehrspatrouillen angehalten; es folgt eine Verzeigung wegen einer Verkehrsübertre-

* Überarbeitete und ergänzte Fassung eines am 13. Juni 1988 an der Universität Augsburg gehaltenen Vortrages.

tung.[1] Derjenige, der gegen Süden fuhr, muß mit einer Geldstrafe (Buße) rechnen; der andere Automobilist, der in Richtung Norden fuhr, darf hoffen, ungestraft davonzukommen.

Wie ist dieser Unterschied zu erklären? Der Gasthof liegt direkt an der Grenze zweier Kantone. Sie tragen zwar beide den Namen Appenzell, unterscheiden sich indessen mit dem Zusatz Außer- und Innerrhoden. Es sind zwei Halbkantone, die sich zur Zeit der Gegenreformation 1597 in zwei konfessionell getrennte Teile aufgliederten.

Der Automobilist, der ins südliche Innerrhoden fuhr, wurde von einer Polizei angehalten, für die nach der StPO von 1986 das ungeteilte Legalitätsprinzip gilt. Umgekehrt räumt das nördlich gelegene Außerrhoden in seiner StPO von 1978 für Übertretungen die Möglichkeit des Opportunitätsprinzips ein.

Sie werden sich fragen, wie man diese stoßende Ungleichheit erklären kann? Die Antwort ist für einen Schweizer einfach: Weil jeder Kanton eine eigene Strafprozeßordnung besitzt, kann er das Verfahren nach seinen Gegebenheiten gestalten. Innerrhoden zählt knapp 14.000 Einwohner und ist also ein Gemeinwesen, wo jeder jeden kennt. Unser eidgenössischer Justizminister, Bundesrat Arnold Koller, vor Jahren noch innerrhodischer Kantongsgerichtspräsident hat bei der StPO-Totalrevision zu Recht die Auffassung vertreten, ein Opportunitätsprinzip könnte leicht den Verdacht rechtsungleicher Behandlung erwecken. Er fürchtete, die drohende Rechtsungleichheit werde in einem kleinen Kanton rasch bekannt, worunter das Ansehen der Justiz leide. Diese Argumentation überzeugte und so blieb es beim bisherigen strengen Legalitätsprinzip.

Ausserrohden ist mit rund 50.000 Einwohnern größer und kann wegen einer gewissen Anonymität innerhalb der Bevölkerung ein Opportunitätsprinzip eher ertragen, und das Bedürfnis der Entlastung der Justiz mit Bagatellen ist hier wesentlich dringender als im kleinen Innerrhoden.

Mit diesem Beispiel habe ich Ihnen ein wesentliches Element des eidgenössischen Staates nähergebracht. Die geschilderte Eigenart wirkt sich – wie das Beispiel zeigt – bis in den Alltag des Bürgers aus. Angesprochen ist damit der Föderalismus, der zusammen mit der Demokratie die Säulen des helvetischen Staates bildet.

Diese Ideen des schweizerischen Staatsdenkens nachzuzeichnen und ihre Auswirkungen auf das Rechtsleben darzustellen, ist Aufgabe des ersten Teils (III und IV). Anschließend folgen Hinweise auf einige weitere Probleme und Besonderheiten des schweizerischen Strafprozeßrechts (V bis VIII).

---

[1] In unserem Beispiel könnte auch (formelles) Bundesrecht zur Anwendung gelangen, nämlich das BG über die Ordnungsbußen im Straßenverkehr von 1970. Danach kann die Polizei in unbestrittenen Fällen die Geldstrafe an Ort und Stelle direkt ausfällen und einziehen.

III. Föderalismus

1. Geschichtliches

Wie die Bundesrepublik ist auch die schweizerische Eidgenossenschaft ein Bundesstaat. Hier ist indessen die Eigenständigkeit der Länder (Kantone genannt) stärker ausgeprägt. Das gilt nicht nur für die Rechtspflege, von der in der Folge die Rede sein wird, sondern auch für das Erziehungs-, Finanz-, Gesundheits- und Kirchenwesen, um nur einige Beispiele zu nennen.

Früher als in Deutschland und Italien gelang der Eidgenossenschaft 1848 der Zusammenschluß zum Staatswesen. Die Einigung mußte allerdings schwer mit einem kurzen Bürgerkrieg (Sonderbundskrieg) erkämpft werden. Die staatspolitische Klugheit gebot, die Bundeskompetenzen in engen Grenzen zu ziehen und sie zunächst vornehmlich für die auswärtigen Beziehungen, das Geld-, Zoll-, Post- und Eisenbahnwesen vorzusehen. Auf dem Gebiet des Zivil- und Strafrechts blieb die Zuständigkeit so bescheiden, daß sich der neue Staat mit einem nicht ständig amtenden Bundesgericht begnügen durfte.

In der Abstimmung von 1872 mißlang der Versuch, das bürgerliche Recht sowie das Kriminalrecht mit Einschluß des Prozeßverfahrens zu vereinheitlichen. Der Wille, die Gesetzgebung auf diesen Gebieten bei den Kantonen zu belassen, war für die Verwerfung mitbestimmend. Die Volksmeinung wirkte so nachhaltig, daß es der Bund erst 1898 mit Erfolg wagen konnte, die Gesetzgebung des Zivil- und Strafrechts ganz in die Hände des Bundes zu legen. Hingegen blieb das Verfahren bis auf den heutigen Tag vorwiegend Aufgabe der kantonalen Gesetzeshoheit. Der Vorentwurf für eine neue Bundesverfassung von 1977 wollte zwar dem Bund die Möglichkeit geben, die gesamtschweizerische Legiferierung zu besorgen. Doch stieß diese zentralistische Tendenz auf Ablehnung, so daß die entsprechende Bestimmung wohl nicht in die in Aussicht genommene Weiterführung der Verfassungsrevision aufgenommen wird. Das schweizerische Zivil- und Strafprozeßrecht bleibt unter diesen Umständen auf unbestimmte Zeit den Kantonen überlassen.

2. Gründe für die fehlende Rechtseinheit

Die Grundlage der Schweiz, ihre Wurzel, ihr Daseinsrecht, ihr Wert und ihre Eigenart ist der Föderalismus, schrieb der Fribourger Historiker Gonzaque de Reynold.[2] In der Tat: Die von der Natur her vorbestimmte

---

[2] Poetisch sagt es Gottfried Keller: „Wie kurzweilig ist es, daß es nicht einen eintönigen Schlag Schweizer, sondern daß es Zürcher und Berner, Unterwaldner und Neuenburger, Graubündner und Basler gibt, und sogar zweierlei Basler! Daß es eine Appenzellergeschichte und eine Genfergeschichte gibt; diese Mannigfaltigkeit in der Einheit ist die rechte Schule der Freundschaft."

Vielfalt der Schweiz verlangt selbständige Kantone, in denen sich das unterschiedliche Eigenleben der Bevölkerung entwickeln kann. Es muß eine Maxime des schweizerischen Staatsdenkens sein und bleiben, daß die Minderheit sich ebenso entfalten kann wie die Mehrheit und der Stärkere auf den Schwächeren Rücksicht nimmt.

Wie notwendig dies ist, soll am Beispiel der Sprache dargestellt werden. Es mutet fast wie ein Wunder an, wie auf kleinem Raum eine Bevölkerung von 6 Millionen Deutsch, Französisch, Italienisch und Romanisch spricht und dabei im großen und ganzen gut miteinander auskommt. Das Zusammenleben wird möglich, indem die Gesamtheit der Schweiz das Selbstbewußtsein der Region schützt und sie in ihrem kulturellen sowie politischen Eigenleben selbständig entwickeln läßt.

Ausdruck davon bildet die Rechtspflege. Die Schweiz ist in geringerem Maße als die Bundesrepublik Deutschland ein Staat, der von Beamten verwaltet wird. Noch heute gilt vielerorts der schöne Satz von Jacob Burckhardt: „Der Kleinstaat ist vorhanden, damit ein Teil auf der Erde sei, wo die größtmögliche Quote der Staatsangehörigen Bürger im vollen Sinne sind".[3]

Wie bei der Armee der Bürger durch persönliche Dienstleistung für die Wehrhaftigkeit verantwortlich ist, sorgt er vielfach auch für die Rechtspflege. Wie beim Militär kann für die Justiz von einem Milizsystem gesprochen werden.

Volkstümlichkeit offenbart sich in Tradition und lokaler Eigenart. Beides äußert sich auch in der Gerichtsorganisation. Diese prägt naturgemäß das Zivil- und Strafverfahren.

Zwar ist auf vielen Gebieten des Prozeßrechts eine Angleichung zu verzeichnen. Markante Unterschiede bestehen indessen nach wie vor. So gilt vereinfachend gesprochen westlich von Zürich das Prinzip der Unmittelbarkeit der Hauptverhandlung in Zürich und den östlich gelegenen Kantonen dagegen weitgehend der Grundsatz der Mittelbarkeit (hinten VII/1). In der deutschen Schweiz bevorzugt man die Berufung als Rechtsmittel (hinten VIII); in den romanischen Kantonen herrscht die Kassationsbeschwerde, vergleichbar mit der deutschen Revision, vor.

So gliche die Aufgabe, das schweizerische Strafprozeßrecht auf einen Nenner zu bringen, der Quadratur des Kreises. Eine eidgenösssische Strafprozeßordnung würde auch am politischen Widerstand scheitern. Das bleibt auch ohne schweren Nachteil. Die wirksame Verbrechensbekämpfung nimmt unter den verschiedenen Gesetzen in der Regel keinen Schaden, und die rechtsstaatlichen Garantien sind überall vorhanden.

---

[3] Noch heute lesenswert ist der Aufsatz von *F. Fleiner*, Beamtenstaat und Volksstaat, in: Festgabe für Otto Mayer, 1916, und wieder abgedruckt in: Ausgewählte Schriften und Reden, 1941, S. 138ff.

3. Vielfalt und Einheit im schweizerischen Strafprozeß[4]

Trotz der Zersplitterung ist ein starker Zug zur Übereinstimmung und zur rechtsstaatlichen Gestaltung zu verspüren. Diese Kräfte sollen kurz aufgezeigt werden.

a) Vorab sind es die Kantone selber, die für ein Gleichmaß sorgen. Seit dem zweiten Weltkrieg sind 18 neue kantonale und 2 eidgenössische neue Prozeßordnungen geschaffen worden. Die relativ große Zahl von Totalrevisionen und die zeitlich rasche Folge, in der sie verwirklicht wurden, führen zwangsläufig eine starke Beeinflussung der einzelnen Gesetze herbei. Bekanntlich ist die Arbeit des Gesetzgebers die eines Epigonen, d.h. eines Nachahmers. Die Erfahrungen, die mit einem Gesetz in einem Kanton mit neuer Regelung gemacht werden, sind der Prüfstand für das neue Gesetz im anderen Kanton. Was sich bewährte, wird übernommen, anderes abgelehnt oder nicht verwirklicht, weil es nicht in die eigene Landschaft paßt.

b) Von jeher hat sich der Bund für befugt gehalten, selber strafprozessuale Regeln aufzustellen, soweit dies für die Durchsetzung des materiellen Rechts und der eigenen Interessen des Bundesstaates nötig ist.
So regelt das StGB von 1937 die örtliche Zuständigkeit für alle Kantone gemeinsam (Art. 346–351, 372). Auch die Unterstützung auf dem Wege der interkantonalen Rechtshilfe ist durch Art. 352–357 sichergestellt.[5]
Die Hoheit des Bundes auf dem Gebiet der Post-, Telefon- und Telegrafen-Betriebe verleiht ihm das Recht, die Überwachung des PTT-Verkehrs von Angeschuldigten und Verdächtigten in den Grundzügen zu regeln, dies geschieht seit 1979 in Art. 179 octies StGB.
Weitere eidgenösssische Regelungen sind für die nähere Zukunft zu erwarten, so namentlich durch ein Bundesgesetz über die Hilfe an Opfern von Straftaten.

c) Ein ganz besonderes Gewicht ist der Rechtsprechung des Bundesgerichts in Lausanne beizumessen. Es geschieht dies auf zwei Wegen.

aa) Einmal wacht das Gericht mit dem Rechtsmittel der Nichtigkeitsbeschwerde wegen Verletzung des eidgenössischen Gesetzesrechtes für eine einheitliche Rechtsanwendung (Art. 268 ff. BStP). Bei dieser Aufgabe müssen die Bundesrichter auch oft zu prozessualen Problemen Stellung nehmen. Auf diese Weise leitete der Kassationshof das Ende für das klassische Schwurgericht ein, indem es 1952 mit BGE 78 IV 134 ff. ein Urteil

---

[4] Dazu *H. Schultz*, Rechtseinheit ohne Einheit des Rechts, in Festschrift für K. Peters, 1974, S. 429 ff.

[5] Für die internationale Rechtshilfe gilt das BG über die internationale Rechtshilfe in Strafsachen von 1981 sowie das Europäische Übereinkommen über die Rechtshilfe in Strafsachen von 1959.

des zürcherischen Schwurgerichts mangels Begründung aufhob. In der Folge gingen die Kantone mit Schwurgericht zum System des Schöffengerichts über oder hoben den genannten Gerichtstypus ganz auf.

bb) Die zweite und noch wichtigere Einwirkung auf das kantonale Prozeßrecht übt das Bundesgericht als Verfassungsgericht nach Art. 113 Abs. 1 Ziff. 3 Bundesverfassung (BV) und Art. 84 ff. OG aus. In dieser Eigenschaft wird es vom Bürger wegen Verletzung verfassungsmäßiger Rechte einschließlich derjenigen aus der MRK von 1950 angerufen.[6] Das geschieht in reichem Maße, womit das Bundesgericht in die Lage kommt, unter dem Gesichtspunkt des von ihm selber entwickelten ungeschriebenen Verfassungsrechts der persönlichen Freiheit den Kantonen den rechtsstaatlichen Minimalstatus des Untersuchungsgefangenen vorzuschreiben. Unter dem Gesichtspunkt des rechtlichen Gehörs und des fairen Prozesses nach Art. 6 MRK verbesserte das Verfassungsrecht die Mitwirkungsrechte namentlich des Beschuldigten in erheblicher Weise. Danach sind die Kantone verpflichtet, folgende Rechte in ihrer Gesetzgebung einzuräumen:

- sich zu äußern,
- Anträge auf Abnahme von Beweisen zu stellen,
- an den Einvernahmen von Zeugen, Auskunftspersonen und Sachverständigen teilzunehmen sowie Fragen zu stellen, vornehmlich in der Untersuchung,
- Einsicht in die Akten zu nehmen.

4. Strafgerichtsbarkeit des Bundes

Die bisherigen Ausführungen dürfen nicht zur Annahme verleiten, der Bund führe mit Ausnahme der bereits genannten Nichtigkeitsbeschwerde keine Strafprozesse in eigener Kompetenz. Er verfügt im Gegenteil seit 1848 über eine selbständige Zuständigkeit in Strafsachen.

a) Für die Angehörigen der Armee bestehen eigene Militärgerichte (Divisions-, Appellations- und Kassationsgericht). Sie verfahren nach dem Militärstrafprozeßgesetz von 1979 und wenden dabei das Militärstrafrecht von 1927 an.

b) Der Bund erließ das BG über das Verwaltungsstrafrecht von 1974 (das ältere Vorgänger aufhob). Es gilt z.B. für die Behandlung von Steuer- und Zollübertretungen. Die Untersuchung besorgen die Bundesbehörden, die auch die Geldstrafen ausfällen. Gegen die Strafverfügung kann der Gebüßte die Beurteilung des kantonalen Richters anrufen.

[6] Dazu *O.K. Kaufmann*, Bestand und Bedeutung der Grundrechte in der Schweiz, EuGRZ 1978, 975 ff., *J.P. Müller*, Die Verfassungsrechtsprechung im Rahmen der staatlichen Funktionen, EuGRZ 1988, 218 ff.

c) Schließlich amtet das Bundesgericht – ähnlich wie früher das Reichsgericht in Leipzig – als Staatsgerichtshof (Art. 112 BV, Art. 340–344 StGB) für Hochverrat, Gewaltdelikte gegen die Spitzenbehörden des Bundes oder bei Straftaten gegen völkerrechtlich geschützte Personen (namentlich Diplomaten), bei Diebstahl, Sachentziehung usw., sofern sie diplomatische oder konsularische Missionen betreffen. Von besonderer Bedeutung in der Praxis sind die Anschläge mittels Sprengstoff und Straftaten an Bord schweizerischer Luftfahrzeuge.

Ausgeübt wird die Bundesgerichtsbarkeit entweder durch die Bundesassisen (das letzte klassische Schwurgericht in der Schweiz) oder das Bundesstrafgericht mit fünf Bundesrichtern. Die Assisen beurteilten letztmals am 17. Juni 1933 einen Aufruhr in Genf.

Die Prozesse vor Bundesgericht sind relativ selten, erregen dann aber erhebliches öffentliches Interesse.

Zu erwähnen ist in diesem Zusammenhang, daß der Bundesanwalt oder einer seiner Stellvertreter das polizeiliche Ermittlungsverfahren leitet und die Anklage vertritt. Insofern kann er mit dem Generalbundesanwalt in Karlsruhe verglichen werden. Die wichtige Funktion der Generalbundesanwaltschaft im Revisionsverfahren vor dem Bundesgerichtshof nimmt jedoch die Bundesanwaltschaft nicht ein, weil die kantonalen Staatsanwälte selbständig Nichtigkeitsbeschwerde vor dem Kassationshof des Bundesgerichtes führen und die Legitimation der Bundesanwaltschaft nur auf bestimmte Delikte beschränkt bleibt.

IV. Demokratie

1. Staatsrechtliche Bedeutung

In der Bundesrepublik Deutschland übt – wie in vielen anderen Staaten – der Bürger sein Stimmrecht durch die Teilnahme an den Wahlen aus (repräsentative Demokratie). In der Schweiz als einer direkten Demokratie wirkt der Bürger zusätzlich an den Sachvorlagen mit. Bei der kurzen Darstellung beschränke ich mich auf den Bund und lasse die Kantone und die Gemeinden, wo die Mitwirkung noch intensiver ist, außer Betracht.

Mindestens 100.000 Stimmberechtigte können eine sogenannte Verfassungsinitiative auf Änderung der Bundesverfassung stellen (Art. 121 Abs. 2 BV), z.B. auf Abschaffung der Armee, wie dies 1987 geschehen ist und worüber Ende 1989 die Volksabstimmung stattfindet. Jede neue Verfassungsbestimmung muß der Volksabstimmung unterstellt werden. Die Vorlage gilt nur dann als angenommen, wenn die Mehrheit der Stimmberechtigten und der Kantone (bemessen an den jeweiligen Mehrheitsverhältnissen des Kantons) zustimmt (Art. 121 Abs. 6 leg. cit.).

Auf der Stufe der Gesetzgebung ist die Mitwirkung des Volkes durch das sog. fakultative Gesetzesreferendum gesichert (Art. 89 Abs. 2 leg.

cit.). Mindestens 50.000 Stimmbürger oder 8 Kantone können verlangen, daß ein von den eidgenössischen Räten angenommenes Gesetz dem Volke zur Abstimmung über Annahme oder Ablehnung unterbreitet wird.

Dazu kommt noch das sog. Staatsvertrags-Referendum, auf das hier aber nicht näher eingetreten werden soll.

Abstimmungen an der Urne finden ungefähr vierteljährlich statt. So hatten wir beispielsweise in den letzten Jahren zu befinden über den (verworfenen) UNO-Beitritt, das Gurtenobligatorium für Automobilisten, die Revision des StGB über die Gewaltsdelikte sowie das neue Ehe- und Güterrecht.

Dem Abstimmungstag gehen zum Teil recht lebhafte Diskussionen in Parteiversammlungen sowie in Radio und Fernsehen und Zeitungsartikeln voraus. Der Bürger verfügt also über ausgezeichnete Informationsmöglichkeiten und kann sich so ein objektives Urteil bilden. Leider nimmt die Bevölkerung in zunehmendem Maße an den Abstimmungen nicht teil; die Beteiligung liegt fast immer unter 50%.

Wichtig für das Schicksal eines Gesetzes ist sein Stil; er muß sich durch Einfachheit und Verständlichkeit auszeichnen. Darin liegt die Erklärung, weshalb die Gesetzessprache in der Schweiz im Vergleich zur Bundesrepublik oder Österreich viel eingängiger ist. Das Mittel dazu bildet eine offene Gesetzgebung unter Verzicht auf Reglementierung bis in alle Einzelheiten. Dieses Vorgehen führt naturgemäß zu relativ unbestimmten Rechtsbegriffen. Die Befürchtung, eine derartige Gesetzgebung könne zur Rechtsunsicherheit und zu einer Vormachtstellung des Richters führen, ist in kleinen Verhältnissen weniger angebracht als in größeren Gemeinwesen. Die engen menschlichen Beziehungen und der unbürokratische Aufbau mancher Organe der Rechtspflege schaffen bessere Voraussetzungen für eine gerechte, willkürfreie Rechtsprechung als das perfekteste Gesetz.

Damit eröffnet sich der Übergang zum nächsten Themenkreis.

2. Demokratischer Charakter der Rechtspflege

a) Wahlfähigkeit

In den Nachbarstaaten kann – wenn man von ehrenamtlichen Richtern und Schöffen absieht – nur Richter werden, wer ein juristisches Staatsexamen bestanden hat.

In der Schweiz bestehen in der Regel keine solchen Voraussetzungen. Es bleibt dem Wahlgremium überlassen, die geeignete Person zu bestimmen. Dieser Modus führt zu folgendem Bild.

Im Bundesgericht und im Obergericht des Kantons Zürich sitzen gewohnheitsrechtlich ausschließlich Juristen. Gemäß ausdrücklicher Vorschrift trifft dies auch für die oberen Gerichte der Kantone Bern und Aargau zu.

Selbst in den zweiten Instanzen kleinerer Kantone sowie fast ausnahmslos in den unteren Gerichten aller Kantone (Amts-, Bezirks- oder Kreisgericht) amten Laien, sei es ausschließlich, sei es zusammen mit Juristen als Präsidenten oder Gerichtsschreiber. Die Nichtjuristen üben ihre Richtertätigkeit nur nebenamtlich aus, gehen also sonst ihrem angestammten Beruf nach.

Als Beispiel nenne ich das Bezirksgericht Bülach. In seinem Gebiet liegt der Flughafen Zürich-Kloten, und das Gericht ist beinahe eine Art Sondergericht für die Drogenkriminalität geworden. Es amten 8 Richter, 4 davon sind hauptamtlich tätige Juristen und weitere 4 nebenamtliche Laien. Von diesen sind 2 Kaufleute, einer Laborchef und der letzte Sekretär.

Diese Mischung bringt eine Verbindung von juristischem Fachwissen und Lebenserfahrung. Mit ihrer Lebenswirklichkeit und ihrer volkstümlichen Rechtsauffassung bewahren die Laien das Gericht vor Routine und mit dem Fundus des gesunden Menschenverstandes tragen sie zu lebensnahen Urteilen bei. Das Vertrauen des Volkes in die Rechtspflege erfährt eine erwünschte Stärkung.

Dabei ist zu beachten, daß die Richter nicht unerfahren ihr Amt antreten. Vor ihrer Wahl bekleiden sie Ehrenämter als Friedensrichter (zur Aussöhnung der Parteien vor Einleitung des Zivilprozesses), Betreibungsbeamte für die Zwangsvollstreckung, als Mitglied oder gar Präsident des Gemeinderates. Es darf auch nicht übersehen werden, daß sich der Laie durch seine oft Jahrzehnte lange Mitarbeit am Gericht gute Rechtskenntnisse erwirbt.

Die Erfahrung zeigt, daß der Laienrichter in der Beurteilung von Tat- und Ermessensfragen, wie sie im Strafprozeß häufig sind, eine wichtige Rolle zu spielen vermag; genannt seien vor allem die Beweiswürdigung, die Strafzumessung und die Gewährung des bedingten Strafvollzuges. Selbstverständlich sind ihrer Mitwirkung Grenzen gesetzt, vor allem bei der Entscheidung komplizierter Fälle und schwieriger Verfahrensfragen. Hier sind sie auf die Unterstützung ihrer juristisch gebildeten Mitrichter oder Gerichtsschreiber, die an allen Gerichten tätig sind, angewiesen.

b) Wahl zum Richter

Auch in diesem Punkt gelangt der demokratische Zug in der schweizerischen Rechtspflege zur Geltung. Dies ist dem Umstand zu verdanken, daß der schweizerische Richter direkt vom Volk oder indirekt durch das Parlament gewählt wird und dies – wiederum im Unterschied zum Ausland – auf beschränkte Amtszeit, allerdings mit der Möglichkeit der Wiederwahl.

Die Wahl zum Mitglied des Schweizerischen Bundesgerichts erfolgt durch die Vereinigte Bundesversammlung von 200 Nationalräten (Volksvertreter) und 46 Ständeräten (Kantonsvertreter). Dieser Wahlmodus verleiht dem höchsten Richteramt Ansehen und Unabhängigkeit.

Als erheblichen Nachteil empfinde ich, daß die Richterwahlen einen politischen Anstrich annehmen. Die Wahlen richten sich gemäß festem Brauch nach der Stärke einer Partei, die natürlich ihre Mitglieder portieren. Ein durch die Praxis eingeführtes „Vorprüfungsverfahren" findet allerdings mit Bezug auf Eignung, Charakter und Lebensführung des Kandidaten statt.

c) Öffentlichkeit der Gerichtssitzungen

Daß die Allgemeinheit Zugang zu den Gerichten findet, schafft in jedem demokratischen Land eine Verbindung und Vertrauensgrundlage zwischen Justiz und Bevölkerung. Insofern ist dieses Prinzip nicht typisch schweizerisch. Dieses Attribut verdient indessen die Tatsache, daß beim Zürcher Obergericht und beim Bundesgericht – bei letzterem die Strafabteilungen allerdings ausgenommen – seit über 100 Jahren Beratung und Abstimmung öffentlich vorgenommen werden. Bundesrichter Arthur Haefliger schreibt dazu richtig:

> Daß das Urteil in freier Auseinandersetzung und unter der Kontrolle der Öffentlichkeit gebildet wird, steht dem Obersten Gericht eines demokratischen Landes wohl an und entzieht die Rechtsprechung jedem Vorwurf der Kabinettsjustiz.[7]

V. Legalitäts- und Opportunitätsprinzip

Bis in die Zeit zwischen den zwei Weltkriegen galt in Deutschland allein das Legalitätsprinzip. Es zwingt die Behörde, selbst kleinste Delikte zu verfolgen und zu bestrafen. Erst eine nach dem damaligen Reichsjustizminister Emminger genannte Reform im Jahr 1924 hat im deutschen Recht aus unausweichlichen praktischen Gründen den Grundsatz des Verfolgungszwangs eingeschränkt. Seither mußte das Legalitätsprinzip immer mehr zugunsten des Opportunitätsprinzips Terrain preisgeben, s. §§ 153 ff. StPO.

Nach französischem Vorbild haben die welschen Kantone (Waadt, Neuenburg und Genf) sich für eine Strafverfolgung gemäß dem Opportunitätsprinzip entschieden. Dem Staatsanwalt als dem Herrn der Verfahren steht es frei, einer Strafanzeige keine Folge zu geben, sie abzulegen, zu klassieren, was durch die ordonnance de classement geschieht.

Wesentlich anders gestaltet oder gestaltete sich die Rechtslage in den deutschsprachigen Kantonen. Dort hält man sich durch das Bundesrecht auf das Legalitätsprinzip verpflichtet. Nach dieser Auffassung sind die Kantone gehalten, die vom materiellen Bundesrecht geschaffenen Straf-

---

[7] *A. Haefliger,* Hundert Jahre schweizerisches Bundesgericht, SchJZ 1975, 1 ff. (3).

bestimmungen rigoros anzuwenden. Man hält also das Legalitätsprinzip als durch das Bundesrecht vorausgesetzt.

Doch erfuhr diese Auffassung unter dem Druck der ansteigenden und oft auch schwer zu bewältigenden Kriminalität Einbrüche. Die Wünschbarkeit, ja sogar die Notwendigkeit, ein gemäßigtes Opportunitätsprinzip einzuführen, macht sich am augenfälligsten bei der Kleinkriminalität bemerkbar. Sie enthält oft Straftaten, die weder vom Verschulden noch von der Person des Täters her eine Strafe verlangen. Die Bagatelldelikte sind es auch, die wegen ihrer Vielzahl die Strafbehörden belasten, obschon für die Behandlung ein vereinfachtes Verfahren besteht.

So haben sich zwischen 1931 bis 1989 die Kantone Basel-Stadt, Aargau, Schwyz, Appenzell ARh, Uri, Schaffhausen und Nidwalden zu einem Opportunitätsprinzip vorwiegend für Fälle der Kleinkriminalität entschieden.

Es ist jedoch erwünscht, daß die Regelung gesamtschweizerisch durch das StGB vorgenommen wird. Diese Reform wird nunmehr in Aussicht gestellt durch einen 1987 veröffentlichten Bericht und Vorentwurf von Professor H. Schultz, Bern.[8] Der Redaktor folgt dabei teilweise § 153 StPO der Bundesrepublik Deutschland, lehnt aber das weitergehende Institut der vorläufigen Einstellung nach § 153 a ab. Die Möglichkeit, mit Hilfe von Schadensersatz, Geldzahlungen zugunsten des Staates oder einer gemeinnützigen Institution von der Strafe loszukommen, ist mit der schweizerischen Mentalität kaum zu vereinbaren. Zudem enthält diese Lösung die rechtsstaatliche bedenkliche Gefahr, daß sich ein Beschuldigter dem psychischen Druck einer drohenden Gerichtsverhandlung beugt und eine Zahlung leistet, obwohl er sich unschuldig fühlt.

Die Regelung geschieht in Anlehnung an die Umschreibung des prozessualen Opportunitätsprinzips sowie § 42 Abs. 1 Ziff. 1 und 2 öStGB nunmehr in der seit 1.3.1988 geltenden Fassung. Erweist sich eine den Verfolgungsbehörden bekannt gewordene Straftat als Bagatelldelikt, so stellt die Staatsanwaltschaft das Verfahren ein. Von der Wahrung der öffentlichen Interessen als negative Voraussetzung des Opportunitätsprinzips wird abgesehen. Denn die Generalprävention liegt im Strafrecht und dessen Verwirklichung durch die Strafrechtspflege als Ganzes. So lautet die neue Bestimmung des StGB folgendermaßen:

> Art. 54 Fehlende Strafwürdigkeit
> Die zuständige Behörde sieht von einer Strafverfolgung, einer Überweisung an das Gericht oder einer Bestrafung ab, wenn die Schuld des Täters geringfügig ist und die Tat keine oder nur geringe Folgen gehabt hat. Hat der Täter vorsätzlich gehandelt, gilt diese Vorschrift nur, wenn er keine oder nur geringe Folgen herbeizuführen gewollt hat.

---

[8] *H. Schultz*, Bericht und Vorentwurf zur Revision des Allgemeinen Teils und des Dritten Buches „Einführung und Anwendung des Gesetzes" des schweizerischen Strafgesetzbuches, 1987, *ders.*, Rechtsübernahme, Rechtsvergleichung und Rechtsreform in der Entwicklung des schweizerischen Strafrechts, ZStW 1988, 189 ff.

VI. Das Vorverfahren

Vorerhebungen sind ein unentbehrliches Glied für jedes Verfahren. Meistens ist sofort nach der Tat ein rasches und wirksames Zugreifen erforderlich, weil nur so eine Abklärung des leicht veränderbaren Sachverhalts gewährleistet ist. Außerdem soll das im Vorverfahren gesammelte Material dem Staatsanwalt die Entscheidung ermöglichen, ob er anklagen oder einstellen will.

Wie die Rechtsvergleichung bestätigt, kann dieses Vorverfahren auf verschiedene Weise gestaltet werden. Es wird dem Staatsanwalt anvertraut, der dazu die Polizei beizieht und gewisse Zwangsmaßnahmen nur auf Anordnung des Richters vornehmen darf. Dieses System entspricht dem geltenden deutschen Recht, s. namentlich §§ 100, 100 b, 114, 128, 160 ff. StPO.

Der Staatsanwalt kann aber auch beim Richter die Durchführung einer Untersuchung beantragen, nach deren Ergebnis er über Anklage oder Einstellung entscheidet. Dem entspricht das System des Code d'instruction criminelle, wie es heute noch zum Teil in Österreich praktiziert wird und in Deutschland bis zum ersten Gesetz zur Reform des Strafverfahrens von 1974 in allerdings reduziertem Umfang bestand.

Man kann das schweizerische Strafprozeßrecht in seinem Wesensgehalt nur richtig verstehen, wenn man sich die Untersuchung als tragende Säule des Verfahrens vor Augen hält. Dabei ist darauf hinzuweisen, daß der Untersuchungsrichter in aller Regel kein Richter im Sinne der richterlichen Unabhängigkeit ist. Für die Aufnahme seiner Tätigkeit ist er aber nicht vom Antrag des Staatsanwaltes auf Eröffnung der Untersuchung angewiesen. Sobald der Verdacht auf Vorliegen eines Deliktes besteht, beginnt er – meistens in Zusammenarbeit mit der Polizei – mit der Untersuchung.

Die starke Stellung der Untersuchung erklärt sich daraus, daß bei uns zum Teil die Hauptverhandlung durch die Vorerhebungen vorweggenommen werden, der Grundsatz der Unmittelbarkeit also stark zurückgedrängt wird (hinten VII/1).

Die auf den Code d'instruction criminelle von 1808 zurückgehende Auffassung der geheimen Untersuchung und der öffentlichen Beweisaufnahme in der Hauptverhandlung hat sich mit Bezug auf die Heimlichkeit der Vorerhebungen lange Zeit auch im schweizerischen Strafprozeß gehalten. Sie ist indessen in der neueren Gesetzgebung glücklicherweise durch eine zeitgemäße Beurteilung ersetzt worden.

Dem Beschuldigten und dem Geschädigten werden Rechte eingeräumt, die sie instand stellen, sich früh und rechtzeitig mit allen erlaubten Mitteln ihre Anträge zu stellen und durchzusetzen. Das offenbart sich im Prinzip der Parteiöffentlichkeit der Untersuchung. Das bedeutet: Der Angeschuldigte, der Verteidiger und der Geschädigte dürfen an den Beweisverhandlungen teilnehmen und Fragen stellen. Ausgenommen sind meistens die Fälle, in denen die Abklärung des Sachverhalts durch die Teilnahme der Parteien gefährdet ist, z.B. wegen der Absprachemöglichkeit zwischen Zeuge und Partei oder mit Rücksicht auf einen kindlichen Zeugen bei Sittlichkeitsdelikten.

Es ist nicht zu übersehen, daß unter anderem wegen der Parteiöffentlichkeit der Untersuchung die Erhebungen gelegentlich in das von der Polizei vorgenommene Ermittlungsverfahren abgleiten. Diese Entwicklung ist unbefriedigend, weil die rechtsstaatliche Gesinnung des juristisch gebildeten Untersuchungsbeamten fehlt; die Mitwirkungsrechte des Angeschuldigten und des Verteidigers kommen nicht zum Tragen. Neuere Gesetze bemühen sich, dieser Gefahr entgegenzutreten, indem sie eine Voruntersuchung verlangen, die in bestimmten wichtigen Fällen von Anfang an bis zum Schluß vom Untersuchungsrichter persönlich geführt werden muß; dieses Vorgehen entspricht den Strafprozeßordnungen von Appenzell IRh und Schaffhausen.

VII. Das Hauptverfahren

1. Grundsatz der Unmittelbarkeit bzw. Mittelbarkeit

Auf die Auswirkungen der Untersuchung auf die Gerichtsverhandlung konnte ich bereits hinweisen. Eine Gerichtssitzung kann in der Schweiz manchenorts fast ein wenig mit dem „Endlichen Rechtstag" der Inquisition verglichen werden. Nach Befragung des Angeklagten und Anhörung der Parteivorträge, wenn überhaupt Staats- und Rechtsanwalt anwesend sind, fällt das Gericht sein Urteil. Die Anhörung von Zeugen und Sachverständigen findet also eher selten statt, weil der Richter diese Beweismittel aus der Lektüre der Tage vor der Sitzung in Zirkulation gesetzten Untersuchungsakten kennt. Urteilsgrundlage bilden denn auch nach den Strafprozeßordnungen die Untersuchungsakten und das Ergebnis der Hauptverhandlung, s. z.B. Zürich § 284 StPO.

Die Gründe für diesen möglicherweise eigenartig anmutenden Zustand sind typisch schweizerisch. Dem vielfach nebenamtlich tätigen Richter fehlt die Zeit, tage- oder wochenlang sich für Gerichtssitzungen freizumachen. Ferner verfügt er als Laie auch kaum über die Fähigkeit, über lange Zeit hinaus komplizierte Verhöre durchzuführen. Man überläßt diese Aufgabe lieber dem hauptamtlich tätigen und juristisch gebildeten Untersuchungsbeamten.

Als Ideal kann dieser Aktenprozeß jedoch nicht bezeichnet werden. Er hinterläßt beim Verurteilten und dem zuhörenden Bürger ein ungutes Gefühl. Man gewinnt den Eindruck, der Angeklagte stehe außerhalb des Prozesses, obwohl er die Hauptperson ist. Mehr Unmittelbarkeit dient auch der besseren Wahrheitsfindung, indem der Richter die Beweisaufnahme nicht nur indirekt und in der gelegentlich einseitigen Optik des Untersuchungsrichters sieht.

Die Entwicklung ist in den letzten Jahren unterschiedlich verlaufen. Von den 5 Totalrevisionen, die zwischen 1978 bis 1989 in den Kantonen Appenzell ARh und IRh, Uri, Schaffhausen und Nidwalden vorgenommen wurden, ist es in vier nicht gelungen, vom geschilderten Prinzip der faktischen Mittelbarkeit wegzukommen.

Anders und bedeutsam verlief die Gesetzgebung in Schaffhausen. Die StPO von 1909 bekannte sich gleich wie § 244 dStPO zur ausschließlichen Unmittelbarkeit. Das neue Recht richtet sich, nachdem es die Parteiöffentlichkeit der Untersuchung eingeführt hat, nach folgenden Leitbildern (Art. 257, 264 ff.): Sämtliche Richter kennen bei Beginn der Hauptverhandlung die Akten, die vorher bei ihnen zirkulierten. Eine gesetzliche Pflicht zur Wiederholung der in Anwesenheit des Beschuldigten und des Verteidigers in der Untersuchung erhobenen Beweise bestehen nur insoweit, als es bei der Bildung der richterlichen Überzeugung entscheidend auf den persönlichen Eindruck ankommt. Im übrigen steht es im pflichtgemäßen Ermessen des Gerichts, ob und welche weiteren Beweise es abnehmen will. Urteilsgrundlage bilden auch hier die Untersuchungsakten und das Ergebnis der Hauptverhandlung.

Die Überlegungen, die zu dieser Lösung führten, sind die folgenden: Der Wissensvorsprung und die Dominanz, die der Vorsitzende als einziger Kenner der Akten gegenüber seinen Kollegen genießt, soll verschwinden. Die Beisitzer müssen zudem in die Lage versetzt werden, mit ihren Vorkenntnissen besser die Zusammenhänge zu verstehen und den Beweisverhandlungen zu folgen. Die Befürchtung, der Laienrichter könne sich nicht mehr von den durch die Untersuchungsakten gewonnenen Eindrücken befreien, teilt der Gesetzgeber zu Recht nicht. Es handelt sich – anders als beim Schöffen – um einen Richter mit ständiger Tätigkeit und langer Erfahrung. Beides lehrt ihn, die Akten mit der nötigen Skepsis zu lesen. Sind Vorbehalte angebracht, wird das Gericht die nötigen Befragungen und Ergänzungen selber vornehmen.

2. Kreuz- oder Wechselverhör

Sobald der Zeuge oder Sachverständige vor Gericht einvernommen wird, stellt sich die Frage, wer die Befragung durchführen soll. Nach dem Einfluß des Code d'instruction criminelle ist es meist der Präsident, der verhört. Die anderen Beteiligten können hernach Fragen stellen. Das ist auch die Lösung gemäß § 238 dStPO.

Das andere System ist die Befragung durch den Staatsanwalt und den Verteidiger, das sog. Kreuz- oder Wechselverhör nach amerikanisch/englischem Muster. Dazu bestünde auch in Deutschland die Gelegenheit (§ 239 StPO), doch wird in der Praxis davon nicht Gebrauch gemacht.

Für die Einführung des Wechselverhörs in gemäßigter Form, d.h. unter Aufsicht des Gerichts und mit dessen aktiver Beteiligung treten die deutschen Professoren Joachim Herrmann,[9] Claus Roxin[10] und Heinz Schöch[11] ein. Diese Art der Befragung kennen wir im Kanton Zürich seit 1852 für Prozesse vor Schwur- bzw. Geschworenengericht für schwere Kriminalfälle (§§ 232 ff. StPO). Wir möchten daran auch in Zukunft festhalten. Die Gründe hierfür sind: Das Kreuzverhör führt den Grundsatz der Unmittelbarkeit fort und bringt ihn zu seiner vollen Entfaltung. Eine korrekte Befragung durch den Staatsanwalt und den Verteidiger macht das Beweisverfahren lebendig. Auch entlastet es den Präsidenten, der sich ganz der Aufnahme der Aussagen zuwenden kann. Ferner muß er nicht in die Arena des Kampfes herabsteigen, wo ihm der Blick vom Staub des Kampfes verdeckt wird. Schließlich ermöglicht die Befragung durch die Parteien dem Präsidenten, seine Unparteilichkeit zu wahren. Er ist nicht dem Verdacht der Einseitigkeit und der Voreingenommenheit bei der Befragung ausgesetzt. Last not least bringt das Wechselverhör den Vorteil, daß die Verfahrensbeteiligten von Anfang an voll und ganz ihre Anliegen bei der Zeugen- und Sachverständigenbefragung zur Geltung bringen können.

3. Zweiteilung der Hauptverhandlung

Vom anglo/amerikanischen Strafprozeß stammt auch das Institut des *Tat- bzw. Schuldinterlokuts.* Beim Tatinterlokut wird über die Frage der Täterschaft des Angeklagten sowie über die Tatbestandsmäßigkeit, die Widerrechtlichkeit und das Vorliegen eines Verbotsirrtums verhandelt und entschieden. Die Schuldfähigkeit und die Sanktionsfolgen gelangen nur dann zur Verhandlung, wenn in den genannten Punkten zu Lasten des Angeklagten entschieden wird. Beim Schuldinterlokut befindet das Gericht in der ersten Phase auch über die Frage der Zurechnungsfähigkeit. Im zweiten Teil bilden dann nur noch die Strafe und die sichernden Maßnahmen Gegenstand von Verhandlung und Urteil.

Die deutschen Juristen diskutieren seit über 20 Jahren über diese Zweiteilung. Greifbare gesetzliche Resultate sind bis jetzt ausgeblieben.

Totalrevisionen vermögen offensichtlich die Einführung solcher Neuerungen eher zu begünstigen als die sukzessiven Teilrevisionen in der Bundesrepublik. So ermöglichten die Gesetzgebungsarbeiten in den Kantonen Appenzell ARh (1978) und Schaffhausen (1986) den Schritt zugunsten der Zweiteilung.

---

[9] *J. Herrmann*, Ein neues Hauptverhandlungsmodell, ZStW 1988, 41 ff.

[10] *C. Roxin*, Die Reform der Hauptverhandlung im deutschen Strafprozeß, in: H. Lüttger (Hrsg.), Probleme der Strafprozeßreform 1975, S. 52 ff.

[11] *H. Schöch*, Die Reform der Hauptverhandlung, in: H.-L. Schreiber (Hrsg.), Strafprozeß und Reform, 1979, S. 52 ff., *ders.*, Neues Strafrecht und Struktur der Hauptverhandlung, in: H.-L. Schreiber und R. Wassermann (Hrsg.), Gesamtreform des Strafverfahrens, 1987, S. 99 ff. (105 f.).

Als Beispiel möchte ich Schaffhausen Art. 267 zitieren:
Das Gericht kann beschließen, daß über die Schuldfrage und die Folgen eines Schuld- oder Freispruches getrennt verhandelt und beraten wird.
Dabei sollen die persönlichen Verhältnisse des Angeklagten nur im Falle eines Schuldspruches zum Gegenstand des Verfahrens gemacht werden, es sei denn, sie könnten für die Frage der Tatbegehung von Bedeutung sein.
Der Vorentscheid für die Schuldfrage wird nach deren Beratung eröffnet. Er kann erst nach Erlaß des ganzen Urteils durch Rechtsmittel weitergezogen werden.

Die Vorteile des hier geregelten Schuldinterlokuts sind offensichtlich: Die Persönlichkeit des Angeklagten wird geschont; nicht für die Öffentlichkeit bestimmte persönliche Angelegenheiten müssen nicht zur Sprache gebracht werden, wenn ein Freispruch erfolgt und deshalb die für die Strafzumessung bedeutsamen persönlichen Verhältnisse gar nicht relevant werden. Für den Verteidiger entfällt das Dilemma, im ersten Teil seines Plädoyers Freispruch zu beantragen und sich anschließend zur Strafzumessung für eine Tat zu äußern, die seiner Ansicht nach gar nicht begangen wurde. Die Göttinger Universitätsuntersuchungen[12] ergaben als besonderen Vorzug, daß der für die Spezialprävention bedeutsame Entscheid gründlicher und sorgfältiger vorbereitet wird. Wo schließlich der Richter keine Aktenkenntnisse besitzt, fällt er frei und unbeeinflußt vom Persönlichkeitsbild des Angeklagten, wie es in den Untersuchungsakten geprägt ist, das Urteil zum Schuldpunkt.

Erfahrungen über die Zweiteilung der Hauptverhandlung sind bis heute in der Schweiz nicht vorhanden, weil ein Schuldinterlokut bis jetzt sich nicht aufdrängte.

VIII. Rechtsmittel

Die Zeiten, in denen die Zürcher Staatsverfassung von 1831 dem Angeklagten das verfassungsmäßige Recht auf zwei Tatsachen-Instanzen einräumte, sind für ein großes Gemeinwesen vorbei. Heute stehen im Kanton Zürich jährlich 45.000 Strafuntersuchungen an; davon waren 1987 gegen 200 Fälle komplizierte Wirtschaftsdelikte mit einem Schadensbetrag von rund 150 Millionen Franken.

Die Berufung (Appelation) in diesen Fällen vorzusehen, hieße die Rechtspflege überfordern und das Verfahren unerträglich in die Länge ziehen. Deshalb besteht in größeren Kantonen wie z.B. Zürich, Bern, St. Gallen und Thurgau für die schwere Kriminalität anstelle der Berufung die kantonale Nichtigkeitsbeschwerde, die mit der deutschen Revision nach § 338 StPO einigermaßen verglichen werden kann. Zürich, St. Gallen und Thurgau setzen dafür ein eigenes Kassationsgericht mit neben-

[12] *H. Schöch*, Neues Strafrecht und Struktur der Hauptverhandlung (Fn. 11).

amtlichen Richtern (in Zürich z.B. aus Rechtsanwälten und Professoren zusammengesetzt) ein.

Daneben ist in der deutschen Schweiz (einschließlich der soeben genannten Kantone) die Berufung vorgesehen. Der Gesetzgeber trägt damit der Überlegung Rechnung, daß sie das sozialste und vollkommenste Rechtsmittel darstellt. Diese Lösung ist in kleineren und mittleren Kantonen als einziges Rechtsmittel gegen Urteile durchaus praktikabel; in Schaffhausen stehen beispielsweise jährlich „nur" 1200 Strafuntersuchungen zur Behandlung an, wobei die schwere Kriminalität absolut und relativ geringer ist als im Kanton Zürich mit seinem Charakter als internationaler Finanzplatz.

Über dieser kantonalen Grundlage erhebt sich die Spitze der eidgenössischen Rechtsmittel an das Bundesgericht, die Nichtigkeitsbeschwerde und die staatsrechtliche Beschwerde (vorn III/3 lit. c). Nicht zu vergessen ist die anschließend an das Bundesgerichtsurteil gegebene Individualbeschwerde an die Europäische Menschenrechtskommission und die Unterbreitung des Falles an den Gerichtshof. Die Straßburger Rechtsprechung hat direkte oder indirekte Auswirkungen von hoher Bedeutung auf das schweizerische Strafprozeßrecht.[13] Damit wird ein wichtiger Beitrag an die gesamteuropäische Angleichung des Strafverfahrensrechts geleistet.

Hinweise auf die allgemeine Literatur

F. Clerc, Initiation à la justice pénale en Suisse, 1975

R. Frank, Gerichtswesen und Prozeßverlauf (z.B. im Kanton Zürich), 1980

H. Fritzsche, Wie man in der Schweiz Recht spricht, 1948

H. Fritzsche, Volkstümliche Rechtspflege, 1949

R. Hauser, Kurzlehrbuch des Schweizerischen Strafprozeßrechts, 2. Aufl. 1984

H.-H. Jescheck, Das Laienrichtertum in der Strafrechtspflege der Bundesrepublik Deutschland und der Schweiz, in: Festgabe für Schultz, 1977, S. 299 ff. = Strafrecht im Dienste der Gemeinschaft, 1980, S. 402 ff.

P. Noll, Strafprozeßrecht (Vorlesungsskriptum) 1977

H.-F. Pfenninger, Probleme des schweizerischen Strafprozeßrechtes, 1966

G. Piquérez, Précis de procédure pénale Suisse, 1987

F. Riklin, F. Schürmann, M. Peter, Die Zusammenhänge zwischen Gerichtsverfassung und Strafverfahren, Schw. Zeitschrift für Strafrecht 1989, S. 113 ff.

---

[13] *St. Trechsel,* Der Einfluß der Europäischen Menschenrechtskonvention auf das Strafrecht der Schweiz, ZStW 1988, 667 ff.

Martin Fincke

Der sowjetische Strafprozeß

Eine salvatorische Klausel zu Beginn liegt mir sehr am Herzen: ich kann, will und soll den sowjetischen Strafprozeß nicht so darstellen, wie ein sowjetischer Kollege ihn darstellen würde. Dies gilt nicht nur für Selbstverständlichkeiten wie jene, daß ich einerseits weniger Erfahrungen mitbringe, andererseits mich besser auf den Verständnishorizont des westlichen Lesers einstellen kann. Es gilt vor allem für die historische Einbettung und die Hervorhebung von Besonderheiten, die dem mit dem geltenden Recht alltäglich befaßten Kollegen befremdlich erscheinen mögen und die selbstverständlich notwendig subjektiv sind.[1] Die Salvation gilt vor allem auch für das unumgängliche Abschneiden der oft entscheidenden Details sowie der Masse der Alltagsprobleme, die alle kontinentalen Strafprozeßrechte gemeinsam haben und daher auch für den sowjetischen Kollegen im Vordergrund stehen, ohne aber den sowjetischen Strafprozeß zu charakterisieren.

Formal ist die Stellung der Strafprozeßrechtswissenschaft in der Sowjetunion relativ stark, da die Lehrstühle und Institutseinheiten für materielles und Verfahrensrecht üblicherweise getrennt sind, was zu Spezialistentum, zu dem verhältnismäßig großen Umfang prozessualer Literatur und auch zu engerer Verbindung mit Praxis und Gesetzgebung führt. Das gleiche gilt übrigens für die Kriminalistik.

I. Grundinformationen

1. Kodifikationen

Das Verfassungs- und Verfahrensrecht der Institutionen strafrechtlicher Kontrolle ist heute in umfassender Weise kodifiziert.[2] Entsprechend einem für die meisten Rechtsgebiete seit dem Ende der 50er Jahre üblichen, dem formalen Föderalismus Rechnung tragenden Schema werden Gerichtsverfassung, Strafprozeß und Strafvollzug einerseits durch je ein

[1] Andere Akzente setzt z.B. die umfangreiche Arbeit von *Osakwe*, Modern Soviet Criminal Procedure, Tulane Law Review, vol. 57 (1983) Nr. 3, S. 439–601.

[2] Zur umfassenden Kodifikationsneigung s.u. VII S. 130.

Bundesrahmengesetz, andererseits durch 15 Kodices der Einzelrepubliken geregelt. Über GVG, StPO und StVollzG hinaus haben die Ordnung des Untersuchungshaftvollzugs, die Festnahmeordnung, eine Ordnung der „Minderjährigen-Kommissionen", die Kameradengerichtsordnung und die Ordnung der „gesellschaftlichen Erzieher" Gesetzesrang. Die Tatsache, daß die entsprechenden Republik-Gesetze voneinander nur ganz unwesentlich abweichen, ist kein Spezifikum des Strafprozeßrechts, sondern Ausdruck des Föderalismus „sowjetischen Typs".

2. Gerichtsverfassung

Nach der Bundesverfassung von 1977 haben die dort aufgezählten ordentlichen Gerichte ein Rechtsprechungsmonopol (Art. 151). Diese Gerichte sind entsprechend dem Verwaltungsaufbau unter formaler Berücksichtigung des Föderalismus dergestalt organisiert, daß auf Republiksebene i.d.R. ein dreistufiger Aufbau resultiert – Volksgerichte auf der örtlichen Ebene, Gebiets- u.ä. Gerichte auf der Mittelstufe und Oberstes Republikgericht an der Spitze –, während die Bundesgerichtsbarkeit von dem Obersten Gericht der UdSSR ausgeübt wird. Die ebenfalls in 3 Stufen organisierten Militärgerichte sind insgesamt Bundesgerichte und haben im Obersten Bundesgericht mit den zivilen Gerichten eine gemeinsame Spitze. Die nur in der Dissidentenliteratur auftauchenden, aber verläßlich nachgewiesenen „Spezialgerichte" sind trotz des Verbots von Ausnahmegerichten formal nicht verfassungswidrig, weil es sich um zwar besondere, nicht aber auf den Einzelfall abgestellte Spruchkörperbesetzungen bei den Mittel- und Obersten Gerichten handelt, deren Zuständigkeit sich wegen der äußerst „beweglichen" Kompetenzregelung des GVG formal rechtmäßig begründen läßt; zudem kennt die Sowjetverfassung kein Recht auf den „gesetzlichen Richter". Diese „Sondergerichte" sind zuständig für Zivil- und Strafsachen aller Angehörigen von Betrieben, die als sicherheitsempfindlich gelten.

Der in der Gerichtsbarkeit für Zivilpersonen geltende Föderalismus wirkt sich fast nicht aus, weil entsprechend der soeben erwähnten Gesetzgebungstechnik praktisch immer Bundesrecht zur Debatte steht, das die Zuständigkeit auch des Obersten Bundesgerichts begründet. Im übrigen kann jedes höhere Gericht Sachen an sich ziehen, die ohne eine solche Evokation zur Zuständigkeit eines niederen Gerichtes gehörten.

Die *Staatsanwaltschaft* ist nach altem vorrevolutionär-französischem Vorbild zur „Gesetzlichkeitsaufsicht" über die gesamte Staatsverwaltung und über die Bürger berufen. Ihre Strafverfolgungsfunktion bildet also nur einen Teil ihrer aufsichtlichen Tätigkeit und wird auch dogmatisch sehr weitgehend als Ausübung von „Aufsicht" über Einzelpersonen und über die Gerichte verstanden. Für die allgemeinen Strafsachen hat die Staatsanwaltschaft ihre eigenen *„Untersuchungsführer"*, denen der französische „juge d'instruction" zum Vorbild gedient hat. Die „operative" Ermittlungsarbeit und der unmittelbare Zwang werden dagegen von der Polizei („Miliz") wahrgenommen, die beim Innenministerium ressortiert. Die Staatsanwaltschaft ist als einzige Behörde außerhalb der Streitkräfte vom Föderalismus völlig unberührt und bildet eine strenge Hierarchie, an deren Spitze der Generalstaatsanwalt steht, der vom Obersten Bundessowjet gewählt und nur ihm verantwortlich ist. Somit überwacht die Staatsanwaltschaft sowohl das Innen- als auch das Justizressort (wie jede Verwaltungsbehörde), wenngleich die Aufsicht über Gerichte und Polizei speziell geregelt ist. Für besondere Strafsachen (etwa Staatsschutzsachen) existieren eigene Ermittlungs- und Untersuchungsbehörden (z.B. Untersuchungsführer des KGB), die ebenfalls von der Staatsanwaltschaft beaufsichtigt werden und deren Ermittlungsergebnis der Staatsanwaltschaft zur Entscheidung über die Anklage vorgelegt wird.

Die *Rechtsanwaltschaft* stellt in der Regel den Verteidiger, obwohl sie kein Monopol auf die Verteidigung besitzt. Die Rechtsanwälte sind obligatorisch in „Kollegien" zusammengeschlossen, ohne daß dadurch das Recht auf freie Wahl des Verteidigers im Normalfall behindert würde. Allerdings bedarf es einer geheimgehaltenen Sonderzulassung für das Auftreten eines Anwalts vor den oben erwähnten Spezialgerichten.

Ungeachtet des Rechtsprechungsmonopols der Gerichte rankt sich eine Fülle von *Behörden* um die ordentliche Strafjustiz, die, ohne „Rechtsprechung" im formalen Sinne auszuüben, *mit Sanktionsgewalt* zur Bekämpfung der Delinquenz ausgestattet sind. Hierzu gehören selbstverständlich die Behörden, die im *Ordnungswidrigkeitenverfahren* entscheiden (dabei liegt die generelle Zuständigkeit bei „Gesetzlichkeitsausschüssen" der örtlichen Sowjets), gegen deren Entscheidungen recht weitgehend die Gerichte angerufen werden können. Hierzu gehören aber auch die *„Minderjährigen-Kommissionen"*, die auf eigene Initiative oder nach Überweisung durch Untersuchungsführer, Staatsanwalt oder Gericht weitgehend die Funktionen unserer Jugendgerichte ausüben; sie fungieren zugleich aber auch teilweise als Verwaltungsbehörden, zumal sie organisatorisch aufs engste mit der örtlichen Behörde verbunden sind, die unserem Jugendamt entspricht. Ein erheblicher Teil der Bagatellkriminalität wird von den *„Kameradengerichten"* behandelt, die vor allem am Arbeitsplatz (dort weitgehend unter gewerkschaftlicher Regie) aber auch für Wohngebiete (Nachbarschaften) gebildet sind. Diese Einrichtung erlaubt auch, traditionelle Gerichtsorgane der Völkerschaften flexibel in das moderne System miteinzubeziehen, wie etwa die uzbekische „Machalla". Eine besondere Rolle spielen in der Sowjetunion auch die *Disziplinarorgane,* da fast jeder Berufstätige in seiner Funktion am Arbeitsplatz (auch als einfacher Arbeiter) einem Disziplinarstatut unterliegt[3]. Eine gewisse er-

[3] Zur neuesten Wiederbelebung der „Wohnblockversammlungen" (mit freilich sehr informell-präventiver Sanktionsgewalt) s.u. II 8 a.E. (S. 112).

mittelnde und auch sanktionierende Funktion haben schließlich die freiwilligen Helfer der Polizei (Družinniki) und die „gesellschaftlichen" (aber staatlich initiierten) Organe der „Volkskontrolle".

3. Verfahrensstadien

Die Einteilung des Prozesses in Stadien folgt weitgehend dem französischen Vorbild. Sie erhält dadurch ein besonderes Gewicht, daß von späteren (auch gerichtlichen) Stadien in dasjenige frühere (auch Vorverfahren) *zurückverwiesen* werden kann, in dem ein Fehler (rechtlich oder kriminalistisch) unterlaufen ist, so daß man im späteren Stadium nicht ohne weiteres früher Versäumtes selbst nachholen, Fehler „heilen" kann.

Als eigenes Stadium kann die *Verfahrenseinleitung* angesehen werden, die weitgehend vom Legalitätsprinzip beherrscht ist. Ihr folgt gewöhnlich das *Ermittlungsverfahren*, dessen Intensität davon abhängt, ob eine *Voruntersuchung* obligatorisch ist oder nicht: im ersten Fall beschränkt sich die Polizei („Miliz") auf ersten Zugriff und Beweissicherung, um die Sache sodann dem Untersuchungsführer (gewöhnlich dem der Staatsanwaltschaft) zu übergeben; im zweiten Fall obliegt ihr das gesamte Vorverfahren (unter Aufsicht der jederzeit evokationsberechtigten Staatsanwaltschaft), für das die Regeln der Voruntersuchung, namentlich die über Zwangsmaßnahmen, weitgehend entsprechend anwendbar sind. In beiden Fällen spielt der Akt der „Heranziehung des Verdächtigen als Beschuldigten" eine erhebliche Rolle, wobei das Ausmaß des Verdachtes und die Qualität der zu fordernden Beweise ähnliche Probleme aufwerfen wie im französischen Recht; sie werden – m.E. zu Unrecht – unter dem Gesichtspunkt der Unschuldsvermutung diskutiert. Ermittlungsverfahren wie Voruntersuchung enden mit Einstellung oder Anklage, wobei die Anklageschrift („beschuldigende Schlußfolgerung") vom Ermittler bzw. Untersuchungsführer unterschrieben und vom Staatsanwalt bestätigt und dem Gericht zugeleitet wird.

Diese Zuleitung löst das *Zwischenverfahren* aus, wobei die Eröffnung des Hauptverfahrens als „Übergabe an das Gericht" bezeichnet wird. Der Vorsitzende des für die Hauptverhandlung zuständigen Gerichts entscheidet normalerweise allein, zusammen mit den für die Vorbereitung der Hauptverhandlung notwendigen Entschließungen. Will er jedoch von der Anklageschrift abweichen oder handelt es sich um eine Jugendsache oder um ein Schwerstverbrechen, so ist das Gericht des Zwischenverfahrens zusätzlich mit zwei Schöffen besetzt. In der dann notwendigen Verhandlung muß der Staatsanwalt teilnehmen, während der Angeschuldigte nur geladen wird, wenn er Anträge gestellt hat. Auf den Eröffnungsbeschluß folgt die *Hauptverhandlung* vor der in erster Instanz aller Stufen mit einem Berufsrichter und zwei Schöffen („Volksbeisitzern") besetzten Bank. Nach geheimer Beratung kann das Gericht die Sache „zur Nachermittlung" in das Vorverfahren zurückverweisen (s.o.). Andernfalls fällt es ein Urteil in Form der Verurteilung oder des Freispruchs; ein Einstellungsurteil ist nicht vorgesehen, da mangels Überzeugung von der Tat in jedem Fall ein Freispruch ergehen muß, in den übrigen Fällen wenigstens ein Schuldspruch. Allerdings sieht die StPO - historisch verständlich, systematisch aber merkwürdigerweise – Einzelfälle von Gründen des Freispuchs vor (mangels Straftat im faktischen Sinn, mangels Erfüllung eines Straftatbestands, mangels Beweises einer Beteiligung des Angeklagten an der Straftat). Jeder Richter (einschl. der Schöffen) kann ein Sondervotum zu den Akten geben, das aber nicht mitverkündet wird.

Als einziges echtes *Rechtsmittel* steht die sogenannte „Kassation" zur Verfügung, die eine um Elemente der Berufung angereicherte Revision darstellt. Auf die Rechtskraft der Verurteilung folgt das Vollstreckungsstadium, Vollstreckungsbehörde ist das erstinstanzlich erkennende Gericht. Jedoch ist auch nach Rechtskraft des Urteils nicht nur die traditionelle Wiederaufnahme des Verfahrens möglich, sondern auch das – viel häufiger angewandte – „aufsichtliche Überprüfungsverfahren". Dieses letztere Verfahren kann der Verurteilte zwar – wie jedermann – anregen; der Rechtsbehelf selbst ist jedoch den Präsidenten der mittleren und obersten Gerichte sowie dem Generalstaatsanwalt und den Republiks-Staatsanwälten vorbehalten; eine reformatio in pejus ist heutzutage aber nur noch binnen eines Jahres nach Rechtskraft möglich.

Ein *Sonderverfahren* gegen Terroristen oder Rückfällige existiert seit den 50er Jahren nicht mehr. Besondere Bestimmungen gelten vielmehr in Jugendsachen, im Verfahren zur Verhängung medizinischer Zwangsmaßregeln und im (beschleunigten) Verfahren wegen „Rowdytums" oder geringfügiger Entwendung öffentlichen Vermögens. Eine besondere Verfahrensregelung existiert schließlich für sitzungspolizeilich auferlegte Geldbußen.

Eine bedeutende Rolle spielt das *Adhäsionsverfahren,* das nicht nur auf Klage des Geschädigten, sondern auch des Staatsanwalts, ja sogar exofficio durch das Gericht betrieben werden und sich nicht nur gegen den Beschuldigten, sondern auch gegen einen anderen Adhäsionsbeklagten richten kann.

4. Beweisrecht

Das sowjetische Beweisrecht basiert auf dem kontinentalen Prinzip der materiellen Wahrheit, das freilich von einem erkenntniskritisch merkwürdigen Optimismus hinsichtlich der Erreichbarkeit einer „objektiven Wahrheit" begleitet ist.[4] Verbleibende Zweifel wirken sich zugunsten des Angeklagten aus; dennoch hält man an dem zivilprozessualen Bild der „Be-

---

[4] Näher u. III 2a Fn. 18.

weislastverteilung“ fest, wobei freilich die volle Beweislast stets den Staatsanwalt treffen soll. Das Gesetz bedient sich des Ausdrucks „innere Überzeugung“ nicht, sondern spricht im Zusammenhang mit Verurteilung oder Freispruch von „Bewiesenheit“ und verbietet die Gründung einer Verurteilung auf „Vermutungen“.

Bedenklich ist, daß auch die Anklage bereits „Bewiesenheit“ voraussetzt, sowie die Forderung der herrschenden Meinung, der Untersuchungsführer müsse von der Schuld „überzeugt“ sein, wenn er sich zur Anklage entschließe – eine Forderung, die zu Schwierigkeiten mit der Unschuldsvermutung geführt hat.

Es besteht ein numerus clausus der Beweismittel, was zu Diskussionen über moderne Techniken (Tonband etc.) geführt hat.[5] Der Beschuldigte gilt als Beweismittel; in der Hauptverhandlung ist der Beweisaufnahme (und damit der Vernehmung des Angeklagten) vorgelagert die Frage an den Angeklagten, ob er sich für schuldig bekenne oder nicht.

5. Zwangsmaßnahmen

Die „Zwangsmaßnahme“ ist kein gesetzlicher Begriff. Vielmehr sind als „Verhinderungsmaßnahmen“, die nur gegen den Verfolgten zulässig sind, im Allgemeinen Teil geregelt: die Versicherung, nicht fortzureisen; persönliche Bürgschaft oder Bürgschaft einer gesellschaftlichen Organisation; Kaution oder Untersuchungshaft. Im Abschnitt über das Vorverfahren (aber anwendbar auch in den späteren Stadien) sind Durchsuchung, Beschlagnahme und Vermögensarrest geregelt. Besondere Vorschriften über die Postbeschlagnahme tragen dem verfassungsrechtlichen Korrespondenzgeheimnis Rechnung; eine Telefonüberwachung ist nicht vorgesehen.[6]

Besondere Bedeutung kommt der vorläufigen Festnahme und Untersuchungshaft zu. Der Vollzug ist seit den 70er Jahren in einer Untersuchungshaftvollzugsordnung und in einer Festnahmehaftvollzugsordnung gesondert geregelt. Die Festnahme steht den Ermittlungsbehörden (Polizei u.a.) zu; binnen 24 Stunden muß der Staatsanwalt benachrichtigt werden, der binnen weiterer 48 Stunden über Untersuchungshaft oder Freilassung entscheidet. Die Anordnung der Untersuchungshaft (bzw. deren Sanktionierung nach Anordnung durch den Untersuchungsführer) steht nur gewissen höheren Beamten der Staatsanwaltschaft zu; ein Richtermonopol auf Haftanordnung, wie sie in anderen sozialistischen Staaten besteht, wird diskutiert – man muß aber bedenken, daß der Staatsanwalt hier nicht als Ankläger, sondern als allgemeines Aufsichtsorgan tätig wird.

---

[5] Gesetzlicher Niederschlag z.B. in Art. 141-1 StPO RSFSR i.d.F. 1966.

[6] V.B. *Alekseev*, Anm. 7 bzw. 8 zu Art. 12 in: Rekunkov/Orlov: Komm. zur StPO RSFSR, Aufl. 1976 u. 1981 (in der Neuaufl. unter Berufung auf Art. 56 der Verfassung von 1977.

Besondere Bemühungen gelten seit vielen Jahren einer Beschränkung der Haftdauer. Die gegenwärtige Lösung[7] besteht in der gesetzlichen Normierung einer Maximalfrist von normalerweise 2 Monaten, die durch höherrangige Staatsanwälte bis 6 Monate verlängert werden kann. Eine weitere Verlängerung um zusätzlich 3 Monate ist dem Generalstaatsanwalt vorbehalten. Damit ergibt sich in typisch russischer Radikalität eine nicht überschreitbare Maximalfrist von 9 Monaten. Es ist jedoch schon vorgekommen – und wird nicht als problematisch angesehen,[7a] daß das Präsidium des Obersten Sowjets im Einzelfall die Frist im Wege der Gesetzesdurchbrechung darüber hinaus verlängert hat.

Während jeder Verdächtige bei Vorliegen gewisser Voraussetzungen festgenommen werden kann, ist die Verhaftung auf den „Beschuldigten" beschränkt. Der vorausgesetzte Status des „Verdächtigten" bedeutet keine Eingriffsbeschränkung, weil dieser Begriff zirkulös als Festgenommener definiert wird;[8] gleiches gilt für die Voraussetzung des Beschuldigtenstatus für die Haft, weil diese Voraussetzung für „Ausnahmefälle" dahin durchbrochen ist, daß die Erhebung der Beschuldigung der Verhaftung auch nachfolgen kann – dann allerdings binnen 10 Tagen.

6. Verteidigung

Der Beschuldigte hat ein verfassungsmäßiges Recht „auf Verteidigung", das jedoch zunächst einmal „materiell" als Gesamtheit seiner Subjektrechte verstanden wird. Das Recht auf formelle Verteidigung beginnt nach der StPO normalerweise erst mit dem formellen Ende der Voruntersuchung bzw., wo eine solche nicht stattgefunden hat, erst mit dem Eröffnungsbeschluß. Die Mitwirkung eines Verteidigers im Ermittlungsverfahren ist ausdrücklich ausgeschlossen. Allerdings „kann" der Staatsanwalt den Verteidiger bereits vom Moment der formellen Beschuldigung an zulassen und im Falle Jugendlicher sowie Behinderter muß der Verteidiger von diesem Moment an zugelassen werden. Von der fakultativen Zulassung in der Voruntersuchung wird jedoch gewöhnlich kein Gebrauch gemacht[9]. Als Verteidiger sind Rechtsanwälte und Vertreter gesellschaftlicher Organisationen (insbesondere der Gewerkschaften) zugelassen, andere Personen nur mit Genehmigung des Gerichts. Die Zahl der Verteidiger ist nicht beschränkt, die mehrfache Verteidigung nur für den Fall des Interessenwiderstreits verboten.[10] Notwendig ist die Verteidi-

[7] Art. 97 StPO RSFSR i.d.F. 1983.

[7a] So der Kiever Kollege *Michailenko*. Möglicherweise wirkt sich hier das Postulat der Gewalteneinheit auf das Rechtsbewußtsein aus.

[8] Dazu *Janzen*, Das Recht der vorläufigen Festnahme in der UdSSR, Jahrbuch für Ostrecht XVII/2 (1976) zur Novelle VVS SSSR 1976 Nr. 29 Pos. 426.

[9] Näher unten VI 2 (S. 128 f.).

[10] Art. 47 VI StPO RSFSR.

gung[11] u.a. immer dann, wenn ein Ankläger (staatlicher oder „gesellschaftlicher“) mitwirkt sowie, wenn bei Interessenwiderstreit die andere Person einen Verteidiger hat. Ist die Verteidigung deswegen notwendig, weil der Beschuldigte minderjährig oder behindert ist, so beginnt sie mit der Heranziehung als Beschuldigter; ist sie deshalb notwendig, weil der Beschuldigte die Gerichtssprache nicht beherrscht oder weil die Todesstrafe droht, so beginnt sie mit dem Ende der Voruntersuchung. Fehlt in Fällen der notwendigen Verteidigung ein Wahlverteidiger, so wird ein Pflichtverteidiger bestellt. Ein „Zwangsverteidiger“ ist nicht vorgesehen; jedoch ist in den meisten Fällen der notwendigen Verteidigung ein Mandatsentzug „für Gericht, Untersuchungsführer und Staatsanwalt“ nicht wirksam; der Rechtsanwalt ist nicht berechtigt, die einmal übernommene Verteidigung niederzulegen[12].

Das verfassungsrechtlich vorgesehene Armenrecht wird durch die StPO dahin konkretisiert, daß der jeweilige Stadienherr sowie das Anwaltskollegium den Beschuldigten von Gebühren befreien können, die dann von der Staatskasse übernommen werden.

Der Verteidiger hat vor allem das Akteneinsichtsrecht (wie auch der Beschuldigte selbst) in der Zeit zwischen dem Ende der Voruntersuchung und der Einreichung einer Anklageschrift. Das Recht zur Anwesenheit bei Untersuchungshandlungen ist im wesentlichen auf die Fälle beschränkt, in denen der Verteidiger vom Moment der Beschuldigung an zugelassen ist.

II. Historische Entwicklung

1. Der russische Strafprozeß war *bis 1864* gekennzeichnet durch eine starke Zersplitterung nach Feudalstatus, Reichsregion und Religionszugehörigkeit. Die örtliche Gemeinde und der Grundherr hatten weitgehende Strafbefugnisse. Andererseits ergab sich durch das Evokationsrecht des Senats bzw. Heiligen Synods eine starke potentielle Zentralisierung. Ferner geht die streng zentralisierte, hierarchisch gegliederte und umfassend für die Aufsicht zuständige Staatsanwaltschaft auf das Jahr 1721 zurück, als Peter der Große auf der Suche nach einem effektiven Kontrollorgan das französische Vorbild übernahm und somit für diesen Bereich ein rationales System oktroierte.

2. Mit den *Justizgesetzen von 1864* versuchte Rußland den Anschluß an das bürgerlich-liberale Prozeßsystem, ohne daß eine bürgerliche Revolution stattgefunden hätte. Die Staatsanwaltschaft wurde auf ihre strafprozessuale Funktion beschränkt, das Prozeßsystem weitgehend nach der

---

[11] Art. 49 StPO RSFSR.
[12] Art. 50 II, 51 V StPO RSFSR.

napoleonischen StPO gestaltet, wenn auch unter Beibehaltung der lokalen friedensrichterlichen Gerichtsbarkeit. Allerdings hatten die liberalen Prozeßgrundsätze kaum eine Durchsetzungschance, jedenfalls nicht bei politischen Delikten. Denn alsbald setzte nach der Ermordung Alexanders des Zweiten die Reaktion ein und insbesondere nach der Revolution von 1905 suchte man mit Ausnahmegesetzen, namentlich durch Terroristengesetzgebung und Standgerichte in Gebieten, für die der Ausnahmezustand erklärt wurde, der Lage auch mit Hilfe der Justiz Herr zu werden. Andererseits sollte die aktive Mitwirkung russischer Prozessualisten an den Debatten der IKV zur Strafprozeßreform nicht vergessen werden, die einen progressiven Einfluß in Richtung sogar auf englische Elemente zu nehmen suchten. Ferner erwies sich das russische Schwurgericht in einigen spektakulären Fällen politischer Strafgerichtsbarkeit als wirksames Bollwerk gegen die Regierungspolitik, indem es sich auch gegenüber offensichtlich zutreffenden Anklagen mit Freisprüchen durchsetzte.

3. Die *Revolution vom Oktober 1917* bedeutet gewiß auch in strafprozessualer Hinsicht einen Einschnitt. Wesentlicher ist jedoch die Erkenntnis, daß die Bolschewisten mit keinem rechtspolitischen, geschweige denn strafprozessualen Konzept in diese „Revolution" gegangen sind. Erst im Dezember 1917 wurden die überkommenen Justizorgane abgeschafft; für die Staatsanwaltschaft war das geradezu selbstverständlich, weil sie das wohl bestgehaßte Institut des alten Regimes gewesen ist; erstaunlich dagegen ist die ebenso ersatzlose Abschaffung des Schwurgerichts, das den Revolutionären so nützlich gewesen war: Hier wirkte sich allerdings die programmatische Ablehnung einer Teilung der Macht zwischen „Volk" und „formfetischistischen Juristen" aus: Das Gericht sollte ein einheitliches „Volksgericht" sein. Erst 1918 gelang es aber, neben den für politische Delikte zuständigen Revolutionstribunalen ein System des „einheitlichen Volksgerichts" einzurichten (jedenfalls, soweit das Kriegsglück es erlaubte). Der „Volkscharakter" kam darin zum Ausdruck, daß auch die hauptamtlichen Richter, wie überwiegend Verteidiger und Anklagevertreter, Laien waren. Da des Volkes Stimme endgültig sein mußte, wurde (und wird bis heute) die Appellation abgelehnt, während die Kassation seinerzeit auf Rechtsverletzungen beschränkt blieb.

Neben dieser ideologisch begründbaren Besonderheit sind aber die meisten Charakteristika des Prozeßrechts im „Kriegskommunismus" eher durch Not und Chaos des Krieges als durch ein revolutionäres Konzept erklärbar. In der ursprünglichen Koalitionsregierung war der Sozialrevolutionär Steinberg Justizminister, der eher liberale Grundsätze vertrat, und auch die Bolschewisten hatten an der Spitze des Justizressorts mit guten Juristen aufzuwarten. Die bereits im Kriegskommunismus geborene „außerordentliche Revision", die als Instrument in der Hand eines Regimes zur Durchbrechung der Rechtskraft häufig als typisch totalitär eingestuft wird (vgl. die Parallele zur nationalsozialistischen Nichtigkeitsbeschwerde), entstand als Notbehelf beim Justizminister bzw. in der Hand des VCIK (parlamentartiges Vertretungsorgan), um den Auswüchsen lokaler Selbstherrlichkeit in der kompletten Laienstrafjustiz zu begegnen. Überhaupt sind Charakterzüge des sowjetischen Strafprozesses auch später häufig aus der Not der Situation geboren, erwiesen sich freilich als politisch zweckmäßig und wurden erst nachträglich ideologisch legitimiert.

In den zur Zuständigkeit der Revolutionstribunale gehörigen Fällen führte die „außerordentliche Kommission" (ČK, später GPU) die Voruntersuchung, so wie heute das KGB in politischen Sachen; der „rote Terror" setzte erst später ein.

4. Die Zeit der *„neuen ökonomischen Politik" (seit 1921)* ist in strafprozessualer Hinsicht gekennzeichnet einerseits durch eine schmerzhafte Desillusionierung, was die Kraft des „einfachen Volkes" zu sozialer Kontrolle angeht, andererseits durch einen Beginn lebhafter Experimentierfreudigkeit in Theorie und Praxis. Zur Komponente der Desillusionierung gehört die Wiedereinführung der petrinisch-altfranzösischen Staatsanwaltschaft, die, mit Juristen besetzt und streng zentralisiert, die gesamte Staatsverwaltung beaufsichtigt sowie durch die Kodifizierung der klassischen Rechtsgebiete, darunter des Strafprozeßrechts. In diese Zeit fällt auch die Gründung der UdSSR, deren Oberstes Gericht zunächst nur als Gericht der Föderation (bei Verletzung des noch geringen Bundesrechts) fungierte. Zur Experimentierfreudigkeit der „goldenen 20er Jahre" gehören häufige Wechsel in der Regelung des Jugendstrafverfahrens bei unmittelbarem Einfluß einer lebendigen pädagogischen Theorie, der Beginn der juristischen Debatte über ein „marxistisches Recht" mit konkreten Versuchen, das Strafrecht durch ein Recht der Sozialverteidigung abzulösen, sowie in lebhafter „Diversion" durch Verlagerung von Teilen der Strafjustiz auf Kameradengerichte und Jugendkommissionen.

5. Die wahre Revolution, die das Bild der Sowjetunion bis heute stark geprägt hat, war die *Stalin'sche Revolution „von oben" in den Jahren 1929–34*. Einerseits wurden die „rechtsnihilistischen" strafrechtlichen Ideen der großen marxistischen Juristen jener Zeit, Krylenko und Pašukanis, benutzt, um klassische Institutionen des Strafprozesses möglichst durch Techniken zu ersetzen, die den „Maßnahmen der sozialen Verteidigung", die die Strafe ablösen sollte, materiell besser entsprachen (Tendenz: Pädagogen und Mediziner als Richter). Denn in der Zeit der gewaltsamen Nationalisierung und Kollektivierung erwiesen sich solche rechtsfeindlichen Ideen als zweckmäßig. Andererseits folgte, je mehr sich Stalin durchsetzen konnte, um so stärker eine äußerst repressive und zugleich konsolidierende Tendenz im Strafprozeßrecht, das in der „Lex Kirov" 1934 gipfelte mit einer Zweiteilung des Strafprozesses gegen „normale" und „gefährliche Verbrecher", die mit dem mittelalterlichen Sonderverfahren gegen „landschädliche Leute" verglichen werden kann: Eine Sonderkommission beim Innenministerium verurteilte in Geheimverfahren

sogenannte politische Straftäter, die sich nach den in großer Zahl neu geschaffenen materiellen Straftatbeständen („Art. 58 a–m") „schuldig" gemacht hatten. Zugleich wurde die Zuständigkeit des Obersten Bundesgerichts und der Bundesstaatsanwaltschaft unter Aufhebung der Grenzen des Föderalismus erweitert, die Kameradengerichte und Jugendkommissionen stillschweigend abgeschafft, purer Positivismus propagiert und das neue System in einer Weise konsolidiert, die schließlich zur physischen Vernichtung seiner Steigbügelhalter, der großen Theoretiker der 20er Jahre, führte. Die zeitlich fast genauen Parallelen im deutschen Nationalsozialismus drängen sich auf: Nichtigkeitsbeschwerde, Sondergerichte, Geheim- und Schauprozesse, Zentralisierung mit Antiföderalismus, die sich in einem Bundes-GVG 1938 niederschlug; eine Bundes-StPO (wie ein Bundes-StGB) waren in Bearbeitung und konnten nur wegen des Krieges nicht mehr fertiggestellt werden.

6. Unmittelbar auf *Stalins Tod* folgte die Abschaffung der geheimen Sonderkommission beim Innenministerium (die Abschaffung und damit die frühere Existenz dieser „OSO" wurde erst viel später offiziell zugegeben). Nach dem „Tauwetter" (etwa 1956) ist die *Chruščev-Ära* geprägt von dem Gegensatz, einerseits zu frühen Lenin'schen Ideen (vor der Desillusionierung) und zu der Experimentierfreudigkeit der 20er Jahre zurückzukehren, andererseits aber zugleich zu den liberalen juristischen Garantien mit Dezentralisierung sowohl der Gesetzgebungszuständigkeit als auch der Rechtsprechung. Letztere Tendenz hat sich 1958 in den noch heute geltenden Bundes-Grundsätzen des Strafprozeßrechts sowie in den Strafprozeßordnungen der Einzelrepubliken 1961 niedergeschlagen, während in Verfolgung der ersteren Tendenz die Kameradengerichte und Jugendkommissionen sowie eine breite Fülle sonstiger Heranziehung der Öffentlichkeit zur Kriminalitätsbekämpfung sichtbar wurde – bis hin zur „Gemeindegerichtsbarkeit", die gegen Arbeitsscheue ohne gerichtliche Überprüfungsmöglichkeit Verbannung verhängen konnte. Während die meisten Institute der Beteiligung der Öffentlichkeit an der Strafverfolgung und Kriminalprophylaxe bis heute erhalten geblieben sind, handelte es sich im letztgenannten Fall um einen jener Auswüchse des heute sogenannten „Subjektivismus", die zu Chruščev's Sturz führten.

7. Die langjährige *Ära Brežnev's* ist auch im Bereich der Strafjustiz durch Professionalisierung gekennzeichnet, freilich ohne prinzipielle Abkehr von den Kameradengerichten, die sich ebenso wie die Jugendkommissionen inzwischen als Dauereinrichtung für kleinere Rechtsverstöße bei zunehmender „Verstaatlichung" bewährt und konsolidiert haben. Eine langsame aber stetige Zunahme der (nach wie vor biederen) Juristenausbildung trug dazu bei, daß in dieser Zeit der Anteil der Laien unter den Berufsrichtern und Rechtsanwälten praktisch verschwunden ist.

8. Mit der Diskussion um eine *neue Verfassung*, die schließlich *1977* erlassen wurde, sowie mit der noch immer lebhaft andauernden Folgedis-

kussion, bei der es vordergründig um die Anpassung der einfachen Gesetzgebung an die Verfassung geht,[13] sind neue rechtsstaatliche Impulse deutlich sichtbar geworden, nicht zuletzt durch das gewachsene Ansehen der Juristen, namentlich auch der Theoretiker. Die neue Verfassung brachte zwar nicht das Recht auf den gesetzlichen Richter, hob aber eine Reihe von Justizgrundsätzen in Verfassungsrang, für die das nicht selbstverständlich ist: Unschuldvermutung, Recht auf Verteidigung, Öffentlichkeit, Gerichtssprache und Laienbeteiligung. Lange konnte man sich nicht auf das Ausführungsgesetz zu jener neuen Verfassungsnorm einigen, die eine Art Rechtsweggarantie zu statuieren scheint (Art. 58), aber einfachgesetzlich leider nicht voll ausgefüllt wurde. Wohl aber hat die neue Verfassung eine Art „Staatshaftungsgesetz" geboren, das auch die materielle Rehabilitierung unschuldig Verfolgter zum Gegenstand hat. Vor allem führte die anhaltende Diskussion zu den Prinzipien, die mit dem Stichwort „Persönlichkeitsentfaltung" zu tun haben, zu einer langsamen, aber stetigen Internalisierung des Wertes „juristischer Garantien" von Grundrechten, namentlich der Unschuldsvermutung.

Die letzte Zeit war auf strafprozessualem Sektor gekennzeichnet einerseits durch eine geradezu modische Untersuchung der „Effektivität" des Strafprozeßrechts, bei der empirische Untersuchungen eine zunehmend große Rolle spielen (das gleiche gilt für andere Rechtsgebiete)[14], andererseits durch zunehmendes Problembewußtsein hinsichtlich des Interessenwiderspruchs zwischen dem Persönlichkeitsschutz des einzelnen und der Effektivität der Strafverfolgung. Daß zugleich die Mobilisierung der Bevölkerung nach wie vor ihre Rolle spielt, zeigt sich in einer kürzlichen gesetzlichen Wiederbelebung der „Wohnblockversammlungen", die unter vielem anderen auch der Kriminalitätsbekämpfung dienen sollen[15].

9. Die ***gegenwärtige Epoche*** nimmt ihren Ausgang von der Erklärung *Gorbačev's* vor dem ZK-Plenum im Januar 1987, daß der Justizbereich neu kodifiziert werden müsse. Die Erklärung war so formuliert, als ob sie aus den Beschlüssen des 27. Parteitages vom Juni 1986 folge, kam aber für die betroffenen Praktiker ebenso überraschend wie für die nun zur Mitwirkung bei der Ausarbeitung von Entwürfen aufgerufenen Wissenschaftler. Bei der Kodifizierungsarbeit erlangte das materielle Strafrecht einen Zeitvorsprung, da bereits ein Modellentwurf vorlag, während hinsichtlich des Gerichtsverfassungs- und Prozeßrechts in hektischer Eile ein

---

13 Diese Anpassung erfolgt im Zuge einer umfassenden Rechtsbereinigung, vgl. unten VII (S. 130).

14 Vgl. u. VI 2 (S. 128).

15 Ordnung der öffentlichen Versammlungen am Wohnort vom 27.8.1985 sowie Ordnung der (von diesen gewählten) „gesellschaftlichen Komitees vom 3.9.1985, die eine fast vergessene Ordnung vom 14.3.1927 abgelöst haben (VVS RSFSR 1985 Nr. 36 Pos. 1269 und 1308). Über die Mitwirkung der Öffentlichkeit an der Strafverfolgung u. IV 1a (S. 120).

Entwurf erstellt werden mußte, der dem Anspruch einer „radikalen Reform" entsprechen sollte, ohne daß eine wirkliche Umwertung wie z.Zt. der Entstalinierung zur Debatte steht. Obwohl die Entwürfe des bundesrechtlichen Teils des GVG und der StPO noch nicht veröffentlicht sind (September 1989), lassen sich einige charakteristische Reformanliegen aufzählen: im Rahmen des vehement postulierten „Rechtsstaats" (neuerdings sogar ohne das Adjektiv „sozialistisch") sollen vor allem Individualrechte gestärkt werden über eine Hebung der Rolle des „Juristischen" (also auch der Form) durch Aufwertung der Juristen (vor allem Richter und Verteidiger). So steht die Richterernennung (im Gegensatz zur jetzigen Wahl) im Zeichen der richterlichen Unabhängigkeit zur Debatte; die Untersuchungsführer sollen aus ihrer Abhängigkeit im Innenministerium bzw. KGB gelöst, in einer eigenen Organisation oder innerhalb der Staatsanwaltschaft zusammengefaßt und – wie auch die Richter – in der „Nomenklatur" höher gestuft werden, um das derzeitige Prestigegefälle gegenüber der Staatsanwaltschaft auszugleichen. Besonderes Gewicht wird auch der „radikalen" Erhöhung der Zahl der Rechtsanwälte gelegt.[16] Interessanterweise nicht so sehr der Zahl der Richter), was freilich nicht auf dem Weg der GVG-Reform erfolgen soll und schon gar nicht kurzfristig erreicht werden kann. Im Umfeld der Justizreform mit der erstrebten Aufwertung des Verteidigers ist kürzlich endlich auch ein Anwaltsverband auf Bundesebene gegründet worden, der die Standesinteressen vertreten soll. Man muß wissen, daß die Strafverteidigung in der Sowjetunion wesentlich prestigeträchtiger ist als die Vertretung in Zivilsachen (parallel höher angesehen ist auch das Amt des Strafrichters), so daß die Stärkung der Anwaltschaft einer Stärkung der Strafverteidigung fast gleichkommt.

Prozessual soll dem durch eine frühere ex-lege-Zulassung des Verteidigers im Vorverfahren Rechnung getragen werden. Freilich hat das Plenum des Obersten Gerichts schon vor Jahren das Recht auf Verteidiger grundsätzlich schon im Vorverfahren postuliert, ohne daß sich in der Praxis viel geändert hätte: die Anwälte scheuen sich, hier neue Aufgaben zu übernehmen, die sie nicht gewohnt sind. Andererseits wird kritisiert, daß die Information über das Ende der Voruntersuchung so spät erfolge, daß der Verteidiger rein faktisch erst in der Hauptverhandlung tätig werden könne; vermutlich wird die neue StPO das Problem dahin lösen, daß der Verteidiger generell nicht erst mit dem Ende der Voruntersuchung, sondern mit der Bekanntgabe der Beschuldigung zugelassen ist.

Überraschenderweise wird die Wiedereinführung des *Schwurgerichts*[17] gefordert, und zwar unter dem Einfluß des amerikanischen Rechts und

---

[16] Derzeit ca. ein Rechtsanwalt pro 12.000 Einw. gegenüber BRD: ein Rechtsanwalt pro 1.383 Einw.

[17] Kürzlich ist ein voluminöses Buch über „Empirische Gesetzmäßigkeiten der Tätigkeiten des russischen Schwurgerichts" erschienen (Bobriščev-Puškin, 1986).

mit der Tendenz, die inquisitorische Macht des Vorsitzenden zu mindern. In der Diskussion ist die Einführung einer dritten Urteilsart neben Freispruch und Verurteilung, nämlich die Überweisung in die Bürgschaft eines Kollektivs. Das Sondervotum des dissentierenden Richters soll gestärkt werden: während es z.Zt. nur für die Akten geschrieben wird (d.h. meist eben unterbleibt), sollen nun die Rechtsmittelberechtigten ein Einsichtsrecht bekommen, um ihre Entscheidung über die Einlegung des Rechtsmittels vom Inhalt des Sondervotums abhängig machen zu können; bei Rechtskraft soll eine Pflicht zur Aktenvorlage an die Aufsichtsinstanz installiert werden, wenn ein Sondervotum vorliegt.

Heiß diskutiert wurde die Einführung eines Verfassungsgerichtshofs, der freilich die „allgemeine Aufsicht" der Staatsanwaltschaft nicht duplizieren oder gar ersetzen sollte. Allerdings hat das dann durch die Verfassungsänderung von 1988 installierte „Komitee für Verfassungsaufsicht" nur sehr teilweise echt gerichtliche Aufgaben und kann jedenfalls nicht vom Beschuldigten oder sonst im Strafprozeß Betroffenen angerufen werden.

III. Grundstrukturen

Auf der Suche nach dem, was dem sowjetischen Strafprozeß in Theorie und Praxis sein eigentümliches Gepräge gibt, können „Grundstrukturen" von „sozialistischen Beigaben" unterschieden werden, weil letztere im Unterschied zu sowjetischen Behauptungen nicht den ganzen Prozeß durchziehen. Bei den „Grundstrukturen" kann wiederum die traditionelle Praxis („materiell") von der vorgeschriebenen Form unterschieden werden.

1. „Materiell"

werden Prozeß und erkannte Strafhöhe noch stark als Schicksal aufgefaßt, was andererseits ein paternalistisches und moralisches, auf Autorität bedachtes Gehabe der in der Hauptverhandlung auftretenden Juristen (Vorsitzender, Staatsanwalt und Verteidiger) nicht ausschließt. Der Angeklagte, dem da Vorhaltungen gemacht werden, erscheint daher angesichts der noch üblichen drakonischen Freiheitsstrafen eher als „Armer" i.S. unserer mittelalterlichen Terminologie, der nun jenem nicht unbeachtlichen Bevölkerungsteil zugehören wird, der die Strafkolonien besiedelt (nach westlichen Schätzungen 400 pro 100.000 Einwohnern). Angesichts dieser sehr menschlichen Grundstimmung in der Hauptverhandlung sinkt die –

Über gegenwärtige empirische Studien: Radutnaja, Wozu braucht die Rechtspflege Laienbeisitzer?, Socialističeskaja Zakonost' 1989, Nr. 2, S. 64 f.

selbst peinliche – Einhaltung der Prozeßvorschriften oft zu purer Form herab. Wiederholt habe ich mit westdeutschen Studentengruppen erlebt, daß der Vorsitzende bereitwillig jede Aussage, Prozeßhandlung, Plädoyer etc. unterbrach, um Übersetzungen und Erläuterungen für die ausländischen Zuhörer zu ermöglichen. Demgegenüber steht die stark auf „Operationalisierung" der Prozeßziele ausgerichtete Forderung nach Effektivität sowie die Beurteilung eines Richters nach der Zahl der Aufhebungen seiner Entscheidungen. Erst neuerdings taucht der Gesichtspunkt der Gerechtigkeit (spravedlivost') wieder in der rechtswissenschaftlichen Literatur auf.

In die Praxis des Vorverfahrens ist natürlich weniger Einblick möglich. Immerhin hat es den Anschein, daß das paternalistische Moralisieren auch hier die Szene beherrscht; die Vorladung vor Staatsanwaltschaft oder KGB zum Zweck der Verwarnung ist, obwohl gesetzlich nicht vorgesehen, offizielle und allgemein bekannte Praxis.

2. „Formale"

Grundprinzipien lassen sich in internalisierte, „aufgesetzte" und ambivalente Prinzipien unterteilen.

a) Als *internalisiert* erscheint mir der seit langem eingeführte Inquisitionsprozeß französischen Typs, der nicht nur materielle, sondern sogar „objektive" Wahrheit zum Ziel hat.[18] Die damit verbundenen kontinentaleuropäischen Selbstverständlichkeiten, wie die Bedeutung des Vorverfahrens, die Aktenkenntnis des Vorsitzenden in der Hauptverhandlung usw., werden von amerikanischen Kollegen, die sich mit Sowjetrecht befassen, leicht als „kommunistisch" mißverstanden.

Der Inquisitionsprozeß ist bekanntlich mit der Klageform kombiniert, wobei aber im Sowjetrecht m.E. zwischen unechten und echten akkusatorischen Elementen zu unterscheiden ist. Unter *„unechten"* Elementen verstehe ich weitgehend bloß terminologische Anleihe am zivilprozessualen Modell, wobei man an der Terminologie geradezu emotional hängt, was nur zum Teil aus der negativen Erfahrung der Stalinzeit (genauer: der Lehren Vyšinskij's) erklärt werden kann: so das oben erwähnte „pleading guilty", die (auch gesetzliche) Rede von „Parteien" (wobei mit dogmatischem Aufwand der Streit geführt wird, in welcher Situation der Staatsanwalt als „Partei" oder als „Aufsichtsorgan" auftritt), der „kontradiktorische" Charakter (sostjazatel'nost') jedenfalls der Hauptverhandlung,

[18] Die verbal kompromißlos behauptete Erreichbarkeit objektiver Wahrheit beruht auf marxistischem Optimismus in der Erkenntniskritik und führt heute dazu, daß grundsätzliche Probleme um Wahrscheinlichkeit und Subjektivität der Erkenntnis, um Verwertungsverbote wegdiskutiert und die Rechtskraftdurchbrechung gerechtfertigt werden können.

die Rede von der „Beweislast" (die freilich ganz beim Staatsanwalt liegen soll), die Institutionalisierung der Inkulpation (freilich ohne Schweigerechtsbelehrung). Angesichts einer solchen Terminologie fällt auf, daß im Strafprozeßrecht nicht von „Klage", sondern realistischer vom „beschuldigenden Gutachten" gesprochen wird. Die gesamte Begrifflichkeit ist aus dem 19. Jahrhundert überkommen und gilt unangefochten als sehr wesentlich; immerhin mag sie eine gewisse argumentative Bedeutung zur Sicherung und Mehrung der Rechtsstaatlichkeit haben.

Als *echtes* akkusatorisches Element sehe ich die auffallend detaillierte Behandlung der „Veränderung der Strafklage" und damit des Prozeßgegenstandes bereits im Vorverfahren und dort sogar schon mit entsprechender strafrechtlicher Subsumtion an (Art. 154 StPO). Das diesbezügliche Problembewußtsein hinsichtlich der stufenweisen Festlegung des objektiven Prozeßgegenstandes scheint mir in der Sowjetunion stärker entwickelt als bei uns. Um so größer ist auch die Sensibilität (beispielsweise der Dissidenten) in Fällen, in denen die Subsumtion während des Verfahrens allzu leichtfertig verändert wird.

b) „Aufgesetzt", d.h. *nicht internalisiert,* scheint mir dagegen die größere Zahl der dort wie bei uns hochgehaltenen Prozeßprinzipien zu sein. Auf Kriegsfuß steht die Praxis etwa mit dem *Öffentlichkeitsgrundsatz.* Weit entfernt von der formalen Auffassung eines absoluten Revisionsgrundes, der allen Manipulationsgefahren vorbeugen soll, wird die Öffentlichkeit einerseits betont (schon vom Gesetz) propagiert im Sinne der pädagogischen Zielsetzung der Hauptverhandlung für die breite Öffentlichkeit; andererseits scheut man sich nicht, mit durchsichtigen Tricks die interessierte Zuhörerschaft, ja sogar Verwandte des Angeklagten unter Scheinwahrung des Prinzips auszuschließen, ohne daß dies je in Literatur oder gar Rechtsprechung thematisiert worden wäre. Auf Kriegsfuß steht man ohnehin mit der Möglichkeit von *Zielkonflikten,* was das gesamte Sowjetrecht charakterisiert. Im Strafprozeß zeigt sich dies beispielsweise an der Behandlung der Rechtskraft, die man um der „Stabilität der Urteile" willen zwar hochhält, die man jedoch, wenn es darauf ankommt, nur „richtigen und gerechten Urteilen" zubilligen will, weil nur diese die Rechtskraft „verdienten". Noch nicht internalisiert ist ferner die in letzter Zeit viel diskutierte *Unschuldsvermutung,* von der man nicht einmal genau sagen kann, ob sie in dem ihr neuerdings gewidmeten Verfassungsartikel wirklich enthalten ist oder nicht. Die Unschuldsvermutung ist zu einem Prestigethema der Theoretiker geworden,[19] während die Begründung des Widerstandes vornehmlich der Praktiker zeigt, wie wenig das da-

---

[19] Den Beginn machte der kürzlich verstorbene Nestor des Strafprozeßrechts *Strogovič* in einer rechtsstaatlich-progressiven Polemik gegen den ebenso etablierten *Čel'cov.* Seit der Diskussion um die entspr. Verfassungsbestimmung (Art. 160 Verf. 1977) schwillt die Diskussion immer mehr an (u. VI 2, S. 128).

hinterstehende Anliegen wirklich verstanden ist. Kaum ausgeprägt ist ferner die *Gerichtsautorität*, die an sich mit einer strengen Zuständigkeits- und Rechtsmittelregelung automatisch verbunden wäre. Ausschließliche Zuständigkeiten gibt es letztlich wegen des stets verbleibenden Evokationsrechts höherer Gerichte nicht und selbst die Rechtskraft kann, wie oben dargelegt, durchbrochen werden. Konsequenterweise ist ein Recht auf gesetzlichen Richter nicht einmal in der Papierform vorgesehen; die uralte zentralistische Tendenz, daß immer die Möglichkeit bestehen müsse, sich „direkt an den Zaren" zu wenden, zeigt sich auch hier. Der Richter versteht sich noch stark als Beamter (obwohl er gewählt wird), was wohl auch damit zusammenhängt, daß bei bisher äußerst beschränkter gerichtlicher Verwaltungskontrolle fast nie eine Verwaltung als Partei vor ihm erscheint; längerfristige Konsequenzen aus der Ausweitung der gerichtlichen Anfechtbarkeit von Verwaltungsakten 1987 bleiben abzuwarten. Auch die *Formen der Hauptverhandlung* werden nur äußerlich peinlich eingehalten, bis hin zur Pflicht des Sitzungsvertreters der Staatsanwaltschaft, in Uniform zu erscheinen (eine Pflicht, deren Verletzung zuweilen gerügt werden muß). Auf die demgegenüber saloppe Praxis im übrigen habe ich bereits hingewiesen. Sie läßt sich jederzeit mit dem Erfordernis pädagogischer Wirksamkeit und des Vorrangs des Inhalts vor der Form rechtfertigen. Gegengesteuert wird weniger mit Vorschriften als mit literarischen Appellen zu mehr „Gerichtskultur", was die Publikation berühmter Plädoyers der vorrevolutionären Zeit einschließt. Selbst wo Vorschriften bestehen, wie im Fall des Beratungsgeheimnisses, hat sich der Vorrang des Inhalts vor der Form etwa in der Weise durchsetzen können, daß das heute offen kritisierte „Telefonrecht", d.h. das Telefongespräch zwischen dem Beratungszimmer und dem Parteisekretär oder dem übergeordneten Gericht, als selbstverständlich empfunden wurde.

Das äußerlich streng betonte *Legalitätsprinzip* ist schon im Vorfeld des Prozesses notorisch durchbrochen. Die praktizierte Opportunität geht so weit, daß man zuweilen eine generelle hochpolitische Absicht dahinter vermutet, gegen möglichst viele Bürger Verstöße zu sammeln, um die Akten für den „Fall eines Falles" in petto zu haben. Massenhafte Kavaliersdelikte wie Steuerhinterziehung, Warenumlenkung und Korruption werden bekanntlich nur zeitweise kampagnenartig verfolgt (z.B. jetzt). Allerdings scheint mir eher menschliche Unzulänglichkeit und mangelnde Internalisierung des Wertes des Legalitätsprinzips als politische Absicht die Ursache zu sein, ferner übrigens auch eine überraschend geringe Kontrolldichte, die das statistisch bedeutsame Phänomen des Rauschgifthandels und der massenweise umherstreunenden aufsichtslosen Jugend erklärt. Eng mit dem Legalitätsprinzip verbunden ist der durch die Verfassung eigens für die Justiz wiederholte *Gleichheitsgrundsatz*, dessen Einhaltung man von einem sozialistischen System zuvorderst erwarten würde. Auch hier ist es aber eher das Gegenteil, das die sowjetische Situation charakterisiert: das ausgesprochene Privilegiensystem, das mit Auszeichnungen, funktionsgebundener Sonderversorgung bis hin zu privilegierter medizinischer Behandlung die Sowjetgesellschaft beherrscht, macht auch vor dem Strafprozeß nicht Halt. Sowohl Ausländer als auch Parteimitglieder und möglicherweise auch andere Mitglieder der „Nomenklatura" werden entweder besonders hart oder besonders weich oder auch gar nicht verfolgt; die diesbezügliche Änderung des Parteistatuts im März 1986 hat Beobachter bereits dazu veranlaßt, von einer „Immunität" der Parteimitglieder zu sprechen;[20] jedenfalls hat die parteiinterne Entscheidung darüber, ob ein in Verdacht geratenes Mitglied strafrechtlich verfolgt werden soll, zumindest in der Beurteilung der Beweisfrage Vorrang. Schließlich scheint auch das *Gesetzlichkeitsprinzip* in dem simplen Sinne der Verbindlichkeit gesetzlicher Regelungen noch immer nicht voll internalisiert. Obwohl es unter dem Titel der „sozialistischen Gesetzlichkeit" seit Stalin im Sinne eines strengen Positivismus propagiert wird und seit 1958 auch im Sinne des Nullum-crimen-Satzes zusammen mit dem Legalitätsprinzip wieder ausdrücklich gilt, macht es sowohl in hochpolitischen Angelegenheiten (Sacharov) als auch bei alltäglichen Nachlässigkeiten offenbar keine unüberwindlichen Schwierigkeiten, mit Formverstößen bis hin zur Sanktionierung ohne die gesetzlich verlangten Voraussetzungen zu leben. Die bereits von Lenin und seither ohne Unterlaß geforderte „Gerichtskultur" ist ein Dauerwunsch, den das Regime vermutlich zumindest so lange vergeblich äußern wird, als es selbst nicht immer als Vorbild handelt.

c) Ambivalent in dem Sinne, daß sie nicht eindeutig als internalisiert oder „aufgesetzt" bezeichnet werden können, erscheinen mir beispielsweise die richterliche Unabhängigkeit und die Rehabilitierungsfunktion des Strafprozesses.

Die häufig gerade für die Sowjetunion bestrittene *Unabhängigkeit* ist sicherlich dort nicht durch die Wählbarkeit der Richter bedroht. Ob gewählt oder ernannt: der Richter ist – hier wie in anderen Gesellschaften – Teil des Establishment, er fühlt sich trotz periodischer Wahlwiederholung als Berufsrichter, eher gar als Beamter, und von der Möglichkeit der

---

[20] Art. 12 des KPdSU-Statuts von 1961 lautete: „Wenn ein Parteimitglied eine Kriminalstraftat begangen hat, so wird es aus der Partei ausgeschlossen und nach dem Gesetz zur Verantwortung gezogen." Im neuen Statut von 1986 lautet diese Bestimmung (wiederum Art. 12): „Für die Verletzung sowjetischer Gesetze trägt das Parteimitglied doppelte Verantwortung: vor Staat und Partei. Personen, die Kriminalstraftaten begangen haben, werden aus den Reihen der KPdSU ausgeschlossen". Eine ausführliche Interpretation der alten Fassung unter Einbeziehung der Praxis findet sich bei Chr. *Osakwe,* Prerogatism in Modern Soviet Law: Criminal Procedure, in: Columbia Journal of Transnational Law, vol. 23 (1985), Nr. 2, S. 331–352. Die Neufassung hat jedenfalls die anstößige Bestimmung gestrichen, worin ein *Partei*statut die *staatliche* Verfolgung dekretierte. Es bleibt aber die Frage, wie die Partei die Täterschaft des Delinquenten feststellt, an deren objektives Vorliegen die Vorschrift anknüpft; dies nährt den Verdacht, daß erst die Partei „die Verfolgung freigibt" – oder auch nicht.

vorzeitigen Abwahl wird meines Wissens zur Disziplinierung kein Gebrauch gemacht. Die Unabhängigkeit scheint mir eher dadurch bedroht, daß das gesellschaftliche „standing" des Richters trotz starker Zunahme seines Ansehens in den letzten Jahren noch nicht die Stärke jener Mächte erreicht hat, die sein notwendiges Selbstbewußtsein bedrohen könnten. Dazu gehört nicht nur die meist zuerst erwähnte Partei, deren Mitglied fast jeder Berufsrichter ist, sondern beispielsweise auch die (u.a. juristische) Wissenschaft, die über die bei höheren Gerichten eingerichteten „wissenschaftlichen Beiräte" nicht unerheblichen Einfluß auf die Rechtsprechung (wenn auch selten auf den Einzelfall) ausüben. Jedenfalls ist die Unabhängigkeit gegenüber höheren Gerichten gering: nicht nur deshalb, weil die Aufhebung von Urteilen negativen Einfluß auf die Beurteilung des Richters hat, nicht nur wegen der Evokationsbefugnis der höheren Instanzen, sondern auch wegen der Richtlinienkompetenz der Obersten Gerichte, die in Konkurrenz zur authentischen Gesetzesinterpretation des Präsidiums des Obersten Sowjets getreten ist.[21] Zwar beschränken sich die Richtlinien auf abstrakte Hinweise mit Gesetzeskraft; über das oben erwähnte „Aufsichtsverfahren" haben jedoch die Plena der Obersten Gerichte zusammen mit ihren wissenschaftlichen Beiräten die Möglichkeit, auf jeden Einzelfall einzuwirken und selbst rechtskräftige Urteile aufzuheben. So sehr jeder Richter in einer beliebigen Gerichtsverfassung im Hinblick auf die Rechtsmittelmöglichkeiten weitgehend eingebunden ist, so auffällig ist die verstärkte Einbindung hier, wo der Richter schon präventiv zur Konformität gedrängt ist. Freilich bleibt *diese* Abhängigkeit innerhalb der Judikative, deren Unabhängigkeit insgesamt von der Verfassung garantiert ist. Auch ist das soziale Ansehen der Mitglieder der Obersten Gerichte stark genug, um den meisten denkbaren Pressionen standzuhalten. Dennoch läßt sich nicht behaupten, daß sich die Parteiführung gerade in jenen Fällen stets neutral verhalte, mit denen wegen ihrer besonderen Bedeutung Oberste Gerichte befaßt sind. Hier wirkt sich die enge gesellschaftliche und persönliche Verzahnung zwischen den verschiedenen „Gewalten" in Partei und Staat vermutlich aus, ohne daß für die Gegenwart handfeste Beweise vorlägen. Allerdings ist die präventive Absicherung des Urteils durch Telefongespräche mit Partei und übergeordnetem Gericht während der Urteilsberatung heute weithin (meist kritisch) publiziert.

---

[21] Die Auslegungskompetenz beruht auf Art. 121 Nr. 5 der Verfassung. Letztes Anwendungsbeispiel: durch Beschluß vom 13.6.1985 klärte das Präsidium des Obersten Sowjets den Art. 11 GrStG dahingehend, daß medizinische Zwangsmaßnahmen auch gegen solche Beschuldigte angewandt werden dürfen, die zur Zeit des Prozesses an vorübergehender Störung der Geistestätigkeit leiden, die es verhindert, seinen Geisteszustand zur Zeit der Tat festzustellen (VVS SSSR 1985 Nr. 25 Pos. 444). Das Beispiel macht deutlich, wie fragwürdig es ist, warum nicht der „reguläre" Weg der Gesetzesnovellierung gewählt wird, wenn man findet, daß diese „Interpretation" die Kompetenz der Gerichte überschreitet.

Die *Rehabilitierungsfunktion,* die der liberale Strafprozeß gerade *nicht* hat, nimmt der sowjetische Strafprozeß an einigen charakteristischen Stellen für sich in Anspruch. So kann der Beschuldigte die Verfahrenseinstellung anfechten und der Einstellung wegen Verjährung oder Amnestie einfach widersprechen,[22] der Freigesprochene das Urteil wegen der Gründe anfechten.[23] Auch gegen Verstorbene wird der Strafprozeß zum Zweck der Rehabilitierung fortgesetzt.[24] Muß das Verfahren wegen des Widerspruchs des Beschuldigten fortgeführt werden, obwohl Verjährung oder Amnestie feststehen, so erfolgt im Falle der Überführung ein Schuldspruch unter Befreiung von der Strafbarkeit in Urteilsform.[25] Diese Rehabilitierungsfunktion läßt sich selbstverständlich nicht ohne Friktionen in das System des kontinentaleuropäischen Inquisitionsprozesses integrieren und sie ist (deshalb) auch dem sowjetischen Kollegen nicht präsent bewußt; andernfalls ließe sich nicht erklären, warum die Friktionen nicht erörtert werden.

IV. „Sozialistische Beigaben“

1. Zu den Grundstrukturen

Bisher habe ich den sozialistischen Charakter des sowjetischen Strafprozesses bewußt heruntergespielt. Freilich läßt sich nicht leugnen, daß es auch solche Besonderheiten gibt, die man mit dem schillernden Prädikat „sozialistisch“ versehen könnte.

a) Dies gilt zunächst für die *Mitwirkung der Öffentlichkeit* an Strafverfolgung, Urteilsfindung, Sanktionsrealisierung und als Adressat der erzieherischen Funktion der Hauptverhandlung.

Ausgehend von der verfassungsrechtlichen Grundpflicht aller Bürger zur „Unduldsamkeit“ gegenüber gesellschaftswidrigem Verhalten und zur „vielfältigen Mitwirkung“ beim Schutz der öffentlichen Ordnung[26] ergibt sich bereits eine dogmatisch merkwürdige, zwischen materiellem und formellem Recht vagabundierende Privilegierung der Nothilfe gegen den Flagranztäter und seiner – auch gewaltsamen – Festnahme. Der z.Zt. diskutierte offizielle Entwurf eines neuen Allgemeinen Teils des StGB regelt die Festnahme als neuen Rechtfertigungsgrund. Über die Aufforderung hinaus, die Öffentlichkeit in die Fahndung einzubeziehen, legt das Ge-

---

22 Art. 5 III, 6-1 III, 6-2 II, 7 II, 8 II, 9 III StPO RSFSR; OG RSFSR im „Bulletin“ des OG 1980 Nr. 5 Pos. 6–7.

23 Art. 325 IV, 341 StPO RSFSR.

24 Art. 5 I 8 StPO RSFSR.

25 *Borodin,* in: Rekunkov/Orlov, Kommentar zur StPO RSFSR, Anm. 8 zu Art. 309, in den Auflagen 1976 und 1981.

26 Art. 65 Verfassung.

setz[27] bereits dem Untersuchungsführer auf, die Öffentlichkeit auch zur Beseitigung der Kriminalitätsursachen zu mobilisieren (zur diesbezüglichen Pflicht des Gerichts alsbald unten). Im Gerichtsverfahren sind nach der Verfassung Vertreter der gesellschaftlichen Organisationen und Arbeitskollektive zugelassen; für das Strafverfahren bedeutet dies, daß in der Hauptverhandlung vor allem Vertreter des Arbeitskollektivs des Angeklagten als „gesellschaftlicher Ankläger" oder „gesellschaftliche Verteidiger" auftreten sollen. Hier wie in vielen Bereichen der „Partizipation" zeigt sich das Dilemma der „provozierten Spontaneität":[28] gemeint als Instrument sozialistischer Demokratie funktioniert das Institut doch nur schleppend und – wenn überhaupt – meist nur aufgrund Intervention eines engagierten Staatsanwalts oder Richters bei der betroffenen Belegschaft, die geradezu um Benennung eines Vertreters gebeten werden muß. Die Wahl eines „gesellschaftlichen Verteidigers" erfolgt meist mit dem Hintergedanken, daß im Falle einer Verurteilung das Kollektiv die „Bürgschaft" für den bedingt Strafverschonten übernehmen soll. Der Prozeßstatus des gesellschaftlichen Vertreters ist noch immer ungeklärt; die Problematik ähnelt derjenigen der Stellung der Jugendgerichtshilfe im westdeutschen Recht. Einbezogen wird auch das *Publikum*, insofern die Öffentlichkeit nicht (nur) der Präventivkontrolle, sondern (vor allem) der Generalprävention durch Erziehung der Zuhörer dienen soll. Es ist daher eine gesetzliche Forderung, die Hauptverhandlung in geeigneten Fällen zu publikumswirksamer Zeit außerhalb des Gerichtsortes, etwa am Arbeitsplatz des Angeklagten durchzuführen, wobei man sich der Problematik einer zusätzlichen Stigmatisierung durchaus bewußt ist; in der Praxis scheint auch dies ein seltener Ausnahmefall zu sein. Schließlich sind die *Laienrichter* keineswegs nur Richter. Sie bilden über ihre Funktion im Einzelfall hinaus für die Dauer der Wahlperiode ein „Schöffenkollektiv", das seinen Vorsitzenden wählt und im Zusammenwirken mit den Strafrichtern einerseits der Ausbildung seiner Mitglieder, andererseits der Kriminalprophylaxe (insbesondere durch „Nachsorge") im Gerichtsbezirk dienen soll. Für die Schöffen (zusammen mit den Mitgliedern von Kameradengerichten) bieten die Volkshochschulen, die von der Partei betrieben werden, funktionsbezogene Rechtskundekurse an; namhafte Juristen verfassen entsprechend populäre Lehrbücher. Insgesamt läßt sich nicht leugnen, daß es mit diesem System gelingt, eine größere Zahl ehrenamtlich Engagierter zu rekrutieren, zu denen etwa auch „gesellschaftliche Erzieher" für Strafentlassene gehören; zugleich bedeutet dies eine erhebliche finanzielle Entlastung des Staatshaushaltes, da hauptberufliche Bewährungshelfer nicht vorgesehen sind.

---

[27] Art. 128 StPO RSFSR. Zu den „Wohnblockversammlungen" s. Fn. 15.

[28] Zum zirkulösen Charakter der „gemachten Spontaneität" vgl. *Fincke*, Drei Charakterzüge des sozialistischen Rechts, in: Szczesny, Marxismus ernst genommen, 1975.

b) An die Grundstrukturen des Strafprozesses rührt auch folgende „sozialistische" Besonderheit: über Beschuldigung und Anklage hinaus gehört es zum *Prozeßgegenstand*, die „Ursachen und Bedingungen" der konkreten Straftat aufzuklären und sie zu bekämpfen.[29] So soll das Gericht neben dem Urteil einen „Sonderbeschluß" erlassen, in dem die Mängel, die der erkannten Tat Vorschub geleistet haben, benannt, nach Möglichkeit Wege zu ihrer Behebung aufgezeigt und jedenfalls ein oder mehrere bestimmte Adressaten verbindlich aufgefordert werden sollen, die Mängel zu beseitigen.[30] Sowohl die prozeßrechtliche Erfassung als auch die Vollstreckung der Sonderbeschlüsse ist völlig ungeklärt. Meist obliegt die Vollstreckung dem Vorsitzenden des Schöffenkollektivs, beschränkt sich aber in der Zustellung des Beschlusses an den (die) Adressaten mit der befristeten Aufforderung, über die daraufhin eingeleiteten Aktivitäten zu berichten. Da sich die Sonderbeschlüsse in der Regel an Betriebe richten, obliegt es deren Rechtsabteilung, innerhalb der Frist (die aber sehr häufig überschritten wird) mit einem „Bericht" zu reagieren, der nach meinem Augenschein in der Regel dem Umfang von einer Seite kaum überschreitet und eher formal ausfällt.

In Vorberatungen des betreffenden Kapitels eines Entwurfs der Wissenschaft für die neue StPO 1987 kam der „Sonderbeschluß" nicht mehr vor; falls hierin der Wille zum Ausdruck kommt, eines der wenigen sozialistischen Relikte vom wissenschaftlichen Standpunkt aus auszuschließen, so zweifle ich daran, ob er sich politisch durchsetzen läßt.

2. Zu Einzelheiten

Besonderheiten, die nicht die Grundstrukturen des Prozesses betreffen, lassen sich in „sozialistische Dauerbrenner" und solche Regelungen einteilen, die aktuelles Interesse finden.

a) Zu den überkommenen *„heiligen Kühen"* gehört etwa im materiellen Recht der *materielle Verbrechensbegriff*, der seine prozessuale Entsprechung in der Einschränkung des Legalitätsprinzips dahingehend findet, daß das Verfahren eingestellt werden kann, wenn die Tat zwischenzeitlich ihren gesellschaftswidrigen Charakter oder der Täter seine Gesellschaftsgefährlichkeit verloren hat.[31] Zu den bekenntnisartigen Vorschriften, deren unmittelbare Anwendung nicht mehr aktuell zu sein scheint, gehört auch die sehr allgemein gehaltene Bestimmung des *Prozeßziels*, das neben einem sehr abstrakt-umfassenden Rechtsgüter-, ja sogar Interessenschutz die Erziehung der Bürger zur Achtung nicht nur der Gesetze, son-

---

[29] Art. 21 StPO RSFSR.

[30] Art. 21-2, 321 StPO RSFSR i.d.F. 1983.

[31] Art. 6 StPO RSFSR. Zu den anderen, praktisch bedeutsameren „Gründen der Befreiung von strafrechtlicher Verantwortlichkeit" s.u. IV 3.

dern auch der „Regeln des sozialistischen Zusammenlebens" enthält. Selbstverständlich lassen sich beide Regelungen zur „Lösung" durchaus aktueller Probleme verwenden. Die Reihe der Beispiele von Vorschriften und – vor allem – Lehren, die pietätvoll tradiert werden, ohne die Alltagspraxis zu prägen, könnte fortgesetzt werden.[32]

b) Bei anderen Vorschriften dagegen läßt sich die *Aktualität* an der Häufigkeit ihrer Novellierung in der letzten Zeit ablesen. Besonders zahlreich sind seit vielen Jahren die laufenden Änderungen des Katalogs derjenigen Fälle, bei denen die *Voruntersuchung obligatorisch* ist;[33] meist hängt diese wechselnde Einschätzung der Schwere bestimmter Straftatbestände mit einer Änderung des materiellen Rechts zusammen, wo man sich seit Jahren um eine stärkere Differenzierung bemüht. Die künftige StPO soll sich an eine vom neuen materiellen Recht vorgegebene Quatrotomie der Straftaten anschließen können, wenn sich nicht der neueste Vorschlag durchsetzt, das Ermittlungsverfahren ganz zu streichen: im Gegensatz zur Bundesrepublik, die 1964 die Voruntersuchung abgeschafft hat, sucht man dieses quasi richterliche Vorverfahren als Hort der Rechtsstaatlichkeit zu stärken und die polizeiliche Zuständigkeit auf den ersten Angriff zurückzuschrauben. Von häufigen aktuellen Änderungen betroffen ist ferner das Verfahren der *bedingt-vorzeitigen Entlassung* aus der Freiheitsstrafe, hier wiederum die geradezu experimentell anmutenden Umgruppierungen der in Betracht kommenden Verurteilten.[34] Eine Vorreiterrolle des Jugendstrafrechts ist auch hier unverkennbar. Schließlich erscheint mir die zunehmende Gruppe derjenigen Fälle erwähnenswert, in denen eine Art *„Vorschaltverfahren"* im Verwaltungswege erfolglos durchlaufen sein muß, bevor – bei neuer Straftat – ein Kriminalprozeß stattfinden soll. Die Institutionalisierung dieser Konstruktion begann im materiellen Recht, als der Tatbestand der „parasitären Lebensweise" eine Fortsetzung trotz vorangegangener administrativer Sanktionierung voraussetzte; inzwischen ist dieses System auf einige Verkehrsdelikte, auf „kleine Spekulation", auf Bagatelldiebstahl u.a. ausgedehnt.

3. Zusammentreffen mit internationalen Tendenzen

Einige der vorerwähnten Besonderheiten lassen sich auch für die international erstrebte *„Diversion"* verwenden (dieser englische Begriff findet langsam sogar in die Sowjetliteratur Eingang, obwohl dort die Gefahr der

---

[32] Dazu gehört auch die – vom Prozeßziel vorausgesetzte – „objektive Wahrheit", s.o. III 2a, S. 115, Fn. 18.

[33] Art. 126 StPO RSFSR.

[34] Art. 53-2 StGB RSFSR. Dazu *Janzen,* Das Recht der vorläufigen Festnahme in der UdSSR, Jahrbuch für Ostrecht XVII/2 (1976) zur Novelle VVS SSSR 1976 Nr. 29 Pos. 426.

Verwechslung mit dem Straftatbestand der „Diversion" besteht). Reiche Möglichkeiten hierzu sind ganz allgemein mit den oben angeführten zahlreichen Institutionen gesellschaftlicher und administrativer Sozialkontrolle möglich. Die Strafprozeßordnung macht hiervon dergestalt Gebrauch, daß schon im Einleitungsverfahren, darüber hinaus aber auch in allen Stadien zunehmend Möglichkeiten der Einstellung kombiniert werden mit der Übergabe an die Verwaltung, an den Betrieb, an das Kameradengericht, in die Bürgschaft eines Kollektivs oder einer Einzelperson, an die Minderjährigenkommission, an das Arbeitskollektiv oder an eine gesellschaftliche Organisation des Beschuldigten. Ist diese Übergabe bereits im materiellen Strafrecht vorgesehen, so bedarf es überwiegend keiner Zustimmung des Beschuldigten. Andererseits wird in der Sowjetunion seit Jahren unter dem Gesichtspunkt der Unschuldsvermutung eine solche „nichtrehabilitierende" Verfahrenseinstellung selbst dann problematisiert, wenn – wie in den übrigen Fällen – der Beschuldigte widersprechen kann, worauf das Verfahren fortgesetzt werden muß. Für den Fall der Nichtbewährung kann die Einstellung in einer Reihe der genannten Fälle innerhalb eines Jahres widerrufen werden; auch dieses „Damoklesschwert" entspricht internationaler Tendenz.

Auf einer völlig anderen, der langfristig eher „rechtsstaatlichen" Linie liegt die dogmatische Diskussion über die Einführung eines *„Gerichtsrechts"*, das die Gerichtsverfassung und alle Verfahrensrechte umfassen soll. Man mag – zuweilen berechtigt – darüber lächeln, daß in der Sowjetunion die Einteilung der Rechtsgebiete so überaus ernstgenommen wird. In einigen Fällen steht dahinter aber eine ganze rechtspolitische Tendenz: wie im Fall der Einführung eines „Wirtschaftsrechts", so auch in diesem Fall eines zumindest einheitlichen Verfahrensrechts. Diese letztere Tendenz trifft sich bekanntlich mit parallelen Versuchen im Westen, umfaßt vor allem auch Teile des Verwaltungsverfahrens und tendiert – schon allein wegen der Zwänge der Begrifflichkeit – zu zivilprozessualen Lösungen, die dem Inpetus der 20er Jahre diametral entgegengesetzt sind. Man kann nur hoffen, daß sich aus dieser Debatte eine tiefere Prozeßdogmatik entwickelt, die über die noch aus den 30er Jahren überkommene sterile Begrifflichkeit hinausgeht.

V. Was auffällt

Ich habe es bisher bewußt unterlassen, Auffälligkeiten des sowjetischen Strafprozesses in den Vordergrund zu stellen und aus ihrer Gesamtheit einen „sozialistischen" Charakter abzuleiten. Zu zahlreich können die Wurzeln solcher Besonderheiten sein. Andererseits sollen natürlich gerade sie nicht verschwiegen werden. Wenigstens beispielhaft seien einige Schlaglichter präsentiert.

1. Für Fälle von *Rowdytum* und geringfügiger Entwendung öffentlichen Vermögens besteht, wie erwähnt, ein Sonderverfahren.[35] Das diesbezügliche Kapitel der StPO stammt von1977, aber die Sonderbehandlung des Rowdytums ist so alt, daß in dieser legislatorischen Lösung nichts anderes gesehen werden kann als ein neuer Versuch in einer langen Kette vielfältiger Experimente. Die Art der Sonderbehandlung gerade einer Erscheinungsform der Kriminalität gehört für mich zu einer typisch russischen *Kampagnentendenz:* ähnlich wie in der gesetzlichen Bestimmung einer Maximalfrist für die Voruntersuchung[36] (normalerweise 2 Monate mit Verlängerungsmöglichkeit durch hochrangige Staatsanwälte) sowie in der gesetzlich rigorosen Beschränkung der Dauer der Untersuchungshaft kommt darin ein „Ein-für-allemal-Standpunkt" zum Ausdruck, wonach bestimmten „negativen gesellschaftlichen Erscheinungen", die punktuell zu bestimmten Zeitpunkten aufs Korn genommen werden, durch einmaligen Kraftakt oder rigorose gesetzliche Verbote für immer ausgemerzt werden sollen. Diese Tendenz trifft sich mit gewissen eschatologischen Grundlagen des Marxismus, wonach staatliche Zwangsinstitutionen sich „nach Erfüllung ihrer Aufgabe" auflösen sollen. Die stets wiederkehrende Thematik solcher Kampagnen reicht jedoch lange vor das Jahr 1917 zurück und hat sich auch in der Sowjetzeit bereits so häufig wiederholt, daß der ungebrochene Optimismus bei jedem neuen Anlauf, es diesmal schaffen zu können, Bewunderung verlangt. Der Kampf gegen Schlendrian und Korruption in der Verwaltung wurde schon von Kampagnen Peters des Grossen (und vermutlich viel früher) mit drakonischen Strafen und hektischer „einmaliger" Prozedur aufgenommen (heute ist es wieder einmal die Bekämpfung des Alkoholismus und, noch aktueller, der Korruption sowie der ungesetzlichen Einkünfte mit einem ganzen Paket von Maßnahmen, die bei Erfolg überflüssig werden sollen).

Diese Tendenz ist im Prinzip rechtsfeindlich, indem sie sich nicht auf die Absenkung „negativer Erscheinungen" auf ein erträgliches Maß mit Hilfe von Rechtsbehelfen für die jeweils betroffenen Einzelnen verläßt, sondern mit einer allumfassenden systematischen Kontrolle und Ausrottung „für immer" reagieren will. So ist die generelle Befristung von Voruntersuchung und Untersuchungshaft (unabhängig von Rechtsmitteln im Einzelfall) in Parallele zur Befristung des Eingabe- und Beschwerdeverfahren im Verwaltungsrecht zu sehen: die geringe Rechtsmacht des Bürgers kann in der Sache nicht kompensiert werden durch eine generelle Frist, innerhalb derer auf Eingaben ein Bescheid erteilt werden muß, was dem immer wieder einreißenden Schlendrian „ein absolutes" Ende setzen soll, über den Inhalt des (möglicherweise recht formalen) Bescheids aber nach der Natur der Sache nichts aussagen kann.

---

35 Art. 414 ff. StPO RSFSR.

36 Art. 133 StPO RSFSR.

Allein die Institutionalisierung als Sonderverfahren in der StPO (deren es zusammen mit dem Jugendstrafverfahren und dem Verfahren zur Anwendung medizinischer Zwangsmaßnahmen nur drei gibt) ist ein zumindest kodifikatorisch äußerst starkes Mittel. Inhaltlich läuft die Sonderregelung auf eine Beschleunigung mit sehr kurzen absoluten Fristen hinaus.

2. Die Anordnung der *Haft durch den Staatsanwalt* ist ebenfalls nicht „typisch kommunistisch". Einerseits besteht in vielen „sozialistischen" Ländern das Richtermonopol auf Haftanordnung; andererseits erklärt sich diese Kompetenz der sowjetischen Staatsanwaltschaft nicht aus ihrer Verfolgungs-, sondern aus ihrer Aufsichtsfunktion: sie ist ohnehin berufen, die Rechtmäßigkeit der Verwaltung, hier insbesondere die Rechtmäßigkeit der vom Untersuchungsführer für richtig gehaltenen Zwangsmaßnahmen zu überprüfen. Es geht m.E. nicht an, diese für uns besonders auffällige Einzelkonsequenz zu kritisieren, ohne zugleich die gesamte Stellung der sowjetischen Staatsanwaltschaft in die Kritik einzubeziehen. Abgesehen hiervon ist der sowjetische Staatsanwalt bisher der bessere Jurist im Vergleich zum Richter (bei entsprechend besserer Bezahlung durch die Aufstiegschancen; die Qualifikationen gleichen einander nur langsam an).

3. Auffällig für westliche Beobachter ist schließlich die *Stellung des KGB* im Strafprozeß. Leicht stößt man sich daran, wenn in Verfahren mit politischem Bezug Geheimdienstoffiziere in Uniform als Stadienherren auftreten, von denen man alles andere als „Magistratenstatus" erwarten kann. In puncto Justizförmigkeit scheint hier der Bock zum Gärtner gemacht.

Nun wird aber das KGB strafprozessual als eine Fachbehörde aufgefaßt wie jene anderen Spezialverwaltungen auch, die wie Behörden des Militärs, des Strafvollzugs, der Feuersicherheit, des Grenzschutzes und der Seeschiffahrt bei entsprechenden Tatbeständen Ermittlungsbehörden sind. Die Voruntersuchung können zwar grundsätzlich neben den Untersuchungsführern des KGB nur solche der Staatsanwaltschaft oder der Innenverwaltung leiten; in einigen Fällen ist jedoch darüber hinaus auch hierfür die Fachbehörde zuständig, die das Verfahren eingeleitet hat.[37] Es sind also Gründe der Spezialisierung – und hier insbesondere des geheimen Fachwissens –, die die Zuständigkeit des KGB für die Voruntersuchung erklären – wenn auch nicht rechtfertigen – können. Hinzu kommt, daß das KGB in der Sowjetunion eine wesentlich stärkere und breitere Rolle spielt als vergleichbare westliche Geheimdienste. Für die Sowjetunion muß es als Fortschritt gelten, daß der Geheimdienst mit der Entstalinisierung seine auch rechtsprechende Gewalt verloren hat. Im übrigen scheint der Jurist im Dienste des KGB sogar fachlich noch besser

[37] Art. 117, 125, 126 IV–VI StPO RSFSR.

qualifiziert zu sein als die Staatsanwälte; soweit durch Rechtsausbildung Grenzen der Machtausübung und des zweckmäßigen Vorgehens internalisiert werden, könnte sich diese Tatsache auswirken. Mit einem „vorgeschobenen" zivilen Untersuchungsführer, der doch von Informationen des KGB abhängig und ebenso parteigebunden wäre, könnte jedenfalls kaum geholfen sein.

4. Am häufigsten wird als auffallende Besonderheit der sowjetischen Rechtsprechung die *Unabhängigkeit* der Richter in Zweifel gezogen. Hierzu ist oben[38] bereits einiges im relativierenden Sinne ausgeführt. Gefahren für die Unabhängigkeit bestehen heute weniger im geringeren Sozialstatus (im Vergleich zum Staatsanwalt) oder in der Möglichkeit der Abwahl, als vielmehr in der – bereits präventiv internalisierten – Abhängigkeit von dem Establishment, das man gewöhnlich mit „Partei" bezeichnet. Zwar ist die große Masse der Alltagsfälle von dieser Gefahr für die Unabhängigkeit nicht betroffen; der Wert des Rechts, namentlich des Strafprozeßrechts, erweist sich jedoch immer nur am „Grenzfall", in dem sich eine Manipulationsmöglichkeit realisieren kann. Trotz dieser Erkenntnis darf die Parteigebundenheit des Richters nicht im falschen Sinne erschrecken. Um sie richtig einschätzen zu können, wäre eine genaue Analyse dessen notwendig, was die „Partei" in einem Staat darstellt, in dem sie seit 60 Jahren für sämtliche öffentlichen Angelegenheiten in der Verantwortung steht, so daß sie mit unserem Begriff der „Partei" nichts gemein hat. Freilich bleibt es für den sowjetischen Strafprozeß als Gefahrenquelle typisch, daß das Urteil nicht so sehr als individuelle Erkenntnis eines gesetzlichen Spruchkörpers im Umfeld einer prinzipiellen Unerreichbarkeit objektiver Wahrheit und absoluter Gerechtigkeit als „geringeres Übel" hoch geachtet würde, sondern daß vielmehr im Sinne der zu erreichenden objektiven „Richtigkeit" der angeblich besser Informierte sich mit seinem „Ratschlag" prinzipiell soll durchsetzen können. Diese Grundeinstellung wirkt sich nicht nur im wissenschaftlichen Beirat bei Obersten Gerichten, sondern auch in der Durchbrechung des Beratungsgeheimnisses durch das „Telefonrecht"[39] oder im „Aufsichtsverfahren" aus. In einem solchen Umfeld ist der Richter natürlich eher geneigt, im Ausnahmefall auf einen Wink „von oben" wohlwollend zu reagieren statt Gefahren für seine Unabhängigkeit zu wittern.

VI. Diskussionsschwerpunkte

Was uns am sowjetischen Strafprozeß ins Auge fällt, koinzidiert – nach dem vorangegangenen: natürlich – nicht mit den Schwerpunkten

---

[38] S.o. III 2c, S. 118.
[39] Vgl. III 2b (S. 117).

der aktuellen sowjetischen Diskussion. Wenn wir uns nun diesen letzteren zuwenden, so ist vielleicht von größerem Interesse, was auffälligerweise *nicht* diskutiert wird:

1. Um *einstige* dogmatische Diskussionspunkte, die nach der Entstalinisierung eine große Rolle gespielt haben, wie das Sondervotum des überstimmten Richters, das Institut der gesellschaftlichen Ankläger und Verteidiger, die Entwicklung der „Aufsichtsbeschwerde" zu einem echten Rechtsmittel, ist es auffallend still geworden. Mehr noch erstaunt womöglich, daß vieles von dem, was uns im Strafprozeßrecht aktuell bewegt, in der Sowjetunion – gemessen am *Schweigen des Schrifttums und der Judikatur* – unproblematisch zu sein scheint. Dazu gehört noch immer der gesamte Komplex der Ablehnung von Beweisanträgen und die Grenzen der Beweisverwertung. Dazu gehören auch die Unzulänglichkeit der Rechtsmittel gegen Zwangsmaßnahmen (obwohl die Zwangsmaßnahmen selbst im Augenblick zunehmend ernsthaft thematisiert werden) sowie – heutzutage – der Katalog der Revisionsgründe. Obwohl die StPO geradezu bieder die Grundsätze der Unmittelbarkeit und Mündlichkeit postuliert, ist vom „V-Mann" sowenig die Rede wie von der Telefonüberwachung, als ob es sie nicht gäbe.

2. Die *Modethemen* dagegen treffen sich teilweise mit dem aktuellen Interesse im Westen. Das gilt namentlich für die Problemschwerpunkte *„Effektivität und öffentliche Meinung"*,[40] die beide mit – unzulänglichen – empirischen Mitteln teils verbunden, teils getrennt voneinander untersucht werden. Besonders interessant ist hierbei der Zwang zur „operationalisierbaren" Festlegung der Prozeßziele, ohne die der Grad der derzeitigen Effektivität nicht festgestellt werden kann. Wie bereits bemerkt, sind neuerdings auch die *Zwangsmaßnahmen* zum Thema geworden, insbesondere die Psychiatrie,[41] dies freilich noch immer unter dem eher biederen Aspekt „höherer Anforderungen" an den „guten" Rechtsanwender und weniger unter dem Aspekt des Zielkonflikts und der juristischen Vorbeugung gegen und Abwendung von Grenzüberschreitungen. Als ein modischer Dauerbrenner hat sich der problematische Zusammenhang zwischen der *Unschuldsvermutung*,[42] dem „Recht auf Verteidigung" und dem Ziel der Diversion (analog der Problematik des § 153 a dt. StPO) erwiesen. Nach einer Reihe von Zeitungsschlachten und Monographien Etablierter handelt es sich nun um ein beliebtes Dissertationsthema.[43] Mit dem Recht auf Verteidigung ist auch die Frage erneut akut

---

[40] Vgl. schon o. II 8, S. 112.

[41] Z.B. *Petruchin*, Freiheit des Einzelnen und strafprozessualer Zwang, 1985; *Kudin*, Zwang im Strafverfahren, 1985.

[42] S. schon o. III 2b (S. 116).

[43] Näher *Fincke*, Komm. zu Art. 160, in: Fincke (Red.), Handbuch der Sowjetverfassung, Bd. II, 1983.

geworden, von welchem Prozeßstadium an (im Vorverfahren) und bis zu welchem Prozeßstadium (in Kassation und Aufsichtsverfahren) der *Verteidiger zuzulassen* sei. Vor wenigen Jahren hat das Oberste Gericht den Verfolgungsbehörden ans Herz gelegt, den Verteidiger wenigstens in den Fällen heranzuziehen, in denen er kraft Gesetzes im Vorverfahren zuzulassen ist; nun scheint aber eher die geringe Bereitschaft der Rechtsanwälte, diese ihnen ungewohnte Funktion wahrzunehmen, sich hinderlich auszuwirken.

Im Zusammenhang mit einer seit 1977 laufenden grundlegenden Neukodifikation ist auch das verfassungsrechtliche *Rechtsprechungsmonopol* der Gerichte zum ganz praktischen Problem geworden: es geht einerseits um die Abgrenzung zum Ordnungswidrigkeitenverfahren (was die materielle Definition der „Rechtsprechung" auf die Tagesordnung bringt), andererseits um die Abgrenzung zu Jugendkommission und Kameradengericht, deren justizförmige Aufwertung das Rechtsprechungsmonopol der Gerichte sowie den erstrebten gesellschaftlichen Charakter dieser Institutionen untergraben könnte, andererseits aber dadurch gefordert zu sein scheint, daß ihre Sanktionen weitgehend mit den dem Gericht zur Verfügung stehenden Sanktionen identisch sind.[44]

Zu einem – nun schon recht lange andauernden – Konflikt zwischen Theorie und Praxis ist die *Richtlinienkompetenz des Obersten Gerichts* in Konkurrenz zum Auslegungsrecht des Präsidiums des Obersten Sowjets geworden. Die Theoretiker neigen dazu, daß die richterlichen „Richtlinien" das Gesetzgebungsmonopol des Obersten Sowjets tangieren, während die Praktiker einen eher pragmatischen Standpunkt zugunsten der Beibehaltung beider Institute vertreten. Ohne in diesem Katalog Vollständigkeit anstreben zu können, sei zuletzt erwähnt, daß auch die oben umrissene *Schöffenaktivität* einen Dauerbrenner literarischer Erörterungen abgibt, wenn auch mehr im Sinne praktischer Verbesserungsvorschläge als grundsätzlicher dogmatischer Problematisierung.

Zu den aktuellsten Themen gehört die Rückkehr zu einem *Schwurgericht* sowie das Erfordernis der Einstimmigkeit bei Todesurteilen, nachdem das materielle Recht die Todesstrafe unter dem Druck der öffentlichen Meinung nicht völlig abgeschafft hat. Ein tiefempfundenes, wenn auch dogmatisch kaum faßbares aktuelles Schlagwort ist das Ziel der *Humanität,* das nicht nur bei den Prozeßzielen, sondern auch als Anforderung an das Urteil kodifiziert werden soll: das Urteil soll nicht nur „gesetzlich und begründet", sondern auch „gerecht und human" sein, ja sogar „justizförmig" (pravosudnyj). Überhaupt ist die Kodifikation von „Prozeßzielen" Gegenstand intensiver Reflexion.

---

[44] Näher *Ochs:* Procedural Rights of Juvenile Offenders before Soviet Courts and Commissions for Juvenile Affairs, Review of Socialist Law 1983, Nr. 1, S. 61–83.

VII. Thesen

Die Sowjetunion ist ein juristisches Entwicklungsland. Dies nicht so sehr, weil sie „vor 1848" zurückgeblieben sei (obwohl der Mangel der damaligen kontinentaleuropäischen Prozeßreform punktuell nachwirken mag), sondern vor allem deswegen, weil das sowjetische Rechtswesen durch Auslöschung des Juristenstandes und Abtötung der Rechtswissenschaft entscheidend zurückgeworfen wurde, was *zum Teil* politischen Tagesinteressen entgegenkommt. Dieser Aderlaß wirkt sich insbesondere deshalb aus, weil Juristen massenhaft notwendig wären, um ein *besonders* zurückgebliebenes Rechtsbewußtsein der Bevölkerung wenigstens im Sinne einer „zivilisatorischen Decke" auszugleichen.

Diese Diagnose vom „juristischen Entwicklungsland" wirkt sich gerade im Hinblick auf den Strafprozeß aus, wo die Probleme (Wertkollisionen; Berücksichtigung der jeweils „anderen Seite", Denken an möglichen Mißbrauch und mögliche Unschuld des Verfolgten) besonders versteckt sind: der Wert der Form ist gerade hier im Normalfall schwer verständlich.

In der These vom „Entwicklungsland" steckt aber eine *positive* Pronose. Durch bedeutsames Anwachsen der Juristenzahlen, durch deren größeres Ansehen, durch Hochschulbildung von fast 100% der Richterschaft, dadurch, daß die Erfahrungen mit extremen Mißbräuchen des Strafprozesses bereits gemacht und noch in lebhafter Erinnerung sind, sowie nicht zuletzt durch intensivierte Westkontakte wenigstens einer Oberschicht der Rechtswissenschaftler und damit durch Übernahme und wenigstens thematische Verarbeitung des internationalen Diskussionsstandes stärkt sich von Jahr zu Jahr sichtbar die rechtsstaatliche Komponente. Auf dem Umweg über systemkonforme Themen (z.B. Diversion, Probation) wächst die Achtung vor westlicher Dogmatik, was sich später auch in klassischen Gebieten auswirken kann. Hinzu kommt die wieder in vollem Gang befindliche Kodifikations- und Rechtssystematisierungsarbeit, bei der Politik und Wissenschaft an einem Strang ziehen.[45] Zwar ist die Tatsache einer rechtlichen Regelung noch kein Wert an sich; die Kodifikation hat jedoch – ganz ausgesprochen – auch einen didaktischen Wert und führt schließlich vermöge der bekannten „Trägheit" der juristischen Praxis zu einer eigenen Schwerkraft, die tagespolitischen Zweckmäßigkeiten zunehmend im Wege stehen wird.[46] Die Tatsache der ausdrücklichen Regelung im positiven Recht zwingt nach dem Selbstverständnis des Juristen zur Entwicklung aus dem Wortlaut, und die Diskussion der Ausle-

---

[45] Herausgabe einer vielbändigen, vom Gesetzgeber autorisierten (Loseblatt-)Ausgabe des geltenden Rechts in systematischer Form („Svod Zakonov"), die in Rußland große Tradition hat.

[46] Näher *Fincke*, in: Festschrift für Meissner, 1985, S. 79. Zu den Kodifikationsbewegungen bei uns um 1900 vgl. jetzt *Hofmeister* (Hrsg.), Kodifikation als Mittel der Politik, 1985.

gungsgrundsätze nimmt entsprechend zu. Gerade das sowjetische Strafprozeßrecht sollte nicht nur am westlichen Maßstab gemessen und dann mit dem Verdikt der Niveaulosigkeit oder „Blauäugigkeit" abgetan werden, sondern auch am Maßstab seiner eigenen Vergangenheit. Meine Kritik an mangelnder Präzision der Gesetzestechnik stieß jedenfalls auf den Einwand: „Euren Purismus können wir unseren Richtern (noch) nicht zumuten", und in der Tat muß ein Gesetzgeber auf den Ausbildungsstand der Rechtsanwender und auf das Rücksicht nehmen, was man in der Sowjetunion „Rechtskultur" nennt.

Bei der Diagnose „juristisches Entwicklungsland" steht also die „Entwicklung" im Vordergrund.

Joachim Herrmann

Der amerikanische Strafprozeß*

I. Einleitung

Spricht man in der Bundesrepublik Deutschland vom amerikanischen Strafprozeß, so kann sich im allgemeinen jeder etwas darunter vorstellen. Im Gegensatz zu unserem eigenen Strafverfahren und zum Strafverfahren anderer Länder ergibt sich häufig Gelegenheit, dem amerikanischen Strafprozeß im Kino und im Fernsehen, in Zeitungsberichten und in der schöngeistigen Literatur zu begegnen. Wer erinnert sich nicht an „Die zwölf Geschworenen" mit Henry Fonda, an die „Anatomie eines Mordes" mit James Stewart oder an „Verdict" mit Paul Newman! Wer hat nicht im Fernsehen die eine oder andere der zahlreichen Kriminalserien mit ihren dramatischen Höhepunkten im Gerichtssaal gesehen! Viele von uns haben „Kaltblütig" von Truman Capote oder „Eine amerikanische Tragödie" von Theodore Dreiser gelesen.

Aufgrund dieser Begegnungen geht es uns mit dem amerikanischen Strafprozeß wie mit einem alten Bekannten. Er ist kein Fremder mehr, und wir haben uns im Laufe der Zeit ein Urteil über ihn gebildet, ohne freilich genügend Einzelheiten zu kennen, auf die wir das Urteil stützen können.

Ganz ähnlich verhält es sich mit dem Bild des amerikanischen Strafprozesses in unserem wissenschaftlichen Schrifttum. Auch hier ist man vielfach zu Urteilen über das fremde Verfahren gelangt, ohne dieses ausreichend zu kennen. Als geradezu zwangsläufige Folge daraus hat sich ergeben, daß die entscheidenden Merkmale des amerikanischen Strafprozesses nicht richtig erkannt wurden und dessen Wirklichkeit verzeichnet wurde.[1]

---

* Überarbeitete und ergänzte Fassung eines im Sommersemester 1984 an der Universität Saarbrücken gehaltenen Vortrags. Die Angaben in den Fußnoten beschränken sich, soweit möglich, auf deutschsprachiges Schrifttum sowie auf amerikanische Standardwerke und Entscheidungen grundsätzlicher Bedeutung.

1 Hierzu und zum folgenden siehe die Angaben bei *Herrmann*, Die Reform der deutschen Hauptverhandlung nach dem Vorbild des anglo-amerikanischen Strafverfahrens, 1971, S. 114 ff. – Unzutreffende Ausführungen zum amerikanischen Prozeß bei *Triffterer*, Recht und Gesellschaft 1974, 165, 166; *Schöch*, Die Reform der Hauptverhandlung, in: Wassermann u.a. (Hrsg.), Strafprozeß und Re-

Man hat zwar zutreffend hervorgehoben, daß es sich beim amerikanischen Strafverfahren um einen Parteiprozeß handele, weil die Durchführung der Hauptverhandlung, insbesondere die Beweisaufnahme, nicht beim Richter, sondern in den Händen von Staatsanwalt, Verteidiger und Angeklagtem liegt. Mit dem Parteibegriff hat man jedoch schnell die Vorstellung von der Parteilichkeit des Staatsanwalts verknüpft. Dieser sei nicht zu objektiver Aufklärung des Sachverhalts verpflichtet und könne sich deshalb in der Hauptverhandlung darauf beschränken, einseitig auf die Überführung des Angeklagten hinzuwirken. Der Richter sei zur Mitwirkung an der Wahrheitserforschung nicht verpflichtet, ja nicht einmal berechtigt. Ihm falle deshalb in der Hauptverhandlung lediglich die Rolle eines Schiedsrichters zu, der darauf zu achten habe, daß die Parteien die Spielregeln des Prozesses und das Gebot der Fairneß einhalten. Der Angeklagte stehe, zumal wenn er keinen Verteidiger habe, der Übermacht des Strafverfolgungsapparates hilflos gegenüber. Für die Zeugen stelle das Kreuzverhör geradezu eine Folter dar, da die in diesem Verhör gestellten Fragen darauf zielten, ihre Aussage mit allen erdenklichen Mitteln zu erschüttern und den Schatten der Unglaubwürdigkeit auf ihre Person fallen zu lassen. Die guilty plea schließlich, das förmliche Schuldanerkenntnis des Beschuldigten, hat man als unvereinbar mit dem Grundsatz der Wahrheitserforschung bezeichnet. Das plea bargaining, das heißt das Aushandeln der guilty plea zwischen Staatsanwalt, Angeklagtem und Verteidiger, wurde gar als ein mit dem Zweck des Strafverfahrens nicht vereinbarer „Handel mit Gerechtigkeit" bezeichnet.[2]

Was für ein merkwürdiges, teilweise geradezu abstoßendes Bild des amerikanischen Strafprozesses, das in das deutsche wissenschaftliche Schrifttum Eingang gefunden hat! Die Frage drängt sich auf, wie man ernsthaft annehmen kann, daß die in wirtschaftlicher und politischer Hinsicht moderne und aufgeklärte amerikanische Gesellschaft bereit ist, eine Strafrechtspflege zu akzeptieren, die mit allgemein anerkannten verfassungsrechtlichen und rechtspolitischen Wertanschauungen nicht vereinbar ist und die in wichtigen Punkten rechtsstaatlichen und humanitären Mindestanforderungen kaum genügen dürfte. Sicher spielen ungenügende Kenntnisse, Mißverständnisse und auch Vorurteile eine Rolle.[3] Diese Problematik soll hier jedoch nicht weiter verfolgt werden. Weit wichtiger er-

---

form, 1979, S. 52, 64 f.; Alternativ-Entwurf, Novelle zur Strafprozeßordnung, Reform der Hauptverhandlung, herausgegeben von einem Arbeitskreis deutscher und schweizerischer Strafrechtslehrer, 1985, S. 7 u. 68; andeutungsweise ferner bei *Schlüchter,* Das Strafverfahren, 2. Aufl. 1983, Rdn. 459, im Text (zutreffend dagegen in der Fußnote 141); siehe auch Löwe/Rosenberg/*Schäfer,* Strafprozeßordnung, 24. Aufl. 1988, Einleitung, Kap. 13, Rdn. 14 f. – Ein zutreffendes Bild zeichnet dagegen *Schmid,* Das amerikanische Strafverfahren, 1986.

[2] *Schumann,* Der Handel mit Gerechtigkeit, Funktionsprobleme der Strafjustiz und ihre Lösungen – am Beispiel des amerikanischen plea bargaining, 1977.

[3] Vgl. *Herrmann* (Fn. 1), S. 112 ff.

scheint es, auf die dem ausländischen Betrachter auffallenden Besonderheiten des amerikanischen Strafprozesses hinzuweisen. Dies soll nicht in der Weise geschehen, daß der Ablauf des Verfahrens Schritt für Schritt nachgezeichnet wird. Die Eigenart des amerikanischen Prozesses tritt deutlicher zutage, wenn die Punkte in den Vordergrund gestellt werden, die Aufschluß über dessen typische Strukturmerkmale und über den Stil der amerikanischen Praxis geben. Diese Besonderheiten werden bisweilen erst dann verständlich, wenn man den politischen und sozialen Bezugsrahmen des amerikanischen Strafprozesses in die Betrachtung einbezieht.

II. Dezentralisierung und Fehlen einer hierarchischen Organisation – zwei Strukturelemente der amerikanischen Strafjustiz

Als hervorstechende Merkmale, durch die sich die amerikanische Strafjustiz auszeichnet, sind deren Dezentralisierung und das Fehlen einer hierarchischen Organisation zu nennen.[4] Beide Merkmale stellen keine Besonderheiten dar, die auf die amerikanische Strafjustiz beschränkt sind. Es verhält sich vielmehr so, daß das gesamte öffentliche Leben der Vereinigten Staaten in dieser Weise strukturiert ist. Einerseits ist das bundesstaatliche Element dort sehr viel stärker ausgeprägt als in der Bundesrepublik Deutschland.[5] Andererseits erfolgt die Erledigung öffentlicher Aufgaben in großem Umfang auf lokaler Ebene in den Bezirken und Gemeinden.[6] In der Idee des „local government" zeigt sich das Erbe der Entstehungszeit der Vereinigten Staaten, in der nahezu sämtliche Verwaltungsaufgaben im Rahmen der örtlichen Gemeinschaft, das heißt im kleinen, überschaubaren Bereich, geregelt wurden.

1. Auch die amerikanische Polizei und die Staatsanwaltschaft sind, wenn man von der nur in engen Grenzen zuständigen Strafjustiz des Bundes absieht, innerhalb der fünfzig Einzelstaaten weitgehend auf Bezirks- und Gemeindeebene organisiert.[7] Es ist ein wichtiger Grundsatz der ame-

---

[4] Vgl. *Damaška*, ZStW 1975, 713, 722 ff.; *ders.*, The Faces of Justice and State Authority, A Comparative Approach to the Legal Process, 1986, S. 222 ff.

[5] *Currie*, Die Verfassung der Vereinigten Staaten von Amerika, 1988, S. 23 ff.; *Fraenkel*, Das amerikanische Regierungssystem, 3. Aufl. 1976, S. 100 ff.; *Loewenstein*, Verfassungsrecht und Verfassungspraxis in den Vereinigten Staaten, 1959, S. 73 ff.

[6] *Körntgen*, Die gemeindliche Selbstverwaltung in den Vereinigten Staaten, 1962, S. 13 ff.; *Adam*, Die USA, Geschichte und Verfassungsordnung, 1964, S. 162 ff.; *Thürer*, Bund und Gemeinden, eine rechtsvergleichende Untersuchung zu den unmittelbaren Beziehungen zwischen Bund und Gemeinden in der Bundesrepublik Deutschland, den Vereinigten Staaten von Amerika und der Schweiz, 1986, S. 108 ff.

[7] Hierzu und zum folgenden siehe *Weigend*, Anklagepflicht und Ermessen, Die Stellung des Staatsanwalts zwischen Legalitäts- und Opportunitätsprinzip nach

rikanischen Strafrechtspflege, daß Verbrechensprobleme im örtlichen Bereich und in enger Anlehnung an die dort vorherrschende öffentliche Meinung gelöst werden. Man geht davon aus, daß die Kriminalität in den Slums der Großstädte mit Hilfe anderer Strategien bekämpft werden muß als Straftaten, die in kleineren Gemeinden und ländlichen Bezirken begangen werden. Die bei uns im Vordergrund stehenden Ideen der einheitlichen Durchsetzung der Strafgesetze tritt hinter der Verfolgung konkreter kriminalpolitischer Ziele zurück.

Die amerikanischen Staatsanwälte erhalten ihr Amt aufgrund von politischen Wahlen, die auf Bezirks- und Gemeindeebene durchgeführt werden.[8] In aller Regel übernehmen sie dieses Amt nur für einige Jahre, denn sie bereiten sich hier auf eine spätere forensische Tätigkeit als Rechtsanwalt vor. Nicht selten dient das Amt auch als erster Schritt auf dem Weg zu einer politischen Karriere, für die sich die Staatsanwälte durch eine erfolgreiche Verbrechensbekämpfung zu profilieren trachten. Die Staatsanwälte richten deshalb ihre Verfolgungsstrategien weitgehend am Willen ihrer Wähler aus, deren Rechtsvorstellungen und Wertüberzeugungen sie sich verpflichtet fühlen. Wenn die amerikanischen Staatsanwälte angesichts dessen als „Politiker" bezeichnet worden sind,[9] so mag das eine allzu pointierte Charakterisierung sein; richtig ist aber der darin enthaltene Hinweis auf die nicht nur kriminalpolitische, sondern allgemeinpolitische Ausrichtung ihrer Tätigkeit.

An der Spitze der Staatsanwaltschaften in den Einzelstaaten steht zwar jeweils ein Attorney-General, dessen Amt ist aber nicht mit dem des deutschen Generalstaatsanwalts vergleichbar.[10] Der Attorney-General ist im allgemeinen nur am Rande mit Fragen der Strafrechtspflege befaßt, ihm stehen auch keine Leitungs- und Aufsichtsbefugnisse über die Staatsanwälte zu. Die fehlende hierarchische Strukturierung der Staatsanwaltschaft wird auch nicht durch eine Kooperation von Staatsanwälten benachbarter Bezirke oder Gemeinden ersetzt. Das innerhalb der bürokratisch organisierten deutschen Staatsanwaltschaft bestehende Streben nach einer über den örtlichen Bereich hinausgehenden Gleichheit und Kontinuität der Verbrechensverfolgung ist dem amerikanischen Staatsan-

---

deutschem und amerikanischem Recht, 1978, S. 94 ff. u. 111 ff.; *ders.*, Funktion und Tätigkeit der Staatsanwaltschaft in den U.S.A., in: Jescheck/Leibinger (Hrsg.), Funktion und Tätigkeit der Anklagebehörde im ausländischen Recht, 1979, S. 587, 591 ff.; *Herrmann* (Fn. 1), S. 190 ff.; *Damaška*, The Faces (Fn. 4), S. 222 ff.; *Schmid* (Fn. 1), S. 36 ff. Kritisch schon *Pound*, Criminal Justice in America, 1930, S. 182 ff.

8 *Karlen*, Anglo-American Criminal Justice, 1967, S. 25 ff.; *A. Goldstein*, History of the Public Prosecution, in: Kadish (Hrsg.), Encyclopedia of Crime and Justice, 1983, Bd. 3, S. 1286 ff.

9 *Damaška*, ZStW (Fn. 4), S. 723; *Weigend*, Anklagepflicht (Fn. 7), S. 98.

10 Siehe *Herrmann* (Fn. 1), S. 191 f. mit weiteren Nachweisen.

walt ebenso unbekannt wie der Integrationsdruck, dem der einzelne deutsche Staatsanwalt innerhalb seiner Behörde ausgesetzt ist.

2. Die Dezentralisierung und das Fehlen einer hierarchischen Organisation der amerikanischen Strafjustiz zeigt sich ferner in der Stellung des Richters.[11] Auch dessen Amt ruht in den Einzelstaaten regelmäßig auf einer im lokalen Bereich verankerten politischen Grundlage. Teils wird der Richter, ebenso wie der Staatsanwalt, in einer allgemeinen politischen Wahl gewählt, teils wird er zunächst von der Regierung oder vom Parlament ernannt, muß dann aber nach Ablauf einer Probezeit von der Bürgerschaft im Zusammenhang mit einer Wahl bestätigt werden. Regelmäßig sind es erfahrene und allseits angesehene Rechtsanwälte, die zu Richtern bestellt werden. Zum Aufstieg eines Richters in eine Position an einem höheren Gericht kommt es nur selten einmal; eine Hierarchie hat sich deshalb innerhalb der amerikanischen Richterschaft nicht herausgebildet. Der Richter ist vielmehr ähnlich, wie es schon für den Staatsanwalt festgestellt wurde, mit der örtlichen Gemeinschaft, aus der er hervorgegangen ist, eng verbunden. Dies zeigt sich nicht zuletzt darin, daß der Name des Richters in seinem Bezirk allgemein bekannt ist und daß der Richter dort hohes Ansehen genießt. Im Gegensatz zur deutschen Justiz ist es nicht die anonyme Institution des Gerichts, sondern die Persönlichkeit des einzelnen Richters, auf die es ankommt.

3. Schließlich ist die amerikanische Jury als Ausdruck der dezentralisierten und nicht hierarchisch ausgerichteten Strafjustiz anzusehen.[12] Die Jury setzt sich in aller Regel aus zwölf Laien zusammen, in neuerer Zeit wurden aus Ersparnis- und Vereinfachungsgründen aber auch Spruchkörper mit weniger, etwa nur sechs Geschworenen zugelassen.[13] Da für jedes Verfahren eine neue Geschworenenbank gewählt wird, findet anders als bei den Schöffen in der deutschen Strafjustiz, die für die Dauer von vier Jahren und für eine ganze Reihe von Prozessen bestellt werden, keine allmähliche Professionalisierung der Laienrichter statt. Die Geschworenen sollen die Gesamtheit der Bürger ihres Gerichtsbezirks repräsentieren. Deshalb ist es als unzulässig angesehen worden, daß eine Gruppe der Bevölkerung, etwa Schwarze oder Frauen, systematisch vom Geschworenendienst ausgeschlossen wurde.

---

[11] Hierzu und zum folgenden siehe *Herrmann* (Fn. 1), S. 318 f.; *Wilkey*, DRiZ 1973, 293; *Schmid* (Fn. 1), S. 46 ff.; speziell zur Bestellung des Richters siehe *Kayser*, Die Auswahl der Richter in der englischen und amerikanischen Rechtspraxis, 1969, S. 168 ff.

[12] Allgemein zur Jury siehe *Casper/Zeisel*, Der Laienrichter im Strafprozeß, 1979, S. 159 ff.; *Schmid* (Fn. 1), S. 68 ff.; *Herrmann* (Fn. 1), S. 317 ff.; *Kalven/Zeisel*, The American Jury, 1966; *LaFave/Israel*, Criminal Procedure, 1985, S. 824 ff. – Eine Gegenüberstellung von amerikanischer Jury und deutschem Schöffengericht findet sich bei *Langbein*, 1981 Am. Bar Found. Res. J. 195.

[13] Williams v. Florida, 399 U.S. 78 (1970). Fünf Laienrichter wurden jedoch als zu wenig angesehen, Ballew v. Georgia, 435 U.S. 223 (1978).

In der Hauptverhandlung wird die Jury nach Abschluß der Beweisaufnahme und den Schlußplädoyers vom Richter über das anzuwendende Recht, bisweilen auch über die vorzunehmende Beweiswürdigung, unterrichtet, sie hat aber die Freiheit, von dieser Belehrung abzuweichen und die Schuldfrage anhand ihrer eigenen Wertmaßstäbe und Überzeugungen zu entscheiden. In der Praxis machen die Geschworenen von dieser Freiheit durchaus Gebrauch. Kommen sie zu einem Freispruch, so ist die Entscheidung endgültig, denn Rechtsmittel gegen einen Freispruch sind nicht zulässig, selbst wenn dieser offensichtlich im Widerspruch zu Beweisergebnissen oder Rechtssätzen steht.

In manchen Einzelstaaten hat die Jury das Recht, auch die Strafe festzusetzen, insbesondere über die Todesstrafe zu entscheiden oder eine Empfehlung hierzu abzugeben. In dieser Befugnis tritt die Abneigung der Amerikaner gegenüber staatlicher Machtausübung besonders deutlich zutage.

Die Laien auf der Geschworenenbank sind somit als der eigentliche Souverän der amerikanischen Strafjustiz anzusehen. Zugleich kommt in der Jury der Gedanke der „local justice" zum Ausdruck. Der auf die örtlichen Verhältnisse abgestimmten Strafjustiz wird der Vorrang vor einer abstrakten und allgemeingültigen Gerechtigkeitsidee eingeräumt. Für das Common Law typisch ist in erster Linie das Fallrechtsdenken und nicht das dem kontinental-europäischen Juristen vertraute, durch die abstrakt und generell gefaßten Gesetze geforderte Streben nach Vereinheitlichung und Verallgemeinerung.

III. Die Machtfülle des amerikanischen Staatsanwalts

Ein weiteres Merkmal des amerikanischen Strafprozesses ist die kaum zu überschätzende Machtfülle des Staatsanwalts. Einerseits untersteht er keiner Rechts- und Dienstaufsicht, und es gibt auch keine anderen in der Praxis wirksamen Kontrollen seiner Tätigkeit. Andererseits verfügt er bei der Ausübung seines Amtes über ein nahezu uneingeschränktes Ermessen.[14] Hat der Staatsanwalt von einer Straftat erfahren, so steht es ihm frei, Anklage zu erheben, das Verfahren mit oder ohne Auflagen einzustellen oder den Beschuldigten einem Diversions-Programm zuzuweisen. Er kann ferner mit dem Beschuldigten über die Abgabe einer guilty plea, das heißt eines formellen Schuldbekenntnisses, verhandeln und diesem als Gegenleistung anbieten, daß er die Anklage auf ein minder schweres Delikt beschränkt, indem er zum Beispiel einen Raub zu einem Diebstahl herabstuft. Das Gericht ist – und darin zeigt sich ein Element des Partei-

---

[14] *Weigend,* Anklagepflicht (Fn. 7), S. 102ff.; *ders.,* Funktion (Fn. 7), S. 610ff.; *Schmid* (Fn. 1), S. 40f.; *Damaška,* The Faces (Fn. 4), S. 222f.

prozesses – an die vom Staatsanwalt in der Anklage vorgenommene rechtliche Bewertung des Prozeßgegenstandes gebunden.[15] Der Angeklagte darf deshalb, wenn die Anklage auf Diebstahl lautet, nicht wegen Raubes verurteilt werden, selbst wenn die Beweismittel eindeutig ergeben, daß er Gewalt angewendet hat.

Aus deutscher Sicht mag die Machtfülle des amerikanischen Staatsanwalts bedenklich erscheinen, da sie Ungleichbehandlung, Willkür und nicht zuletzt auch Machtmißbrauch ermöglicht. Man sollte jedoch nicht übersehen, daß dessen weites Ermessen wegen der besonderen Verhältnisse in den Vereinigten Staaten unverzichtbar ist.[16] Da dort prozentual sehr viel weniger Geld für die Strafrechtspflege aufgewendet wird als in der Bundesrepublik Deutschland, fehlt es dem amerikanischen Staatsanwalt an finanziellen und personellen Mitteln zur Verfolgung jeder bekanntgewordenen Straftat. Der Staatsanwalt ist gezwungen, auszuwählen, Schwerpunkte zu bilden und sich auf die Lösung der gravierendsten Kriminalitätsprobleme zu beschränken. In amerikanischen Großstädten kommt es immer wieder vor, daß Personen, die sich um das Amt des Staatsanwalts bewerben oder die neu in dieses Amt gewählt worden sind, öffentlich bekanntgeben, welchen Verbrechensbereichen sie sich bevorzugt zuzuwenden beabsichtigen.

Das weite Ermessen des amerikanischen Staatsanwalts ist aber auch deshalb notwendig, weil die amerikanischen Strafgesetze im allgemeinen nicht so sorgfältig durchgeformt sind, wie wir es von den kontinentaleuropäischen Gesetzen her gewöhnt sind.[17] Die Tatbestände sind oft zu weit gefaßt, die vorgesehenen Mindeststrafen sind, vor allem für leichtere Fälle und für Rückfalltaten vielfach zu hoch angesetzt. Häufig überschneiden sich auch die Anwendungsbereiche mehrerer Tatbestände. Da die Dogmatik des Allgemeinen Teils im amerikanischen Strafrecht bislang vergleichsweise unvollständig entwickelt ist und da die amerikanischen Strafgesetze die strafbaren Handlungen gewöhnlich nicht mit Hilfe abstrakter Begriffe, sondern durch eine Anhäufung zahlreicher konkreter Merkmale umschreiben, eröffnet das amerikanische Strafrecht offensichtlich sehr viel weniger Spielraum für eine flexible, am Gesetzeszweck ausgerichtete Auslegung als das kontinental-europäische. Der amerikanische Staatsanwalt muß deshalb durch Ermessensausübung auf der prozessualen Ebene nachholen, was auf dem europäischen Kontinent durch sorgfältige Gesetzgebungsarbeit, den Aufbau einer differenzierten Strafrechtsdogmatik, geschmeidige Gesetzesauslegung und allgemein akzeptierte Strafrahmen bewältigt wird.

---

15 *Weigend*, ZStW 1982, 200, 201.

16 *Weigend*, Anklagepflicht (Fn. 7), S. 104 ff.; *ders.*, Funktion (Fn. 7), S. 624 ff.

17 *Herrmann*, Strafrechtsreform in den Vereinigten Staaten, in: Kaiser/Vogler (Hrsg.), Strafrecht und Strafrechtsvergleichung, 1975, S. 25, 28 ff.

Die Machtfülle des amerikanischen Staatsanwalts wird in den Vereinigten Staaten auch deshalb hingenommen, weil dieser, obwohl er in einem Parteiverfahren tätig ist, nicht als gewöhnliche Partei angesehen wird.[18] Es wird vielmehr von den Gerichten und im Schrifttum immer wieder hervorgehoben, daß der amerikanische Staatsanwalt zu Objektivität und Unparteilichkeit verpflichtet ist und daß es nicht seine Aufgabe sei, den Beschuldigten sozusagen zur Strecke zu bringen. Der Supreme Court der Vereinigten Staaten hat dies besonders deutlich mit den Worten zum Ausdruck gebracht, der Staatsanwalt sei ein „servant of the law with a twofold aim ... that guilt shall not escape or innocence suffer".[19] Insofern unterscheidet sich die Stellung des amerikanischen Staatsanwalts nicht grundsätzlich von der des deutschen.

IV. Die Disziplinierung der Polizei mit Hilfe von Beweisverwertungsverboten

1. Ähnlich wie der Staatsanwalt ist auch die Polizei in den Vereinigten Staaten mit einer großen Machtfülle ausgestattet.[20] In der Praxis liegt es weitgehend in ihrem Ermessen, wie sie bekanntgewordene Verbrechensprobleme zu lösen versucht, in welchen Fällen sie ein Verfahren einleitet, wann sie einen Verdächtigen festnimmt und unter welchen Voraussetzungen sie ein Verfahren einstellt. Dies führt, wie es schon bei der Erörterung des Staatsanwalts festgestellt wurde, zu einer großen Uneinheitlichkeit der Strafverfolgung.

Ein weiterer entscheidender Grund für diese Uneinheitlichkeit ergibt sich aus der Tatsache, daß die Polizeigewalt in den Vereinigten Staaten überaus zersplittert ist.[21] Neben den zahlreichen Polizeieinheiten des Bundes gibt es in den Einzelstaaten verschiedene Polizeibehörden, die mehr oder minder gut organisiert sind. Außerdem haben fast sämtliche Bezirke und Gemeinden ihre eigenen Polizeieinheiten. Neben modernen und straff strukturierten Behörden in den Großstädten gibt es altertümlich anmutende Einheiten, die vor allem im ländlichen Bereich anzutreffen sind. Viele der auf Gemeinde- und Bezirksebene tätigen Polizeibeamten sind nur für kurze Amtsperioden bestellt, sie verfügen deshalb oft

---

18 *Herrmann* (Fn. 1), S. 193 ff. mit weiteren Nachweisen.

19 Singer v. United States, 380 U.S. 24, 37 (1965); siehe auch *Weigend*, ZStW 1988, 733, 749.

20 *Weigend*, Anklagepflicht (Fn. 7), S. 111 ff.; *ders.*, Funktion (Fn. 7), S. 607 ff.; *Davis*, Discretionary Justice, A Preliminary Inquiry, 1971, S. 80 ff.; The President's Commission on Law Enforcement and Administration of Justice, The Challenge of Crime in a Free Society, 1967, S. 91 ff.

21 *Weigend*, Anklagepflicht (Fn. 7), S. 112; *Schmid* (Fn. 1), S. 36 ff.; *Karlen* (Fn. 8), S. 6 ff.; *H. Goldstein*, Police: Administration, in: Kadish (Hrsg.), Encyclopedia (Fn. 8), S. 1125 ff.

nicht über die für die Erfüllung ihrer Aufgaben nötige Ausbildung und Erfahrung. Innerhalb der überaus zahlreichen kleineren Behörden besteht kaum eine nennenswerte innerdienstliche Aufsicht. Auch andere Mittel für eine wirksame Kontrolle des einzelnen Beamten gibt es nicht.

Deshalb hat sich der Supreme Court der Vereinigten Staaten gezwungen gesehen, die Tätigkeit der Polizei im Ermittlungsverfahren gleichsam auf mittelbarem Wege mit Hilfe von Beweisverwertungsverboten zu überwachen.[22] Der Supreme Court hat sehr deutlich auf diese Notlage hingewiesen, indem er die Verwertungsverbote als „the only effectively available way" zur Disziplinierung der Polizei bezeichnete.[23] Diesem Gedanken folgend haben der Supreme Court und auch andere amerikanische Gerichte seit Beginn der sechziger Jahre in zahllosen Fällen Beweismittel von der Verwertung ausgeschlossen, die Polizeibeamte im Zusammenhang mit unzulässigen Festnahmen, Durchsuchungen, Abhörmaßnahmen, Gegenüberstellungen und Vernehmungen beschafft hatten. Der Ausschluß von Beweismitteln wurde zunächst neben dem Überwachungsgedanken auch auf den Schutz der Privatsphäre und den Grundsatz der Integrität des Strafverfahrens gestützt, im Laufe der Jahre trat jedoch die Disziplinierung der Polizei als „single and distinct purpose', der Verwertungsverbote immer stärker in den Vordergrund.[24]

Der Supreme Court hat auf dieser Grundlage die Verwertungsverbote in zahlreichen Fällen zum Anlaß genommen, die Grenzen für die Ermittlungstätigkeit der Polizei genau abzustecken. Auf diese Weise hat das Gericht wichtige Bereiche des amerikanischen Strafprozeßrechts neu geschrieben. Als Beispiel mag die berühmte Miranda-Entscheidung dienen, in der der Supreme Court umfassende, durch Verwertungsverbote abgesicherte Belehrungspflichten festgelegt hat, die von der Polizei vor der Vernehmung des Beschuldigten zu beachten sind und die weit über die Belehrungspflichten des deutschen Rechts hinausgehen.[25] Die Entscheidung sieht vor, daß der Beschuldigte neben seinem Recht, nicht zur Sache auszusagen, auch darauf hinzuweisen ist, daß alles, was er sagt, vor Gericht zu seinen Lasten verwertet werden kann, daß eine Vernehmung, zu der er sich bereit erklärt hat, auf seinen Wunsch hin jederzeit abgebrochen werden muß, daß er zur Vernehmung einen Verteidiger hinzuziehen kann und daß ihm, wenn er mittellos ist, ein Verteidiger gestellt wird.

Trotz dieser rasanten Entwicklung der Verwertungsverbote in den Vereinigten Staaten ist nicht zu übersehen, daß diese offensichtlich ihren Höhepunkt überschritten haben. Im Supreme Court hat der Wechsel in

---

[22] *Herrmann*, Aufgaben und Grenzen der Beweisverwertungsverbote, in: Jescheck-Festschrift, 1985, S. 1291, 1297 ff.; *ders.*, JZ 1985, 602, 608 f.

[23] Elkins v. United States, 364 U.S. 206, 217 (1960).

[24] Tehan v. U.S. ex rel. Shott, 382 U.S. 406, 413 (1966); siehe dazu *Herrmann*, Aufgaben (Fn. 22), S. 1300.

[25] Miranda v. Arizona, 384 U.S. 436 (1966).

der personellen Besetzung dazu geführt, daß das Gericht den Verwertungsverboten heute skeptischer gegenübersteht als noch vor wenigen Jahren.[26] In neueren Entscheidungen des Supreme Court finden sich immer wieder Hinweise, daß die Disziplinierungswirkung der Verwertungsverbote nicht erwiesen sei und daß die amerikanische Gesellschaft einen zu hohen Preis bezahle, wenn offensichtlich Schuldige angesichts der ungewissen Wirkung der Verwertungsverbote der Bestrafung entgingen.

Erwägungen dieser Art haben den Supreme Court im Jahre 1984 veranlaßt, einen ersten wichtigen Schritt zur Eindämmung der Verwertungsvebote zu tun. Das Gericht hat entschieden, daß ein Verwertungsverbot dann nicht eingreift, wenn ein Polizeibeamter, der eine unzulässige Durchsuchung vorgenommen hat, „in good faith", das heißt im guten Glauben an die Bestandskraft einer richterlichen Durchsuchungsanordnung gehandelt hat.[27] Vertraut ein Polizeibeamter auf die Rechtmäßigkeit einer richterlichen Anordnung, so kann man, wie die Entscheidung hervorhebt, nicht davon ausgehen, daß ein Verwertungsverbot irgendeine abschrekkende Wirkung ausüben würde. Ebenso verhält es sich nach einer späteren Entscheidung des Supreme Court, wenn ein Polizeibeamter eine Durchsuchung ohne richterliche Anordnung aufgrund einer allgemeinen gesetzlichen Ermächtigung vornimmt, die gesetzliche Ermächtigung aber später von einem Gericht für verfassungswidrig erklärt wird.[28] Auch hier schließt der gute Glaube des Beamten nach Ansicht des Supreme Court eine Disziplinierungswirkung aus. Auf weitere Fälle hat der Supreme Court die good faith-Ausnahme jedoch nicht ausgedehnt, obwohl es sich geradezu anbieten würde, bei anderen polizeilichen Zwangsmaßnahmen und Grundrechtseingriffen ebenso zu verfahren. Man wird deshalb abwarten müssen,

---

26 Siehe *Herrmann,* Aufgaben (Fn. 22), S. 1300 ff.

27 United States v. Leon, 468 U.S. 897 (1984); ebenso Massachusetts v. Sheppard, 468 U.S. 981 (1984). Siehe dazu *Alschuler,* „Close Enough for Government Work": The Exclusionary Rule after Leon, in: 1984 The Supreme Court Review 309 ff.
Weitere Einschränkungen der Verwertungsverbote wurden von amerikanischen Gerichten mit der Begründung vorgenommen, daß die Polizei das rechtswidrig erlangte Beweismittel nach Lage der Dinge auch bei ordnungsgemäßem Vorgehen (from an independent source) erlangt hätte, daß die Polizei im Rahmen der eingeleiteten, zulässigen Ermittlungen mit Sicherheit darauf gestoßen wäre (inevitable discovery) oder daß das Beweismittel nur lose mit der rechtswidrigen Ermittlungshandlung verknüpft war, so daß es nicht durch deren Makel berührt wurde (attenuated connection). Diese Einschränkungen betreffen aber grundsätzlich nur die sog. Früchte des verbotenen Baumes, d.h. Beweismittel, die erst aufgrund anderer rechtswidrig erlangter Beweismittel gefunden wurden. Siehe *Schmid* (Fn. 1), S. 116 f., der jedoch die Beschränkung auf die „Früchte" nicht herausstellt; *Herrmann,* Aufgaben (Fn. 22), S. 1307; *LaFave/Israel* (Fn. 12) S. 428 ff. – Neuerdings hat der Supreme Court jedoch die independent source-Ausnahme auf unmittelbar rechtswidrig erlangte Beweismittel ausgedehnt. Murray v. United States, 108 S. Ct. 2529 (1988).

28 Illinois v. Krull, 197 S.Ct. 1160 (1987).

ob es der Supreme Court bei den genannten, vorsichtigen Einschränkungen der Verwertungsverbote beläßt, oder ob er versuchen wird, diese in stärkerem Maße zurückzudrängen. Der weite Argumentationsrahmen, den die good faith-Klausel eröffnet, würde dies ohne weiteres zulassen.

2. Im deutschen Strafverfahren sind Verwertungsverbote bekanntlich nur in einigen wenigen Fällen anerkannt worden. Sie dienen hier, wie § 136a StPO sowie die Tagebuch- und Tonbandentscheidungen besonders deutlich zeigen, nicht der Disziplinierung der Polizei, sondern in erster Linie dem Schutz des Betroffenen.[29] Verwertungsverbote zur Überwachung der Polizei werden bei uns offensichtlich als unnötig angesehen, nicht zuletzt, weil die Möglichkeit besteht, Rechtsverstöße von Polizeibeamten im Wege von Disziplinar- und Strafverfahren zu ahnden.

Für schwere und ausgefallene Rechtsverstöße mag dies zutreffen. Inwieweit jedoch ein drohendes Disziplinar- oder Strafverfahren die Alltagspraxis der Polizei zu beeinflussen vermag, dürfte eine offene Frage sein. Immerhin haben empirische Untersuchungen ergeben, daß Polizeibeamte die strikte Einhaltung von Gesetzen und Dienstvorschriften nicht immer mit der Aufrechterhaltung des „polizeilichen Betriebs" für vereinbar halten und daß sie, zum Beispiel gerade im Hinblick auf die gesetzlich gebotene Belehrung vor der ersten Vernehmung des Beschuldigten offensichtlich Umgehungsstrategien entwickelt haben.[30] Angesichts dessen sollte man ernsthaft erwägen, ob Verwertungsverbote nicht auch bei uns der Überwachung und Disziplinierung der Polizei dienen könnten. Würde zum Beispiel die bekanntgewordene Praxis der Polizei, den Beschuldigten vor seiner ersten Vernehmung unzureichend oder auf unzutreffende Weise zu belehren, durch die Unverwertbarkeit von dessen Aussage sanktioniert, dann könnte die Praxis des Polizeireviers durch das Gericht überprüft und der dem Beschuldigten vom Gesetzgeber eingeräumte Rechtsschutz tatsächlich durchgesetzt werden.

V. Die Eigenverantwortlichkeit des Beschuldigten

1. Als wichtiges Strukturelement des amerikanischen Strafverfahrens kann ferner die Eigenverantwortlichkeit des Beschuldigten genannt wer-

---

[29] *Herrmann,* Aufgaben (Fn. 22), S. 1292 ff.

[30] *Hinz,* Zum Berufs- und Gesellschaftsbild von Polizisten, in: Feest/Lautmann (Hrsg.), Die Polizei, 1971, S. 122, 141; *Steffen,* Analyse polizeilicher Ermittlungstätigkeit aus der Sicht des späteren Strafverfahrens, 1976, S. 190; *Spiegelberg,* Qualifikatorische Aspekte der Sozialisation in den Polizeiberuf – unter besonderer Berücksichtigung der Einstellungsänderungen gegenüber dem Publikum, 1977, S. 91 ff.; *Waldmann,* MschrKrim 1977, 65, 76; *Wulf,* Strafprozessuale und kriminalpolitische Fragen der polizeilichen Beschuldigtenvernehmung auf der Grundlage empirischer Untersuchungen, Diss. Heidelberg 1984, siehe auch *Rüping,* ZStW 1983, 894, 900 f.

den. Der Grundsatz der Eigenverantwortlichkeit ist Ausdruck des klassischen amerikanischen Liberalismus. Er hat sich unter den Bedingungen der „American frontier" entwickelt, ist im Laufe des 19. Jahrhunderts und der ersten Jahrzehnte dieses Jahrhunderts zur vollen Blüte gelangt und bestimmt auch in unseren Tagen das politische und wirtschaftliche Leben in den Vereinigten Staaten. Die amerikanische Gesellschaft ist nie bereit gewesen, ein so hohes Maß an staatlicher Überwachung und Lenkung hinzunehmen, wie es der Untertan in den europäischen Monarchien über sich hat ergehen lassen und wie es noch heute vom „freien" Bürger in den sozialen Wohlfahrtsdemokratien Westeuropas für notwendig gehalten wird.

2. Die Eigenverantwortlichkeit des Beschuldigten zeigt sich im amerikanischen Strafverfahren darin, daß es keine notwendige Verteidigung gibt.[31] Der Beschuldigte kann auf die Mitwirkung eines Verteidigers selbst dann verzichten, wenn er wegen einer schweren Straftat vor Gericht steht. Die Würde und das Selbstbestimmungsrecht des Beschuldigten gebieten, so hat der Supreme Court in einer Entscheidung aus neuerer Zeit ausgeführt, daß diesem das Recht eingeräumt wird, die Art der Verteidigung zu wählen, die er für die beste hält.[32]

Das amerikanische Recht steht hier in einer deutlichen Gegenposition zum deutschen. Die im deutschen Strafverfahren vorgesehene notwendige Verteidigung beruht offensichtlich auf der Erwägung, daß das Selbstbestimmungsrecht des Beschuldigten zurückzutreten hat, wenn es um Wahrheitserforschung geht.

Um die Konsequenzen abzuschätzen, die der Verzicht auf den Verteidiger für den amerikanischen Beschuldigten mit sich bringt, muß man sich vor Augen halten, daß diesem im amerikanischen Strafverfahren eine sehr viel aktivere Rolle zufällt als dem Beschuldigten im deutschen Prozeß. Schon vor der Hauptverhandlung ergeben sich zahlreiche Möglichkeiten, in denen er Anträge stellen und lenkend in den Fortgang des Prozesses eingreifen kann. Hat er in der Hauptverhandlung keinen Verteidiger, so ist es seine Sache, die Glaubwürdigkeit der vom Staatsanwalt vorgeführten Belastungszeugen und die Richtigkeit von deren Aussagen im Kreuzverhör zu überprüfen. Es muß das Beweismaterial, das er zu seiner Entlastung vorzuführen beabsichtigt, sammeln und in die Hauptverhandlung einführen. Ferner muß er während der Hauptverhandlung nicht nur die verfahrensrechtlichen Bestimmungen, sondern auch die überaus komplizierten Vorschriften des amerikanischen Beweisrechts beachten. Angesichts dessen besteht unter amerikanischen Juristen kaum ein Zweifel, daß ein juristisch Ungeschulter mit seiner Verteidigung im Grunde über-

---

[31] Siehe die Angaben bei *Herrmann* (Fn. 1), S. 267 f., sowie Faretta v. California 422 U.S. 806 (1975).

[32] McKaskle v. Wiggins, 465 U.S. 168, 177 (1984).

fordert ist. Wenn im amerikanischen Verfahren gleichwohl das Recht, auf einen Verteidiger zu verzichten, anerkannt ist, so zeigt sich, welch hoher Stellenwert dem Selbstbestimmungsrecht des Beschuldigten eingeräumt wird.

Amerikanische Gerichte haben allerdings das Selbstbestimmungsrecht des Beschuldigten in einem wichtigen Punkt eingeengt. Sie haben den Verzicht auf einen Verteidiger nur anerkannt, wenn der Beschuldigte „knowingly and intelligently", man kann sagen, in Kenntnis der Folgen und unter vernünftiger Abwägung der Umstände, gehandelt hat.[33] Ob der Beschuldigte dieses Voraussetzungen erfüllt, wird vom zuständigen Richter sorgfältig überprüft.[34] Außerdem wurde es als zulässig angesehen, daß dem Beschuldigten im Falle eines Verzichts ein „standby counsel", das heißt ein Eventualverteidiger, bestellt wird, der ihm bei Bedarf zur Verfügung steht und der dem Beschuldigten auch von sich aus mit seinem Rat oder durch unmittelbares Eingreifen in den Prozeß unterstützen darf, wenn es gilt, einen Verfahrensfehler zu vermeiden.[35] – Die Rolle des „standby counsel" weist interessante Parallelen zu den Rechten und Pflichten auf, die man in der deutschen Reformdiskussion dem Ersatzverteidiger zugedacht hat.

Wenn es im amerikanischen Strafprozeß keine notwendige Verteidigung gibt, so ist doch das Recht des mittellosen Beschuldigten auf Beiordnung eines Verteidigers anerkannt.[36] Dieses Recht ist vom Supreme Court in der letzten Zeit stark ausgedehnt worden, so daß es heute erheblich weitergeht als die notwendige Verteidigung im deutschen Strafverfahren. Soll ein amerikanischer Beschuldigter zu einer, wenn auch nur kurzen, Freiheitsstrafe verurteilt werden, so muß ihm, soweit er nicht darauf verzichtet, ein Verteidiger zur Verfügung gestellt werden.[37] Auf Antrag des Beschuldigten muß der Verteidiger auch schon im Vorverfahren, etwa bei der ersten polizeilichen Vernehmung oder beim ersten Erscheinen vor dem Richter, beigeordnet werden.[38] Dieses umfassende Recht auf Beiordnung eines Verteidigers ist als Ausdruck einer modernen Entwicklung im amerikanischen Strafprozeß anzusehen, die darauf abzielt, die Stellung des Beschuldigten gegenüber dem mächtigen staatlichen

---

[33] Johnson v. Zerbst, 304 U.S., 458 (1938); Faretta v. California, 422 U.S. 806, 821 (1975). Siehe auch *Herrmann* (Fn. 1), S. 268.

[34] Faretta v. California, 422 U.S. 806, 807 ff. (1975); siehe auch McKaskle v. Wiggins, 465 U.S. 168, 171 ff. (1984).

[35] Faretta v. California, 422 U.S. 806, 834 (Anm. 46 (1975); McKaskle v. Wiggins, 465 U.S. 168, 176 f. (1984).

[36] Siehe *Herrmann* (Fn. 1), S. 262 ff.; *Schmid* (Fn. 1), S. 118 ff.; umfassend *LaFave/ Israel* (Fn. 12), S. 472 ff.

[37] Argersinger v. Hamlin, 407 U.S. 25 (1972); Scott v. Illinois, 440 U.S. 367 (1979).

[38] Miranda v. Arizona, 384 U.S. 436 (1966); Coleman v. Alabama, 399 U.S. 1 (1970); Brewer v. Williams, 430 U.S. 387 (1977).

Strafverfolgungsapparat zu stärken und damit zur Verbesserung der Waffengleichheit sowie zur Rechtsstaatlichkeit des Verfahrens beizutragen.

3. Ganz den Grundsätzen der Eigenverantwortlichkeit und des Parteiprozesses entspricht es, daß dem Beschuldigten und seinem Verteidiger im amerikanischen Strafprozeß nur ein sehr beschränktes und lückenhaftes Akteneinsichtsrecht zusteht.[39] An sich sollte man meinen, daß es für die Verteidigung aufgrund der aktiven Rolle, die sie bei der Beweisaufnahme in der Hauptverhandlung spielen muß, besonders wichtig wäre, schon im Laufe des Vorverfahrens die Beweismittel kennenzulernen, auf die der Staatsanwalt seinen Anklagevorwurf zu stützen beabsichtigt. Dem wird jedoch allgemein entgegengehalten, daß die ohnehin schon schwierige Verbrechensverfolgung weiter erschwert würde, wenn sich die Verteidigung vor der Hauptverhandlung mit dem Belastungsmaterial vertraut machen und aufgrund dessen den Sachverhalt verdunkeln könne. Im Hinblick auf den im amerikanischen Prozeß dominierenden Grundsatz der Waffengleichheit ist es auch nur folgerichtig, wenn der Verteidigung ein Akteneinsichtsrecht häufig nur unter der Voraussetzung eingeräumt wird, daß sie ihrerseits dem Staatsanwalt bestimmtes Entlastungsmaterial, insbesondere Sachverständigengutachten, Urkunden und Augenscheinsobjekte sowie Beweismittel, mit denen ein Alibi oder die Schuldunfähigkeit des Angeklagten nachgewiesen werden soll, bekanntgibt.[40]

4. Aus der Eigenverantwortlichkeit des Beschuldigten ergeben sich ferner sehr weitgehende Dispositionsbefugnisse. In den meisten Einzelstaaten und in Verfahren vor den Gerichten des Bundes kann der Beschuldigte zum Beispiel auf die verfassungsrechtlich garantierte Aburteilung durch ein Geschworenengericht verzichten.[41] Der Verzicht führt dazu, daß die Schuldfrage durch den Einzelrichter entschieden wird. In manchen Rechtsordnungen ist ein solcher Verzicht allerdings nur mit Zustimmung des Richters oder des Staatsanwalts möglich. Bisweilen ist der Verzicht auch ganz ausgeschlossen, wenn die Todesstrafe auf dem Spiel steht. Dies ändert jedoch nichts daran, daß der Beschuldigte grundsätzlich einen entscheidenden Einfluß auf die Besetzung des ihn aburteilenden Gerichtes ausüben kann. Es gibt Rechtsordnungen in den Vereinigten Staaten, in denen der Beschuldigte häufig einen Antrag auf Aburteilung durch den Einzelrichter stellt. Ein Verzicht auf die Geschworenen kommt für ihn vor allem dann in Frage, wenn er sich im Verfahren vor dem Rich-

---

[39] *Herrmann* (Fn. 1), S. 199ff.; *Schmid* (Fn. 1), S. 65; *LaFave/Israel* (Fn. 12), S. 725 ff.; *Karlen* (Fn. 8), S. 161 ff.

[40] *Schmid* (Fn. 1), S. 65 f.; Williams v. Florida, 399 U.S. 78 (1979); *LaFave/Israel* (Fn. 12), S. 741 ff.

[41] *Schmid* (Fn. 1), S. 67; *LaFave/Israel* (Fn. 12), S. 831 ff.; *Kalven/Zeisel* (Fn. 12), S. 17 ff.

ter eine verständnisvollere Beurteilung der ihm vorgeworfenen Tat oder eine größere Chance für einen Freispruch ausrechnet.[42]

Ein Recht des Beschuldigten, zwischen Gerichten unterschiedlicher Besetzung zu wählen, wäre mit dem das deutsche Strafverfahren beherrschenden Grundsatz des gesetzlichen Richters nicht vereinbar. Die Zuweisung schwerer Straftaten an Spruchkörper, die mit mehreren Richtern und mit Schöffen besetzt sind, soll der Sicherung der Wahrheitsfindung und damit auch dem Schutz des Beschuldigten dienen. Wie bei der notwendigen Verteidigung, so wird dem Beschuldigten auch hier nicht zugestanden, auf diesen Schutz zu verzichten.

Auch andere Grundsätze des amerikanischen Strafverfahrens können aufgrund der Dispositionsbefugnis des Beschuldigten durchbrochen werden. So kann der Beschuldigte zum Beispiel darauf verzichten, daß die Anklage, wie von den Verfassungen des Bundes und der meisten Einzelstaaten an sich vorgesehen, von einer Anklagejury erlassen wird.[43] Die Anklage der Geschworenen wird in diesem Fall durch eine solche des Staatsanwalts ersetzt. Aufgrund eines Verzichts des Beschuldigten kann ferner das preliminary examination, das heißt der richterliche Anhörungstermin, entfallen, in dem geprüft wird, ob das Beweismaterial des Staatsanwalts für eine Anklage ausreicht.[44] Auch der in den Verfassungen der meisten amerikanischen Rechtsordnungen vorgesehene Gerichtsstand des Tatorts kann auf einen Antrag des Beschuldigten hin durch einen anderen Gerichtsstand ersetzt werden.[45] Der Beschuldigte beantragt eine Verlegung der Hauptverhandlung an einen anderen Ort vor allem dann, wenn die Gefahr besteht, daß er am Tatort nicht mit einem fairen Verfahren und einer unvoreingenommenen Jury rechnen kann, weil die ihm vorgeworfene Tat dort großes Aufsehen erregt hat.

In der Hauptverhandlung kann der Angeklagte die Beweisaufnahme durch Verzicht, Zugeständnisse und Vereinbarungen mit dem Staatsanwalt maßgeblich beeinflussen. Der Angeklagte hat zum Beispiel das Recht, bestimmte für den Nachweis seiner Schuld erforderliche Tatsachen förmlich zuzugestehen oder sich mit einer bestimmten Art der Beweisaufnahme einverstanden zu erklären.[46] Dies kann durch eine einseitige Erklärung des Angeklagten oder durch ein Übereinkommen mit dem Staatsanwalt geschehen. Beispiele hierfür sind etwa das Zugeständnis, daß es sich bei einer bestimmten Substanz, die beim Angeklagten gefunden wurde, um Rauschgift handelt, oder daß ein Sachverständiger die nötige Sachkunde besitzt, um eine für die Entscheidung des Falles wichtige Frage zu

---

[42] *Kalven/Zeisel* (Fn. 12), S. 27 f.

[43] *LaFave/Israel* (Fn. 12), S. 617 f.

[44] *Karlen* (Fn. 8), S. 158; *LaFave/Israel* (Fn. 12), S. 603 f.

[45] *LaFave/Israel* (Fn. 12), S. 651 f.

[46] Hierzu und zum folgenden *Herrmann* (Fn. 1), S. 164 ff.; *McCormick*'s Handbook on the Law of Evidence, 3. Aufl. 1984, S. 774 ff.

beantworten. Der Angeklagte hat ferner die Möglichkeit, auf die Einhaltung der Frist für die Verfolgungsverjährung zu verzichten.[47] Er tut dies vor allem, wenn er erwartet, daß der Staatsanwalt, der dann nicht mehr unter Zeitdruck steht, weitere Ermittlungen anstellt und sich dabei von der Unschuld des Angeklagten überzeugt. In einigen Einzelstaaten kann der Angeklagte sich sogar damit einverstanden erklären, daß seine Aussage durch einen Lügendetektor überprüft und das Ergebnis dieser Überprüfung durch einen Sachverständigen in die Hauptverhandlung eingeführt wird.[48] Manche Rechtsordnungen eröffnen auch die Möglichkeit, daß der Angeklagte in Verfahren wegen weniger schwerer Straftaten mit dem Staatsanwalt vereinbart, in der Hauptverhandlung auf eine Beweisaufnahme zu verzichten und dem Richter für seinen Urteilsspruch allein das im preliminary examination aufgenommene Protokoll zur Verfügung zu stellen.[49]

Förmliche Zugeständnisse und Vereinbarungen dieser Art sind für den Angeklagten bindend. Auch der Richter kann sie nicht ohne weiteres zurückweisen. Insoweit zeigt sich erneut, daß der amerikanische Angeklagte den Gang der Wahrheitserforschung durch seine Dispositionsbefugnisse entscheidend beeinflussen kann.

VI. Guilty Plea und Plea Bargaining als Ausdruck der Eigenverantwortlichkeit des Beschuldigten

1. Klassischer Ausdruck der Eigenverantwortlichkeit und der Dispositionsmacht des Beschuldigten ist schließlich dessen Recht, die Anklage mit einer guilty plea zu beantworten, das heißt durch ein formelles Schuldanerkenntnis auf Hauptverhandlung und Beweisaufnahme zuverzichten.[50] Im allgemeinen kann auch ein wegen schwerster Straftaten Beschuldigter eine guilty plea abgeben. Sieht man von regionalen Unterschieden ab, so zeigt sich, daß bis zu neunzig Prozent sämtlicher Strafverfahren durch eine guilty plea erledigt werden.[51] Die Klärung der Schuldfrage durch eine Hauptverhandlung, sei es vor einer Jury, sei es vor einem Einzelrichter, ist also im amerikanischen Strafprozeß eine seltene Ausnahme.

---

47 U.S. v. Wild, 651 F.2d 418 (1977); U.S. v. Akmakjian, 647 F.2d 12 (1981); U.S. v. Caldwell, 44 Cr.L. 2104 (1988).

48 *Delvo,* Der Lügendetektor im Strafprozeß der U.S.A., 1981, S. 240ff.; *McCormick* (Fn. 46), S. 625ff.

49 *LaFave/Israel* (Fn. 12), S. 822; siehe auch *Damaška,* The Faces (Fn. 4), S. 99.

50 Siehe *Herrmann* (Fn. 1), S. 161ff.; *Weigend,* Anklagepflicht (Fn. 7), S. 131ff.; *ders.,* Funktion (Fn. 7), S. 649ff.; *ders.,* ZStW 1982, 200ff.; *Schmid* (Fn. 1), S. 60ff.; *Dielmann,* GA 1981, 558ff.; *LaFave/Israel* (Fn. 12), S. 765ff.

51 *Herrmann* (Fn. 1), S. 163; *Weigend,* ZStW (Fn. 50), S. 202f.; *Dielmann* (Fn. 50), S. 559; jeweils mit weiteren Nachweisen.

Die guilty plea ist mit dem Anerkenntnis im deutschen Zivilprozeß vergleichbar; sie wird vom Beschuldigten – regelmäßig in öffentlicher Verhandlung – gegenüber dem Richter abgegeben. Der Richter beschränkt sich in diesem Fall jedoch nicht darauf, das Schuldanerkenntnis passiv entgegenzunehmen. Die Dispositionsbefugnis des Beschuldigten ist insoweit eingeschränkt und die Idee des Parteiprozesses abgemildert, als der Richter vor Entgegennahme der guilty plea eine Reihe von Feststellungen treffen muß.[52] Er muß sich zunächst, insbesondere durch Fragen an den Angeklagten, vergewissern, daß dieser verstanden hat, welcher Vorwurf in der Anklage gegen ihn erhoben wurde, was der Verzicht auf eine Hauptverhandlung bedeutet und welcher Strafrahmen für die ihm zur Last gelegte Straftat vorgesehen ist. Der Richter hat sich ferner davon zu überzeugen, daß die guilty plea auf einer freien Entscheidung des Angeklagten beruht und nicht auf eine Drohung oder Täuschung von seiten des Staatsanwalts zurückzuführen ist. Seit einiger Zeit ist auch vorgesehen, daß der Richter zusätzlich prüft, ob Anhaltspunkte dafür bestehen, daß der Angeklagte die ihm vorgeworfene Tat tatsächlich begangen hat.[53] Die Schuldfrage muß jedoch nicht zur vollen Überzeugung des Richters geklärt werden, denn dieser darf, solange sich keine besonderen Umstände ergeben, davon ausgehen, daß der Staatsanwalt sich vor Anklageerhebung von der Schuld des Angeklagten überzeugt hat und daß der Beschuldigte als eigenverantwortlicher und vernünftiger Mensch nicht grundlos eine guilty plea abgibt.

Die Erledigung von Strafverfahren durch formelles Schuldanerkenntnis scheint auf den ersten Blick im deutschen Strafprozeß undenkbar, da dies mit der richterlichen Aufklärungspflicht und dem Streben nach materieller Wahrheit nicht vereinbar wäre. Zieht man jedoch das Strafbefehlsverfahren, mit dem ein großer Teil der amtsgerichtlichen Strafsachen erledigt wird, in Betracht, dann relativiert sich der Gegensatz zwischen dem amerikanischen und dem deutschen Strafprozeß. Der Strafbefehl wird nicht erst erlassen, wenn der Richter von der Schuld des Angeklagten überzeugt ist, es genügt vielmehr, wie sich aus § 408 Abs. 2 Satz 1 StPO ergibt, schon hinreichender Tatverdacht. Das Strafbefehlsverfahren ist also insoweit – nicht anders als die guilty plea – vom Gedanken der Selbstunterwerfung des Beschuldigten beherrscht.[54] Die Selbstunterwerfung wird vom Beschuldigten – im Gegensatz zum amerikanischen Pro-

---

[52] *LaFave/Israel* (Fn. 12), S. 802 ff.

[53] Ebd., S. 808 f.

[54] Ebenso früher *Kleinknecht/Meyer*, Strafprozeßordnung, 37. Aufl. 1985, vor § 407, Rdn. 4; KK-*Müller*, 1. Aufl. 1982, vor § 407, Rdn. 2. In den neueren Auflagen der beiden Kommentare findet sich der Hinweis auf die Selbstunterwerfung nicht mehr, obwohl die durch das Strafverfahrensänderungsgesetz 1987 eingeführte Neufassung von § 408 Abs. 2 S. 1 StPO, die für den Erlaß des Strafbefehls hinreichenden Tatverdacht genügen läßt, den Gedanken der Selbstunterwerfung geradezu bestätigt.

zeß – sogar erwartet, ohne daß er vom Richter gehört worden ist. Die Praxis zeigt zudem, daß das Strafbefehlsverfahren weitgehend durch die Staatsanwaltschaft gesteuert wird, da ein beantragter Strafbefehl vom Richter in aller Regel unterschrieben wird.[55] Richterliche Sachverhaltsaufklärung und Kontrolle der staatsanwaltschaftlichen Entscheidung spielen deshalb im Strafbefehlsverfahren – ähnlich wie bei der amerikanischen guilty plea – nur eine untergeordnete Rolle.

2. Eng verknüpft mit der guilty plea ist im amerikanischen Strafprozeß das plea bargaining.[56] Darunter versteht man das formlose Verhandeln zwischen Staatsanwalt und Verteidiger mit dem Ziel, daß der Beschuldigte eine guilty plea abgibt, wenn der Staatsanwalt sich bereiterklärt, als Gegenleistung die Anklage auf eine weniger schwere Straftat zu beschränken, einzelne Anklagepunkte fallenzulassen oder für eine milde Bestrafung einzutreten. Beide Seiten, Staatsanwalt und Verteidiger, haben in aller Regel, wenn auch aus unterschiedlichen Gesichtspunkten, ein großes Interesse am Aushandeln einer guilty plea: plea bargaining ist kürzer, weniger kostenaufwendig und überschaubarer als die Durchführung einer wegen der zahlreichen prozeß- und beweisrechtlichen Vorschriften komplizierten Hauptverhandlung, an deren Ende die Ungewißheit steht, wie die Jury entscheiden wird.[57] Ferner wird plea bargaining für das Funktionieren der amerikanischen Strafjustiz geradezu als eine Notwendigkeit angesehen, da der Beschuldigte ohne Zugeständnisse seitens des Staatsanwalts sehr viel seltener zu einer guilty plea bereit wäre, und da es schon dann zu einer völligen Überlastung der Strafgerichte kommen würde, wenn nur eine geringfügig größere Zahl von Beschuldigten auf der Durchführung einer Hauptverhandlung bestünde.

Plea bargaining wird in den Vereinigten Staaten von verschiedenen Seiten kritisiert, weil es bewirkt, daß der Beschuldigte auf seine in der Verfassung garantierten Rechte verzichtet, die Schuldfrage von einer Jury klären zu lassen, sich nicht selbst beschuldigen zu müssen und die Aussage der Belastungszeugen im Kreuzverhör zu überprüfen.[58] Zudem besteht die Gefahr, daß der Staatsanwalt die Anklage künstlich aufbläht, um einen Spielraum für das Aushandeln der guilty plea zu haben, und daß im Rahmen dieses Handels unzulässiger Druck auf den Beschuldigten, zu-

---

55 *Blankenburg/Sessar/Steffen*, Die Staatsanwaltschaft im Prozeß strafrechtlicher Sozialkontrolle, 1978, S. 117 u. 246 f.

56 Hierzu und zum folgenden siehe *Weigend*, Anklagepflicht (Fn. 7), S. 135 ff.; *ders.*, Funktion (Fn. 7), S. 650 ff.; *ders.*, ZStW (Fn. 50), S. 200 ff.; *Schumann* (Fn. 2), S. 73 ff.; *Dielmann* (Fn. 50), S. 560 ff.; *Schmid* (Fn. 1), S. 61 ff.; *Damaška*, StV 1988, 398 ff.; *LaFave/Israel* (Fn. 12), S. 766 ff.

57 *Weigend*, Funktion (Fn. 7), S. 656 f.; *ders.*, ZStW (Fn. 50), S. 203 ff.; *Dielmann* (Fn. 50), S. 564; *Damaška* (Fn. 56), S. 401 f.; *LaFave/Israel* (Fn. 12), S. 767 ff.

58 *Weigend*, Anklagepflicht (Fn. 7), S. 136 ff.; *ders.*, Funktion (Fn. 7), S. 660 f.; *Dielmann* (Fn. 50), S. 568 f.; *Damaška* (Fn. 56), S. 400 f.; *LaFave/Israel* (Fn. 12), S. 772 ff.

mal auf einen Unschuldigen, ausgeübt werden kann. Diese Kritik hat bisweilen zu Korrekturen, in manchen Einzelstaaten sogar zur Abschaffung des plea bargaining geführt.[59] Im allgemeinen wird die Praxis des plea bargaining jedoch für zulässig gehalten. Der amerikanische Supreme Court hat es ausdrücklich als verfassungsmäßig anerkannt.[60]

Plea bargaining kann wiederum als Beleg dafür genommen werden, welch große Bedeutung der Eigenverantwortlichkeit des Beschuldigten im amerikanischen Strafprozeß beigemessen wird. Es zeigt sich auch, daß es im amerikanischen Strafverfahren vor allem darauf ankommt, eine für den Einzelfall angemessene Lösung zu finden. Die aus deutscher Sicht wichtigen Grundsätze der gleichmäßigen und systematischen Durchsetzung des Strafrechts treten dahinter zurück.

Plea bargaining mag den deutschen Betrachter fremd anmuten, es darf jedoch nicht übersehen werden, daß auch bei uns seit einiger Zeit – inoffizielle oder auch offizielle – Kontakte zwischen Verteidigern, Staatsanwälten und Richtern üblich geworden sind.[61] Ziel solcher Kontakte sind Vereinbarungen, Verständigungen oder gentlemen's agreements, die die Art der Prozeßerledigung zum Gegenstand haben, zum Beispiel die Einstellung des Verfahrens, das Ausscheiden von Anklagepunkten, die Hinnahme eines Strafbefehls oder den Verzicht auf Rechtsmittel. Einigungen können sich aber auch auf Rechtsfolgen beziehen, etwa die Aussetzung einer Freiheitsstrafe oder den Verzicht auf den Entzug einer Fahrerlaubnis. Inzwischen hat diese Praxis offizielle Anerkennung erfahren, denn ein Senat des Bundesverfassungsgerichts hat sie grundsätzlich für verfassungsrechtlich unbedenklich erklärt.[62]

Die Ähnlichkeiten zwischen den Vereinbarungen im deutschen und dem plea bargaining im amerikanischen Strafverfahren sind nicht zu übersehen.[63] Im Gegensatz zur guilty plea hat eine Vereinbarung im deutschen Verfahren keine unmittelbar erledigende Wirkung, der Schuldspruch wird durch sie nicht ersetzt, sondern nur erleichtert. Das schließt indes nicht aus, daß sich offensichtlich auch deutsche Gerichte an eine

---

[59] *Dielmann* (Fn. 50), S. 569; siehe ferner *Weigend*, Anklagepflicht (Fn. 7), S. 137; *LaFave/Israel* (Fn. 12), S. 771 f.; *Schulhofer*, Is Plea Bargaining Inevitable?, 97 Harv.L.Rev. 1037 (1984).

[60] Brady v. United States, 397 U.S. 742 (1970); siehe auch Bordenkircher v. Hayes, 434 U.S. 357 (1978).

[61] *Dahs*, Handbuch des Strafverteidigers, 5. Aufl. 1983, Rdn. 136 u. 960; *ders.*, NStZ 1988, 153 ff., mit weiteren Nachweisen; umfassend *Schmidt-Hieber*, Verständigung im Strafverfahren, 1986.

[62] NJW 1987, 2662 f.

[63] Ebenso *Damaška* (Fn. 56), S. 398. *Damaška* hebt, ebd. S. 399, hervor, daß „viele amerikanische Verteidiger . . . ernsthafte Probleme bei der deutschen Praxis" sähen und daß sie diese für „höchst bedenklich" hielten. Worauf sich diese verblüffende, von einer intimen Kenntnis der deutschen Praxis unter den amerikanischen Anwälten ausgehende Behauptung stützt, gibt Damaška allerdings nicht an.

Vereinbarung gebunden sehen.[64] Sicher wird man die neue deutsche Praxis als Zeichen dafür nehmen können, daß auch bei uns der Gedanke der Eigenverantwortlichkeit des Beschuldigten wächst, daß sozusagen der „mündige Bürger" immer stärker in das Strafverfahren Einzug hält.

VII. Sachverhaltsaufklärung in der Hauptverhandlung durch Gegenüberstellung von Alternativen

1. Wie die Beweisaufnahme in der amerikanischen Hauptverhandlung abläuft, ist bei uns – nicht zuletzt durch Fernsehen und Filme – in etwa bekannt, aber auch hier bedarf es eines genaueren Hinsehens, um deren typische Strukturelemente zu erfassen.

Bekanntlich beginnt die Beweisaufnahme damit, daß der Staatsanwalt die Beweismittel vorführt, auf die er die Anklage stützt. Er ruft „seine Zeugen" auf und vernimmt sie im Hauptverhör. Im Rahmen dieses Verhörs darf der Staatsanwalt weder leading questions, das heißt Fragen mit suggestiver Wirkung stellen, noch darf er bei der Befragung eines Zeugen dessen Glaubwürdigkeit oder die Richtigkeit von dessen Aussage in Zweifel ziehen. Diese Beschränkung wird damit begründet, daß ein Zeuge ohne dieses Verbot leicht zu einer bestimmten Aussage hingeleitet werden könnte und daß gewissermaßen jeder für die Verläßlichkeit seiner Zeugen einstehen muß.[65]

Die Überprüfung der im Hauptverhör gemachten Aussage erfolgt durch das Kreuzverhör des Verteidigers, das sich bei jedem Zeugen unmittelbar an das Hauptverhör anschließt. Hier dürfen dem Zeugen leading questions gestellt und Vorhalte gemacht werden. Durch das unmittelbare Aufeinanderfolgen von Haupt- und Kreuzverhör kann anschaulich herausgearbeitet werden, wenn ein Zeuge etwas nicht aufrechterhalten kann oder ergänzen muß, was er zunächst gesagt hat.[66]

Nachdem der Staatsanwalt durch vollständige Vorführung der Belastungsbeweise seinen „case" präsentiert, das heißt seine Hypothese des Sachverhalts dargestellt hat, erhält der Verteidiger Gelegenheit, mit Hilfe von Entlastungsbeweisen eine Gegenhypothese aufzubauen. Auch hier erfolgt die Zeugenvernehmung in Form von Hauptverhör und Kreuzverhör. Während des Hauptverhörs hat der Verteidiger Gelegenheit, seine Version des Sachverhalts ungestört von Zwischenfragen und Vorhalten durch den Staatsanwalt zu entwickeln. Dieser kann sodann im Kreuzverhör versu-

---

[64] Wie weit Gerichte bei der Reparatur einer nicht eingehaltenen, weil aus Rechtsgründen nicht einhaltbaren Vereinbarung zu gehen bereit sind, zeigt die in NStZ 1988, 311 wiedergegebene Entscheidung des Landgerichts Koblenz.

[65] *McCormick* (Fn. 46), S. 82.

[66] Siehe *Herrmann* (Fn. 1), S. 337 f.; *Weigend* (Fn. 19), S. 747 ff.

chen, die Darstellung des Sachverhaltes, die der Zeuge auf Fragen des Verteidigers gegeben hat, zu erschüttern.

An jedes Kreuzverhör kann sich ein erneutes Verhör durch die Seite anschließen, die den Zeugen ursprünglich aufgerufen hat. Kommt es dazu, so folgt darauf wiederum ein Kreuzverhör durch die Gegenseite.

Belastendes und entlastendes Beweismaterial wird im amerikanischen Strafverfahren wegen der unterschiedlichen Befragungsmöglichkeiten im Hauptverhör und im Kreuzverhör zwischen Staatsanwalt und Verteidiger aufgeteilt. Man vertraut darauf, daß der Verteidiger oder auch der Angeklagte selbst, wenn er keinen Verteidiger hat, in der Lage sind, die Verteidigungshypothese im Laufe der Beweisaufnahme aufzubauen. Auch hier zeigen sich wieder die Eigenverantwortlichkeit und die Gestaltungsbefugnis des Angeklagten.

Im Ergebnis können am Ende der Hauptverhandlung zwei Alternativen des Sachverhaltes konkurrierend gegenüberstehen. Lücken und brüchige Stellen in den beiden vom Staatsanwalt und vom Verteidiger entwickelten Sachverhaltshypothesen treten aufgrund der vom Hauptverhör abgesetzten Überprüfung der Zeugenaussagen im Kreuzverhör deutlich zutage.[67]

2. Wenn soeben festgestellt wurde, daß es Sache des amerikanischen Staatsanwalts ist, das Belastungsmaterial in die Hauptverhandlung einzuführen, so darf das nicht zu der Annahme verleiten, dieser sei berechtigt, einseitig auf die Überführung des Angeklagten hinzuwirken. Bei der Erörterung der Machtfülle des amerikanischen Staatsanwalts wurde schon hervorgehoben, daß dieser ähnlich wie sein deutscher Kollege zu Objektivität und Unparteilichkeit verpflichtet ist.[68] Stellt der amerikanische Staatsanwalt z.B. fest, daß ein von ihm aufgerufener Zeuge während des Hauptverhörs eine den Angeklagten belastende, unrichtige Aussage macht, so muß er den Verteidiger davon unterrichten, damit dieser dem Zeugen im Kreuzverhör entsprechende Vorhalte machen kann.[69] Der Staatsanwalt muß dem Verteidiger ferner auf dessen Antrag hin Beweismittel benennen, die er zwar nicht in die Hauptverhandlung einzuführen beabsichtigt, die aber für die Verteidigung von Bedeutung sein können.[70] Auch beim Auffinden von Entlastungszeugen, die nach Ansicht des Verteidigers wichtig sind, muß der Staatsanwalt behilflich sein.[71]

3. Die forensische Praxis in den Vereinigten Staaten zeigt, daß Staatsanwalt und Verteidiger in der Hauptverhandlung nicht selten mit großer

---

[67] *Herrmann*, ebd. S. 167 f.; *ders.*, ZStW 1988, 41, 53 ff.
[68] Siehe oben bei Anm. 19.
[69] Alcorta v. Texas, 355 U.S. 28 (1963); *LaFave/Israel* (Fn. 12), S. 753.
[70] Brady v. Maryland, 373 U.S. 83 (1963); *Herrmann* (Fn. 1), S. 210 ff.
[71] *LaFave/Israel* (Fn. 12), S. 761.

Entschiedenheit und Härte streiten.[72] Der Staatsanwalt versucht, die Hypothese der Anklage mit großem Nachdruck, zum Teil auch mit Überraschungsangriffen und taktischen Finessen durchzusetzen, und der Verteidiger kämpft mit gleichen Mitteln für einen Freispruch.

Der rigorose Verhandlungsstil von Staatsanwalt und Verteidiger ist nicht zuletzt darauf zurückzuführen, daß beide Seiten bemüht sind, bei den Geschworenen Gehör zu finden, und daß sie meinen, dies auch mit anderen als rationalen Mitteln erreichen zu können. Zugleich spiegelt sich in dem Verhandlungsstil etwas vom überkommenen amerikanischen Freiheitsverständnis wider, das in den Begriffen „legal laissez-faire" und „sporting theory of justice" Ausdruck gefunden hat und das jeder Einschränkung dieser Freiheit mit Mißtrauen begegnet.[73]

In jüngerer Zeit sind jedoch Bestrebungen erkennbar, besonders gravierende Mißbräuche einzudämmen. Als zum Beispiel ein Staatsanwalt den Angeklagten vor den Ohren der Geschworenen als „crook", das heißt als Gauner bezeichnet hatte, brach der Richter die Hauptverhandlung ab und entließ die Geschworenen. Diese Entscheidung kam einem rechtskräftigen Freispruch gleich, denn eine neue Hauptverhandlung ist in diesem Fall nach amerikanischem Recht nicht zulässig.[74]

4. Dem Richter kommen in der amerikanischen Hauptverhandlung verhältnismäßig begrenzte Rechte und Pflichten zu.[75] Er überwacht den äußeren Ablauf der Verhandlung, und er entscheidet, wenn Staatsanwalt und Verteidiger über eine verfahrensrechtliche oder beweisrechtliche Frage streiten. Auch in den Gang der Beweisaufnahme selbst kann der Richter eingreifen. Es steht ihm frei, Staatsanwalt und Verteidiger zu einer Ergänzung ihrer Beweisvorführungen aufzufordern. Hält er einen Punkt des Sachverhalts für nicht genügend aufgeklärt, so kann er an die vom Staatsanwalt oder vom Verteidiger aufgerufenen Zeugen und Sachverständigen ergänzende Fragen stellen. Nicht zuletzt hat er das Recht, selbst Beweismittel in den Prozeß einzuführen.

Der Richter greift aber im allgemeinen nur mit großer Zurückhaltung in den Gang der Beweisaufnahme ein. Er weiß sehr genau, daß er die Beweisvorführungen des Staatsanwalts und des Verteidigers durch seine Interventionen allzu leicht stören kann. Da er die Ermittlungsakten nicht kennt, vermag er die Bedeutung der einzelnen Beweismittel häufig nicht

---

72 Jeweils mit weiteren Nachweisen *Herrmann* (Fn. 1), S. 193 ff. u. 294 ff.; *Weigend* (Fn. 19), S. 747 ff.

73 *Herrmann* (Fn. 1), S. 156 f.

74 Oregon v. Kennedy, 456 U.S. 667 (1982). Siehe dazu *Herrmann*, Die Wiederaufnahme des Strafverfahrens in den Vereinigten Staaten von Amerika, in: Jescheck/Meyer (Hrsg.), Die Wiederaufnahme des Strafverfahrens im deutschen und ausländischen Recht, 1974, S. 673, 676 ff.

75 Hierzu und zum folgenden siehe *Herrmann* (Fn. 1), S. 316 ff.; *ders.*, ZStW (Fn. 67), S. 51 ff.; *Weigend* (Fn. 19), S. 737.

abzuschätzen. Schließlich ist es ihm nach amerikanischem Recht untersagt, der Jury, das heißt den Vertretern des Souveräns, auf irgendeine Weise zu zeigen, was er von der Schuld des Angeklagten hält. Jede Bemerkung und jede Frage des Richters kann von den Geschworenen als Indiz für dessen Beurteilung des Sachverhaltes gewertet werden.[76]

Die Verpflichtung des Richters zu Zurückhaltung gegenüber der Jury einerseits und der rigorose Verhandlungsstil von Staatsanwalt und Verteidiger andererseits können als die beiden Seiten derselben Münze angesehen werden. Das zeigen die Verfahren, die ohne Beteiligung einer Jury durchgeführt werden und in denen der Richter selbst die Schuldfrage entscheidet. Hier nimmt der Richter eine sehr viel aktivere Stellung ein. Die Praxis zeigt, daß er sich nicht scheut, mit Hinweisen, Anregungen und auch eigenen Fragen in die Beweisaufnahme einzugreifen sowie Staatsanwalt und Verteidiger in die Schranken zu verweisen, wenn diese nach seiner Ansicht allzu kämpferisch auftreten.[77]

Im Gegensatz zum deutschen Recht kennt man im amerikanischen Strafverfahren keine Rechtspflicht des Richters zur Wahrheitserforschung; eine dem § 244 Abs. 2 StPO entsprechende Vorschrift gibt es dort nicht. Wahrheitsfindung ist aber auch in den Vereinigten Staaten das Ziel der Hauptverhandlung.[78] Der amerikanische Richter sieht es trotz der anderen Verteilung der Gewichte im Rahmen der Hauptverhandlung als seine Aufgabe an, auf Wahrheitsfindung hinzuwirken. Was bei uns als Rechtspflicht bezeichnet wird, kann dort als moralische und deshalb nicht weniger bindende Verpflichtung angesehen werden.[79]

5. Vergleicht man die Beweisaufnahme in der amerikanischen Hauptverhandlung mit der des deutschen Verfahrens, so zeigt sich, daß sich die beiden nicht nur strukturell unterscheiden, sondern auch auf verschiedenen Vorstellungen von den Möglichkeiten der Wahrheitsfindung beruhen.[80]

Der amerikanische Prozeß zeichnet sich durch den Wettbewerb von Staatsanwalt und Verteidigung um mögliche Sachverhaltsalternativen aus. Strittige Punkte werden durch die Art der Beweiserhebung plastisch herausgearbeitet, sie bleiben bis zum Ende der Beweisaufnahme deutlich nebeneinander bestehen. Die gleichberechtigte und eigenverantwortliche

---

[76] *Herrmann* (Fn. 1), S. 323 ff.; *Weigend* (Fn. 19), S. 737; *McCormick* (Fn. 46), S. 14 ff.

[77] *Herrmann* (Fn. 1), S. 325 f.

[78] *Herrmann*, ebd. S. 157 ff. u. 298 f.; *ders.* (Fn. 67), S. 51 ff. Siehe auch *Kunert*, Same Observations on the Origin and Structure of Evidence Rules under the Common Law System and the Civil Law System of „Free Proof" in the German Code of Criminal Procedure, 16 Buffalo L.Rev. 122, 125 f. (1966).

[79] *Herrmann* (Fn. 1), S. 326 f.; *ders.* (Fn. 67), S. 51.

[80] Hierzu und zum folgenden siehe *Herrmann* (Fn. 1), S. 167 ff.; *ders.*, The Philosophy of Criminal Justice and the Administration of Criminal Justice, Rev.Int. Dr. Pén. 1982, 841, 849 f.; *ders.* (Fn. 67), S. 59 ff.

Beteiligung des von seinem Verteidiger unterstützten Angeklagten gibt diesem große Freiheit, bürdet ihm aber zugleich die Last auf, für seine Verteidigung Sorge zu tragen. In das freie Spiel der Kräfte zwischen Staatsanwalt und Verteidigung schaltet sich der Richter nur vorsichtig und zurückhaltend ein.

Die deutsche Hauptverhandlung ist demgegenüber nicht so ausgestaltet, daß unterschiedliche Beurteilungsmöglichkeiten des Sachverhalts und deren Schwachstellen schon aufgrund der Struktur der Beweisaufnahme mit aller Schärfe herausgestellt werden. Die unterschiedlichen Aufgaben, die im amerikanischen Prozeß auf die Beweisvorführung durch den Staatsanwalt und durch den Verteidiger sowie auf Hauptverhör und Kreuzverhör aufgeteilt sind, werden bei uns in der Hand des Vorsitzenden vermengt. An die Stelle der Sachverhaltshypothesen von Staatsanwalt und Verteidigung tritt die einheitliche Sicht des Gerichts. Unterschiedliche Möglichkeiten der Betrachtung des Sachverhalts und der Beweiswürdigung werden nicht herausgearbeitet und vertieft, sondern im Rahmen der „einspurigen" Untersuchung des Vorsitzenden alsbald – möglicherweise zu schnell – überwunden. Die Sachverhaltsaufklärung erfolgt nicht dialektisch, sondern im Wege einer schrittweisen Integration verschiedener Betrachtungsweisen.

Diese Methode der Sachverhaltsaufklärung zwingt den Vorsitzenden, Hauptverhör, Kreuzverhör und Beweiswürdigung in seiner Person zu vereinigen. Es hängt vor allem von seinem Geschick und auch von seinem Temperament ab, inwieweit es ihm gelingt, gewissermaßen aus seinem eigenen Schatten herauszutreten und die Ergebnisse seiner Beweiserhebungen laufend kritisch zu überprüfen. Vor allem ist zu berücksichtigen, daß der Vorsitzende die Beweisaufnahme nur durchführen kann, wenn er sich mit Hilfe der Ermittlungsakten sorgfältig darauf vorbereitet hat. Aufgrund dieser Vorbereitung läuft der Vorsitzende offensichtlich Gefahr, daß er sich von dem aus den Akten gewonnenen Bild des Sachverhalts nicht mehr freimachen kann, so daß dieses Bild sein Vorgehen in der Hauptverhandlung bestimmt und sich auf diesem Wege weiter verstärkt.[81]

Die Sachverhaltsermittlung in der deutschen Hauptverhandlung kann zwar vom Staatsanwalt, vom Angeklagten und von dessen Verteidiger durch Fragen, Erklärungen und eigene Beweismittel beeinflußt werden, in der Praxis spielt dies aber weitgehend nur eine untergeordnete Rolle. Für die Einführung eines zusätzlichen Beweismittels bedarf es jeweils eines Beweisantrages, über den das Gericht aufgrund seiner Bewertung des

---

[81] *Schünemann,* Experimentelle Untersuchungen zur Reform der Hauptverhandlung in Strafsachen, in: Kerner u.a. (Hrsg.), Deutsche Forschungen zur Kriminalitätsentstehung und Kriminalitätskontrolle, 1983, S. 1109, 1145; im Ergebnis ebenso *Kaiser,* SchwZStr 1986, 1, 8. Siehe auch *Sessar,* ZStW 1980, 698, 701 f.; *Herrmann* (Fn. 1), S. 363 ff. Kritisch *Weigend* (Fn. 19), S. 739 f.

Sachverhalts entscheidet. Da die vom Angeklagten gestellten Zeugen und Sachverständigen zunächst vom Vorsitzenden vernommen werden, können sie unbemerkt auf die von diesem eingeschlagene Linie der Sachverhaltsinterpretation gelenkt werden. Versucht andererseits der Verteidiger, sich bei der Vernehmung eines Zeugen durch eine Reihe vorbereitender Fragen vorsichtig an einen aus seiner Sicht entscheidenden Punkt von dessen Aussage heranzutasten, so geschieht es immer wieder, daß der Vorsitzende die Befragung unvermittelt an sich zieht oder daß er den Verteidiger mit dem Hinweis unterbricht, der Zeuge habe sich zu dem, wonach er gefragt werde, schon geäußert.[82] Die Anlage der deutschen Hauptverhandlung und der Stil der Praxis machen es dem Verteidiger oft nicht leicht, seine Strategie durchzusetzen und eine nach seiner Einschätzung wichtige Schwachstelle einer Zeugenaussage herauszuarbeiten oder gar eine eigene Hypothese des Sachverhalts zu entwickeln. An die Stelle einer Mitverantwortung des Angeklagten und des Verteidigers bei der Sachverhaltsermittlung tritt bei uns die autoritär strukturierte Erforschung „der Wahrheit" durch das Gericht.

VIII. Die flexible Stellung des Angeklagten als Aussageperson in der Hauptverhandlung

1. Haben die Ausführungen zur Beweisaufnahme im amerikanischen Strafverfahren ergeben, daß Mitwirkungspflicht und Eigenverantwortlichkeit zwar Aufgaben, zugleich aber auch unübersehbare Vorteile für den Angeklagten bei der Sachverhaltsaufklärung mit sich bringen, so zeigt sich dies noch deutlicher, wenn man fragt, welche Stellung er als Aussageperson einnimmt.

In gewisser Hinsicht ist die Stellung des amerikanischen Angeklagten mit der des deutschen vergleichbar. Beide haben das Recht, zur Sache auszusagen oder auf den Anklagevorwurf zu schweigen. Beiden steht es frei, welche Angaben sie machen. Im amerikanischen Strafverfahren sagt der Angeklagte zwar als Zeuge in eigener Sache unter Eid aus, dies hat aber nicht zur Folge, daß er wegen Meineids bestraft wird, wenn er die Unwahrheit sagt.[83] Wichtige Unterschiede zwischen dem amerikanischen und dem deutschen Verfahren zeigen sich jedoch, wenn man sich vor Augen führt, wie leicht es dem Angeklagten fällt, von seinen Rechten Gebrauch zu machen.

Die amerikanische Hauptverhandlung beginnt im Gegensatz zur deutschen nicht mit der Verlesung des Anklagesatzes und der Vernehmung des Angeklagten, sondern mit dem Eröffnungsplädoyer des Staatsanwalts.

---

[82] *Herrmann*, The Philosophy (Fn. 80), S. 850.
[83] *Herrmann* (Fn. 1), S. 431 f.

Darauf folgt die Vorführung von dessen Beweismitteln.[84] Hat der Staatsanwalt sein gesamtes Belastungsmaterial dargelegt, so kann der Verteidiger vor der Vorführung der Entlastungsbeweise zunächst mit einer motion for a directed verdict beantragen, daß der Richter die Belastungsbeweise auf ihre Überzeugungskraft hin überprüft. Kommt der Richter zu dem Ergebnis, daß diese völlig unzureichend sind, so muß er die Jury zu einem Freispruch anweisen oder, falls keine Geschworenen am Verfahren mitwirken, selbst freisprechen.[85] Erst wenn dieser Antrag fehlgeschlagen ist, der Staatsanwalt also eine erste Hürde auf dem Weg zur Überführung des Angeklagten übersprungen hat, stellt sich für diesen die Frage, ob er eine Aussage zur Sache machen will. Es erscheint nur konsequent, daß der Angeklagte in einem Parteiprozeß abwarten kann, welche Angriffsmittel vom Staatsanwalt ins Feld geführt werden, und daß er sodann mit seiner Aussage auf das vorgebrachte Belastungsmaterial antworten kann.

Entschließt sich der Angeklagte zu einer Aussage, so steht es ihm frei, ob er sie vor Einführung seiner der Entlastung dienenden Beweismittel oder zu einem späteren Zeitpunkt macht.[86] Ist der Angeklagte zu einer Aussage bereit, so wird er zunächst von seinem Verteidiger im Hauptverhör vernommen. Der Verteidiger hilft ihm durch Fragen, die entlastenden Gesichtspunkte darzulegen und seine Version des Sachverhalts im Zusammenhang und ungestört vorzutragen. Erst wenn das Hauptverhör durch den Verteidiger beendet ist, muß sich der Angeklagte dem Kreuzverhör des Staatsanwalts stellen, der die Richtigkeit dessen, was der Angeklagte auf die Fragen seines Verteidigers hin gesagt hat, nach allen Seiten hin überprüft.

Ob der Angeklagte in der amerikanischen Hauptverhandlung aussagt, hängt auch von Umständen ab, die mit dem Inhalt seiner Aussage nichts zu tun haben.[87] Der Angeklagte wird vor allem in Rechnung stellen, daß er im Falle einer Aussage während des Kreuzverhörs nach seinen Vorstrafen gefragt wird und daß Vorstrafen, wie man allgemein annimmt, bei der Jury einen vernichtenden Eindruck hinterlassen. Entschließt sich der Angeklagte andererseits, keine Aussage zu machen, so ist dem Richter bei der Belehrung der Jury nach dem Abschluß der Beweisaufnahme jeder kritische Hinweis auf dessen Schweigen untersagt. Dies führt dazu, daß der Angeklagte im amerikanischen Strafprozeß auf Anraten seines Verteidigers nicht selten von einer Aussage absieht.[88]

---

[84] Ebd., S. 226 f.; *Schmid* (Fn. 1), S. 70 ff.

[85] *Herrmann* (Fn. 1), S. 226 f.; *LaFave/Israel* (Fn. 12), S. 887 f.

[86] *Herrmann* (Fn. 1), S. 430; Brooks v. Tennessee, 406 U.S. 605 (1972).

[87] Hierzu und zum folgenden *Herrmann* (Fn. 1), S. 422 ff. u. 436 ff.; *LaFave/Israel* (Fn. 12), S. 883 ff.

[88] Das englische Recht ist den entgegengesetzten Weg gegangen: Sagt der Angeklagte aus, so darf er im Kreuzverhör nur unter engen Voraussetzungen nach Vorstrafen gefragt werden. Schweigt er, so darf der Richter die Jury darauf auf-

2. Die Rolle, die dem Angeklagten in der deutschen Hauptverhandlung als Aussageperson zukommt, ist in mehrfacher Hinsicht anders ausgestaltet. Ist der Angeklagte im deutschen Strafverfahren zu einer Aussage bereit, so wird er zu Beginn der Hauptverhandlung zu einer Rundumverteidigung gegen den Akteninhalt gezwungen, bevor der in der Anklage gegen ihn erhobene Vorwurf bewiesen ist. Im Rahmen der umfassenden Vernehmung durch den Vorsitzenden vermischt sich, was im amerikanischen Prozeß in Hauptverhör und Kreuzverhör aufgeteilt ist. Deshalb wird sich ein Angeklagter, dem es auf eine zusammenhängende Darlegung des Sachverhalts aus seiner Sicht ankommt, regelmäßig schwertun, weil er durch Zwischenfragen und Vorhalte des Vorsitzenden gestört wird.

Beabsichtigt der Angeklagte in der deutschen Hauptverhandlung andererseits, nicht zur Sache auszusagen, so wird ihm die Durchsetzung dieses Entschlusses in psychologischer Hinsicht alles andere als leicht gemacht. Er muß nämlich, nachdem er dem Vorsitzenden über seine persönlichen Verhältnisse Auskunft gegeben hat, die Kommunikation mit diesem einseitig abbrechen, sobald die Vernehmung zur Sache beginnt. Zwar wird der Angeklagte über sein Schweigerecht belehrt, dies schließt jedoch nicht aus, daß der Angeklagte befürchten muß, der Vorsitzende werde sein Beharren auf dem Schweigerecht als unfreundlichen Akt empfinden. Der Angeklagte wird dabei auch in Rechnung stellen, daß die Entscheidung über Schuld und Strafe in der Hand des Vorsitzenden liegt. Es kommt hinzu, und dies drückt sich nicht zuletzt im Verhandlungs- und Fragestil des Vorsitzenden aus, daß in der Praxis der deutschen Hauptverhandlung vom Angeklagten in aller Regel eine Aussage erwartet wird, daß sein Schweigen leicht „Erstaunen, wenn nicht gar Ärger" hervorruft.[89]

Durch die Struktur der deutschen Hauptverhandlung und durch deren Praxis wird auf den Angeklagten ein nicht zu übersehender psychischer Druck ausgeübt, zur Sache auszusagen. Darin zeigt sich ein typisches Strukturelement eines Verfahrens, in dem der offiziellen Wahrheitserforschung ein hoher Stellenwert eingeräumt wird und in dem vom Bürger ein beachtliches Maß an Mitwirkungsbereitschaft, wenn nicht Unterwerfung, erwartet wird.

IX. Schlußbemerkung

Ziel dieser Ausführungen war es, eine Reihe von typischen Merkmalen des amerikanischen Strafprozesses – jenes eingangs erwähnten, alten Bekannten – darzustellen und damit zu dessen besserem Verständnis beizutragen. Man mag einzelne dieser Merkmale positiv oder negativ beurteilen,

---

merksam machen. Dies führt dazu, daß der Angeklagte im englischen Verfahren in aller Regel aussagt. Siehe *Herrmann* (Fn. 1), S. 423 ff. u. 434 ff.

[89] *Dahs* (Fn. 61), Rdn. 401.

sollte dabei aber nicht übersehen, daß es kein Strafverfahren gibt, dem eine ausschließlich positive Bewertung zukommt. Das gilt auch für das deutsche Verfahren.

Die Ausführungen haben ferner gezeigt, daß man ein zutreffendes Bild eines fremden Verfahrens nur dann gewinnen kann, wenn man nicht allein dessen rechtliche Regelungen, sondern auch dessen Praxis sowie dessen politische, soziale und psychologische Hintergründe in die Betrachtung einbezieht. Daß dies im Rahmen der notgedrungen knappen Bemerkungen nur ansatzweise geschehen konnte, versteht sich von selbst.

Die Erörterung typischer Merkmale des amerikanischen Strafprozesses hat immer wieder ergeben, daß dieser offensichtlich durch ein anderes Menschenbild und ein anderes Staatsverständnis bestimmt ist als das deutsche Strafverfahren.[90] Läßt man den Blick zwischen dem amerikanischen und dem deutschen Verfahren hin- und herwandern, so zeigt sich, daß Anlaß zu der Frage besteht, ob sich unser Strafverfahren immer im Einklang befindet mit unseren gegenwärtigen Vorstellungen vom richtigen Verhältnis zwischen Staat und Bürger. Gerade der Vergleich mit dem amerikanischen Strafprozeß legt den Verdacht nahe, daß unser Verfahren nicht in jeder Hinsicht dem in der Bundesrepublik Deutschland herrschenden Verständnis von Staat und Bürger entspricht. Insofern mag die Beschäftigung mit dem fremden Strafprozeß Anlaß zum Nachdenken über den eigenen geben.

[90] Vgl. *Damaška*, The Faces (Fn. 4), S. 73 ff.

Sachregister

Kolibri 360 GmbH
Ferdinand-Jühlke-Straße 7
99095 Erfurt, Deutschland
produktsicherheit@kolibri360.de